AF324696

To Beatrice, source of inspiration

*To the builders and sailors of vessels
from every country in every era,
and to those who save lives at sea*

A Beatrice, fonte d'ispirazione

*Ai costruttori e ai marinai dei bastimenti
di tutti i paesi e di tutte le epoche,
e a coloro che si dedicano ai salvataggi
in mare*

Stefano Benazzo   Wrecks / Relitti

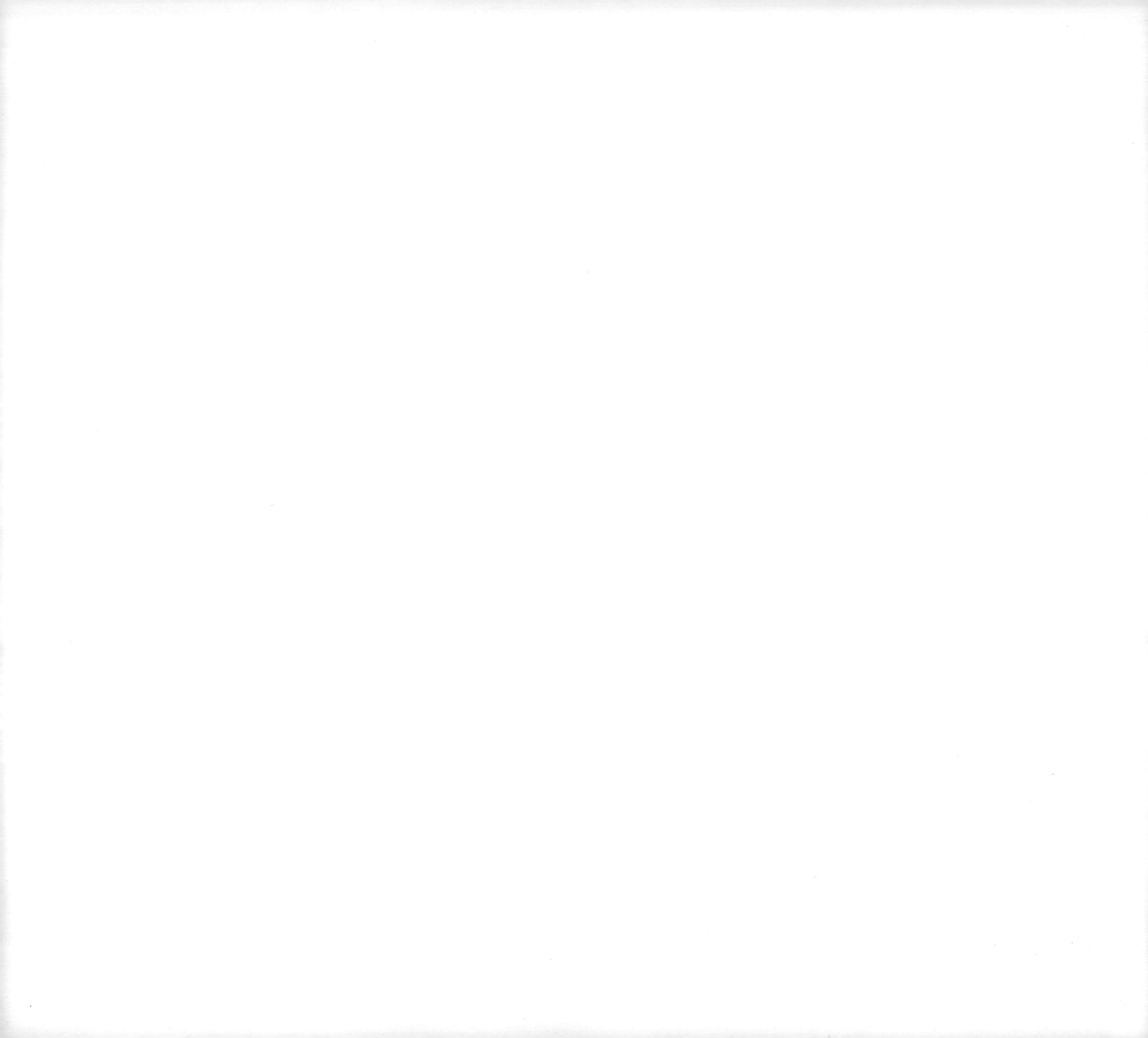

Stefano Benazzo

Wrecks / Relitti

edited by / a cura di
Jean Blanchaert

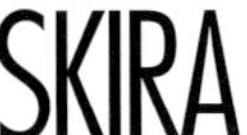

Cover / Copertina
Samson, Falkland Islands, 2016

Art Director
Marcello Francone

Design
Luigi Fiore

Editorial coordination / Coordinamento redazionale
Emma Cavazzini

Copy editor / Redazione
Maria Conconi

Layout / Impaginazione
Fayçal Zaouali

Translations / Traduzione
Patricia Garvin

First published in Italy in 2017 by
Skira Editore S.p.A.
Palazzo Casati Stampa
via Torino 61
20123 Milano
Italy
www.skira.net

Printed and bound in Italy.
First edition

ISBN: 978-88-572-3496-0

Distributed in USA, Canada, Central & South America by Rizzoli International Publications, Inc., 300 Park Avenue South, New York, NY 10010, USA.
Distributed elsewhere in the world by Thames and Hudson Ltd., 181A High Holborn, London WC1V 7QX, United Kingdom.

Finito di stampare nel mese di febbraio 2017
a cura di Skira editore, Milano
Printed in Italy

Particular thanks go to Jean Blanchaert and Roberto Mutti for their continued care / Un particolare ringraziamento a Jean Blanchaert e a Roberto Mutti per la loro preziosa attenzione

My thanks also to / Ringrazio inoltre
Vittorio Brunello
Fabio Castelli
Anna Foresti
Alessandro Magnanensi
Carlo Minni
David T. Morgan
Sidi Sidi Oumar
Jérôme Poncet
Professione Colore
John Robinson
Riccardo Sassoli
Beatrice M. Serpieri
Lionello Tassoni Estense
Amerigo Vespucci

Contents / Sommario

Daytime Romanticism

Jean Blanchaert

With the patience of an entomologist, Stefano Benazzo has catalogued countless wrecks of contemporary, non-submerged ships, tracking them down in the most remote places on earth, locations from which it would be too uneconomic to organise either their removal or to salvage the remaining materials. In Stefano Benazzo coexist a scientist, an explorer, an anthropologist and a Romantic artist. Each of them expresses himself by means of a 2.9 kg Hasselblad mounted on a tripod, because often, in the isolated places where he captures the visions of these abandoned relics for future memory (*relictum* in Latin means abandoned), a strong wind blows that would blur the image. The choice of a wreck is sentimental and empathetic. These ruined vessels, devoid of people, deprived of the reason for which they were created, become something else, taking on another morphology: they are Gothic architecture from which can be heard the voices and cries of the sailors who once inhabited them. Whether freighters, ferries, steamships or fishing boats, just like the object of an animist cult they are able to assume a precise personality that is dramatic, poignant and communicative. "I don't intend to create an encyclopaedia of wrecks, I portray those with a soul", says Stefano Benazzo, a rare case of a Romantic artist who narrates with light and not shadow, with sun and not rain, while succeeding in maintaining the intimacy of the image. This happens for two reasons, the first of which is technical. The pictures he takes, already difficult to achieve given the extreme locations of the wrecks, would risk being less readable in adverse weather conditions. The second reason is related to Stefano Benazzo's personality: yes, he is a Romantic artist, but he is also an Italian ambassador, a diplomat who, through his studies and training, is used to making himself understood, to attaining and nurturing the best in every situation, and also the most dramatic.

And light is clarity.

Certain beached wreckage brings to mind Caspar David Friedrich's painting *The Sea of Ice* (1823–1824), where, in fact, the carcass of a vessel appears among the ice. It also evokes another, no less famous picture: *The Raft of the Medusa* (1818–1819) by Théodore Géricault, with its cries for help, moans and desperate wailing. This shipwreck happened at Nouadhibou, in Mauritania, in the same waters where today, portrayed by Stefano Benazzo, the magnificent blue fishing boat *Elkhair* lies grounded.

Let's entrust these images to the musical score of the two greatest Romantic composers, both born in 1813: Giuseppe Verdi and Richard Wagner. From Verdi we hear the sad Prelude to the third act of *La Traviata*; from Wagner, Siegfried's melancholy *Funeral March*. And here we could end if Stefano Benazzo were only an artist. But as an Italian ambassador, he's grown accustomed to pursuing and accomplishing virtually impossible miracles. Thus we can add further background music, glorious and well deserved: from Verdi, the *Triumphal March* from *Aida*; from Wagner, *the Ride of the Valkyries*. At least for a while, these heroic melodies resurrect the carcasses of beached vessels, and we can imagine these liners, tankers and simple boats once again in all their glory.

Remaining in the nineteenth century, the century of Romanticism, the century when

Il Romanticismo diurno

Jean Blanchaert

Con la pazienza di un entomologo, Stefano Benazzo ha catalogato un'infinità di relitti di navi contemporanei e non sommersi, andandoli a scovare nei posti più remoti del mondo, là dove sarebbe troppo antieconomico organizzare sia la loro rimozione, sia il recupero dei materiali rimasti. In Stefano Benazzo convivono uno scienziato, un esploratore, un antropologo e un artista romantico. Ognuno di loro si esprime con una Hasselblad di due chili e novecento grammi, sistemata su un treppiede, perché spesso, nelle lande sperdute dove egli cattura a futura memoria le visioni di queste barche abbandonate (*relictum* in latino significa abbandonato), spira un forte vento che renderebbe mossa l'immagine.

La scelta del relitto è una scelta sentimentale, empatica. Queste imbarcazioni distrutte, senza persone, private del motivo per cui sono state create, diventano un'altra cosa, assumono un'altra morfologia, sono architetture gotiche dalle quali si sentono provenire le voci e i lamenti dei marinai che una volta le popolavano. Bastimenti, battelli, piroscafi o gozzi che siano possono assumere, quasi fossero l'oggetto di un culto animista, una precisa personalità, drammatica, struggente e comunicativa. "Non intendo creare un'enciclopedia dei relitti, ritraggo quelli con un'anima", dice Stefano Benazzo, raro caso di artista romantico che si racconta con la luce e non con l'ombra, con il sole e non con la pioggia, riuscendo a mantenere l'intimità dell'immagine. Questo accade per due motivi: il primo è tecnico, le fotografie che scatta, già difficili da realizzare a causa dell'impervia collocazione dei relitti, rischierebbero di essere meno leggibili in condizioni atmosferiche avverse. Il secondo motivo è legato alla personalità di Stefano Benazzo: egli è sì, un artista romantico, ma è anche un ambasciatore d'Italia, un diplomatico abituato per studi e formazione a farsi capire, a trovare e ad alimentare il meglio in ogni situazione, anche la più drammatica.

E la luce è chiarezza.

Certi rottami spiaggiati riportano alla mente il quadro di Caspar David Friedrich, *Il mare di ghiaccio* (1823-1824), dipinto in cui, fra i ghiacci appunto, fa capolino la carcassa di un vascello. Ma anche un altro quadro non meno celebre ci appare: *La zattera della Medusa* (1818-1819) di Théodore Géricault, con tanto d'invocazioni d'aiuto, gemiti e urla disperate. Il naufragio avvenne proprio a Nouadhibou, in Mauritania, nelle stesse acque dove oggi, in secca, si trova il magnifico peschereccio azzurro *Elkhair* ritratto da Stefano Benazzo.

Affidiamo queste immagini alla colonna sonora dei due più grandi musicisti romantici, nati entrambi nel 1813, Giuseppe Verdi e Richard Wagner. Di Verdi ascolteremo il triste Preludio al terzo atto della *Traviata*; di Wagner, la mesta *Marcia funebre* di Sigfrido. E qui avremmo finito, se Stefano Benazzo fosse soltanto un artista. Ma da ambasciatore d'Italia, è stato abituato a perseguire e a fabbricare miracoli al limite dell'impossibile. Ecco dunque giungere un commento musicale diverso, glorioso e meritato. Per Verdi, la *Marcia trionfale* dell'*Aida*; per Wagner, la *Cavalcata delle Valchirie*. Queste melodie eroiche fanno risorgere almeno per un po' le carcasse dei natanti spiaggiati e possiamo immaginare ancora nella loro gloria questi transatlantici, queste petroliere, queste semplici scialuppe.

Caspar David Friedrich, Théodore Géricault, Giuseppe Verdi and Richard Wagner were active, we find not only the artistic but also the moral roots of Stefano Benazzo's work. Pope Leo XIII's encyclical *Rerum Novarum* (1891) concerns the humblest members of society, the workers, those whom history never mentions. The pope writes: "Defrauding anyone of their due wages is a crime so enormous it cries for vengeance before God". And it is these people, these unknown sailors, at times serfs of the third millennium, who call out to Stefano Benazzo, a man of the sea, to come and visit them, to make them live again through his photographs and thus bring them to our attention. Today, ninety per cent of goods are transported by sea on about four million fishing boats and small commercial craft, and more than one hundred thousand large merchant ships. As the disturbing investigation by Ian Urbina in *The New York Times* on 17 July 2015 reports, in the secrecy of international waters, law may not even exist. Many atrocities remain unpunished in what is still a medieval world. Fortunately, it is not only tragic voices that reach us from Stefano Benazzo's wrecks, there are also the happy, industrious voices of sailors at work on board. Evocative, rust coloured architecture resembling Giambattista Piranesi's etchings, documented by Benazzo as an act of remembrance. Even if Benazzo's photos may make us aware of presences that are not there and cannot be seen, his work speaks above all of absence, human absence. "Wreck" and "ritual" are alliterative. His approach is reminiscent of that of Jannis Kounellis, an artist more ritualistic than conceptual. One recalls, for example, Kounellis's installation of the Venetian

boat sails (*Untitled*) at the 1993 Venice Biennale. Kounellis is Greek; Benazzo is part Ligurian. We are drawn into the sea by their suggestions and through their use of materials: the canvas of the sails, the wood and iron of the keels and hulls. Even the *burchi* on the River Sile (Treviso) – medieval transport barges in use until recently and portrayed by Benazzo – hoisted sails like Kounellis's.

Arte Povera registrations are now closed. This year marks the fiftieth anniversary of the first exhibition at La Bertesca gallery in Genoa (1967). When Germano Celant, also a man of the sea, inventor, codifier and reference point for the Arte Povera movement, sees this book published by Skira, perhaps he will make an exception and also allow into his elite the Benazzo Fleet, which consists of hundreds of ships, now rust sculptures of absolute forms. Stefano Benazzo has proceeded with insistence and obduracy; for him, the sailors' voices have been a siren song without a tragic ending, because it is difficult to mislead an Italian diplomat whose mind encompasses both East and West.

According to Celant, Arte Povera is expressed above all "by reducing to minimum terms, and by impoverishing signs in order to reduce them to their archetypes". The only intervention Stefano Benazzo allows himself after taking his photos is to switch from the Hasselblad format to a Leica format. He "cuts out" the image, but otherwise adheres to Celant's minimum terms, impoverishing the signs and reducing them to their archetypes. He does not use black and white, for that would be to aestheticise and mislead; and, for the same reason, he avoids suggestions that might be evoked by

Rimanendo nel XIX secolo, il secolo del Romanticismo, il secolo in cui operarono Caspar David Friedrich, Théodore Géricault, Giuseppe Verdi e Richard Wagner, oltre a quelle artistiche, troviamo anche le radici morali dell'opera di Stefano Benazzo. L'enciclica *Rerum Novarum* (1891) di papa Leone XIII si occupa degli ultimi, dei lavoratori, di quelli di cui la storia non parla mai. "Defraudare poi il dovuto salario", scrive il papa, "è colpa così enorme che grida vendetta al cospetto di Dio." E sono proprio queste persone, questi marinai sconosciuti, a volte servi della gleba del terzo millennio, a chiamare Stefano Benazzo, uomo di mare, affinché venga a trovarli, per farli rivivere grazie alle sue fotografie, per riportarli all'attenzione della gente. Il novanta per cento delle merci sono oggi trasportate via mare. Si parla di quattro milioni di barche da pesca e piccoli natanti da trasporto e di più di centomila grandi navi mercantili. Come racconta l'inquietante inchiesta di Ian Urbina ("The New York Times", 17 luglio 2015), nel segreto delle acque internazionali la legge può anche non esistere. Molte efferatezze e molte morti misteriose rimangono impunite in un mondo tutt'ora medievale. Fortunatamente non sono soltanto queste immagini drammatiche quelle che evocano i relitti di Stefano Benazzo, sono anche le voci liete e operose dei marinai al lavoro durante la navigazione. Anche se si tratta di un lavoro che può far percepire presenze che non ci sono e non si vedono, queste architetture di ruggine, fotografate dall'artista per dovere di memoria, richiamano le incisioni di Giambattista Piranesi e parlano soprattutto di assenza, assenza dell'uomo.

Cinque delle sette lettere della parola "relitto" sono contenute nella parola di sette lettere "rituale". È un modo di procedere che ricorda quello di Jannis Kounellis, un artista più rituale che concettuale. Rammentiamo, per esempio, l'installazione delle vele delle barche venete (*Untitled*) alla Biennale di Venezia del 1993. Kounellis è greco, Benazzo è anche ligure. Entrambi ci trascinano in mare con le loro suggestioni, attraverso l'uso dei materiali: le tele delle vele, il legno e il ferro delle chiglie e degli scafi. Anche i burchi sul Sile (Treviso) ritratti da Benazzo, barconi medievali da trasporto in uso fino a poco tempo fa, montavano le stesse vele di Kounellis. Le iscrizioni all'Arte povera sono ormai chiuse. Ricorre quest'anno il cinquantenario della prima mostra alla galleria La Bertesca di Genova (1967). Quando Germano Celant, anch'egli uomo di mare, inventore, codificatore e punto di riferimento di questo movimento, vedrà questo libro Skira, forse farà una deroga e ammetterà nel suo Gotha anche la Flotta Benazzo, composta da centinaia di navi che sono oggi sculture di ruggine dalle forme assolute. Stefano Benazzo ha proceduto con caparbietà e ostinazione, le voci dei marinai sono state per lui un canto delle sirene senza finale tragico, perché è difficile trarre in inganno un diplomatico italiano nella cui mente stanno Oriente e Occidente. L'Arte povera, secondo Celant, si esprime soprattutto "nel ridurre ai minimi termini, nell'impoverire i segni, per ridurli ai loro archetipi". L'unico intervento che si concede Stefano Benazzo, dopo aver scattato le sue fotografie, è passare dal formato Hasselblad al formato Leica. Egli "ritaglia" l'immagine,

bad weather, rain or darkness. The chains abandoned on the beach at Grytviken, South Georgia, were photographed in 2016, forty-eight years after Pino Pascali's *La trappola* (The Trap). They are two closely related works. Stefano Benazzo has made his regatta in solitude because he is a Romantic artist, but eventually, dried by the sea and sun, he has become an Arte Povera artist, a *Poverista*, as they say. The boats he has discovered and surgically isolated – in doing so becoming their father, author and shaman – are works of architecture and sculpture made from iron, wood, sand and earth. It is impossible to be more Romantic or *Poverista* than this. Stefano Benazzo has never abandoned the sacrality of his work, taking his tripod and a !970s Hasselblad to the most unexpected places – the equivalent of a trip in a Rolls Royce on a steep dirt road.

The adrenaline rush experienced by anyone who has survived a shipwreck or terrible waves will have aroused such intense and powerful emotions compared with those of normal daily life on land they will become a form of drug. A man of the sea wants to go back on board. Only through risk can something new be discovered. Ulysses dared to go beyond the Pillars of Hercules – the very same Ulysses who miraculously, mythologically and epically survived so many shipwrecks. Giuseppe Ungaretti wrote in *Allegria di naufragi* (Joy of Shipwrecks): "And at once he resumes / the voyage / like / a sea-dog / who's survived / a shipwreck".

We are faced with an alphabet of decomposition. Each material displays its tissues like ribs, the form changes, powerful, relentless nature advances, devouring boats and iron anchors that become part of the flora, or perhaps even the local fauna. Iron and wood you were; iron and wood you will not return to. By the end of this intoxicating world tour the artist has taken us on, we have not seen the Colosseum, the Eiffel Tower or the Statue of Liberty, nor even postcard-worthy exotic beaches. But we have met *Moresko 1*, a Korean deep-sea trawler, lying exhausted at Moraine Fjord in Cumberland Bay, South Georgia, and bearing the same attitude, the same posture as someone succumbing, exhausted, to the ice. In the South Atlantic we encountered an iceberg and its supreme indifference. In Amora, in the Setubal district of Portugal, we came across a fishing boat that, meantime, had become the fossil of a whale. In Namibia, on the Skeleton Coast – so named because even those who survive shipwreck and reach the shore will confront a desert and die – lies the *Eduard Bohlen*, buried in the African sand since 1909: a merchant steamship built by the Blohm & Voss shipyard in Hamburg in 1891. Her 94-metre length and 2,272 tonnes bore the shipwrecked sailors well. Miraculously, all survived. At Punta Loyola, Río Gallegos, Argentina, we unexpectedly encountered a *moai*, an enormous benedictory Easter Island sculpture. But this is not Chile, and the work, shaped by time and red with rust, is actually the *Marjorie Glen*, built in 1892 by the Grangemouth Dockyard in Scotland and stranded here since 1911. At Punta Arenas in the real Chile, however, lies the *Lord Lonsdale*, an Irish three-master from 1889 that sailed a mere twenty years. This steel narwhal has been declared a historic Chilean monument.

ma per il resto si attiene ai minimi termini
di cui parla Celant, impoverisce i segni, li
riduce ai loro archetipi. Non usa il bianco e
nero, perché sarebbe estetizzante e sviante
e, per lo stesso motivo, evita le suggestioni
che potrebbero portare le intemperie, la
pioggia, il buio. Le catene abbandonate sulla
spiaggia di Grytviken, in Georgia del Sud,
sono state fotografate nel 2016, quarantotto
anni dopo *La trappola* di Pino Pascali. Si
tratta di due opere fortemente imparentate.
Stefano Benazzo ha fatto la sua regata in
solitario perché è un *artista romantico* ma,
alla fine, asciugato dal mare e dal sole, è
diventato anche un *artista povero*, in gergo
poverista. Le barche che ha scovato e isolato
chirurgicamente diventandone il padre,
l'autore e lo sciamano, sono opere d'arte di
architettura e di scultura fatte di ferro, di
legno, di sabbia e di terra. Non è possibile
essere più *romantici* e più *poveristi* di così.
Stefano Benazzo non ha mai abbandonato la
sacralità del suo lavoro, portandosi nei luoghi
più impensati il cavalletto e una Hasselblad
degli anni Settanta, che equivale a un
viaggio in Rolls Royce su uno sterrato ripido.
L'adrenalina liberata da chi è sopravvissuto
a un naufragio o a onde terribili ha suscitato
emozioni talmente intense e superiori a quelle
provate durante una normale vita quotidiana
in terra ferma da diventare una forma di
droga. L'uomo di mare vuole ritornare a bordo.
Soltanto rischiando si può scoprire qualcosa
di nuovo. Ulisse aveva osato oltre le Colonne
d'Ercole, proprio quell'Ulisse scampato
miracolosamente, mitologicamente ed
epicamente a tanti naufragi. Scrive Giuseppe
Ungaretti in *Allegria di naufragi*: "E subito

riprende / il viaggio / come / dopo il naufragio
/ un superstite / lupo di mare".
Siamo di fronte a un alfabeto della
decomposizione. Ogni materiale mostra
come costole i suoi tessuti, la forma cambia
e la natura, potente e inesorabile, avanza,
inghiottendo scafi e ancore di ferro che
entrano a far parte della flora o forse anche
della fauna locale. Ferro e legno eri; ferro e
legno non ritornerai.
Alla fine di questo ubriacante giro del mondo
nel quale ci ha condotti l'artista, non abbiamo
visto il Colosseo, la Tour Eiffel, la Statua
della Libertà e neppure spiagge esotiche
da cartolina. Abbiamo però incontrato
Moresko 1, peschereccio d'altura coreano,
adagiatosi esausto al Moraine Fjord, nella
baia di Cumberland, nella Georgia del Sud,
con lo stesso atteggiamento, con la stessa
postura di chi si lasciasse andare, stremato,
fra i ghiacci. Nell'Atlantico meridionale ci siamo
imbattuti in un iceberg e nella sua sovrana
impassibilità. Ad Amora, in Portogallo, nel
distretto di Setubal, siamo capitati di fronte
a un peschereccio diventato nel frattempo il
fossile di una balena. In Namibia, sulla Costa
degli Scheletri, così chiamata perché anche
chi sopravvive all'affondamento e raggiunge
la riva si troverà di fronte a un deserto e
morirà, sepolta dalla sabbia africana giace,
dal 1909, la *Eduard Bohlen*, nave cargo a
vapore costruita dal cantiere Blohm & Voss
di Amburgo nel 1891. I novantaquattro metri
di lunghezza e le duemiladuecentosettantadue
tonnellate portarono bene ai naufraghi.
Miracolosamente, si salvarono tutti. A Punta
Loyola, Río Gallegos, in Argentina, abbiamo
incontrato inaspettatamente un *moai*, immensa

Spaceships landed on earth, prehistoric animals, chameleons, playgrounds for cormorants, cemeteries, psychoanalytic repressions that resurface, they are metaphors of life between the sea and the blue sky. And, as in Totò's poem 'A livella (The Leveller), they have absolute equality in the face of death, whether aircraft carrier or dugout canoe, transatlantic liner or kayak, yacht or tramp freighter. It is impossible not to think about the tragedy that takes place every day before our eyes. In 2016 alone, five thousand people died trying to reach Lampedusa and Pozzallo, Southernmost European outposts. The tragedy of shipwreck has never been so relevant. One of these large rubber dinghies with more than one hundred people on board sank near the coast of Sicily. Her name was *Amal*, wich in Arabic means hope.

The world's best-known wreck, the *Panagiotis*, a cigarette smugglers' boat, is located on the Navagio beach on the island of Zakynthos. To return again to the nineteenth century: between 1802 and 1803, the great Italian Romantic poet Ugo Foscolo wrote from exile a poem dedicated to his native island – the selfsame Zakynthos of the wrecked *Panagiotis*. *To Zakynthos*. "Nor will I ever touch the sacred shores again / where my infant body rested / my Zakynthos, mirrored in the waves / of the Greek sea, which gave virgin Venus birth [...] / You will have nought but a song from your son / oh my maternal land; for us prescribed / the fate an unlamented burial."
It seems the song of every castaway.

scultura beneaugurante dell'isola di Pasqua.
Questa volta però non siamo in Cile e l'opera,
modellata dal tempo e rossa di ruggine è
in realtà la *Marjorie Glen*, costruita nel 1892
dalla Grangemouth Dockyard in Scozia e qui
arenata dal 1911. Veramente in Cile, invece, a
Punta Arenas, si trova la *Lord Lonsdale*, il tre
alberi irlandese del 1889 che navigò soltanto
vent'anni. Questo narvalo di acciaio è stato
dichiarato monumento storico cileno.
Astronavi atterrate sulla terra, animali
preistorici, camaleonti, parco giochi per
cormorani, cimiteri, rimozioni psicanalitiche
che riaffiorano, metafore della vita fra il mare
e la volta celeste. E anche, come nella poesia
'A livella di Totò, un'eguaglianza assoluta di
fronte alla morte, fra la portaerei e la piroga,
fra il transatlantico e il kayak, fra gli yacht e
le carrette del mare. Impossibile non pensare
alla tragedia che si svolge quotidianamente
sotto i nostri occhi. Soltanto nel 2016, sono
morte cinquemila persone cercando di
raggiungere dall'Africa Lampedusa e Pozzallo,
avamposti meridionali dell'Europa. Il dramma
del naufragio non è mai stato così attuale.
Uno di questi grandi canotti di gomma, sul

quale avevano caricato più di cento persone
è affondato vicino alla costa siciliana. Si
chiamava *Amal*, che in arabo vuole dire
speranza.

Il relitto più conosciuto al mondo, il *Panagiotis*,
barca di contrabbandieri di sigarette, si trova
sulla spiaggia Navagio nell'isola di Zacinto
(Zante). Ancora una volta nel XIX secolo,
a cavallo fra il 1802 e il 1803, Ugo Foscolo,
massimo poeta italiano romantico, dall'esilio,
scriveva una poesia dedicata alla sua isola
natale, proprio quella Zacinto del relitto
Panagiotis.
A Zacinto. "Né più mai toccherò le sacre
sponde / ove il mio corpo fanciulletto giacque,
/ Zacinto mia, che te specchi nell'onde / del
greco mar da cui vergine nacque Venere [...]
/ Tu non altro che il canto avrai del figlio, /
o materna mia terra; a noi prescrisse / il fato
illacrimata sepoltura."
Sembra il canto di ogni naufrago.

Wrecks Speak

Roberto Mutti

"Fortune brings in some boats that are not steer'd", wrote Shakespeare in his play *Cymbeline*. True, but if we add misfortune, chance, fate, or maybe even dream, mirage, imagination and fantasy, things become very different, because to think that ships are always and only found at sea is reassuring but rather limiting. What Gabriel Garcia Márquez does in *One Hundred Years of Solitude* is quite another thing: he dreams of coming across a Spanish galleon that appears unexpectedly in the forest: how did it get there and why? Who has turned the water into earth, the waves into branches, the sails into fronds? Who brought it to that unlikely place if not the imaginativeness of those who believed Macondo was an island? Werner Herzog's Fitzcarraldo actually drags a ship through the forest in order to pass from one river to another, driven by an enthusiasm decidedly not shared by his fellow adventurers, who even without realising, perhaps shared the spirit of the Piedmont proverb that refers to feeling "like a boat in a wood", an allusion to the sensation of being out of place. But when the film's main character claims that "every man should pull a boat up a mountain once in his life", he is alluding to something else – a journey not merely completed externally, but one that also plumbs the depths of a human being, for as Joseph Conrad noted as an expert in the field: "The sea has never been friendly to man. At most it has been the accomplice of human restlessness". Because the most threatening storms are found in the mind, which sometimes have to be faced with fear, sometimes with courage; it is where we can return to in search of a serene landscape, an atmosphere of suspense or a mysterious silence. Moreover, it is always the imaginative mind that envisions the existence of ships that materialise out of thin air, when it would be more reasonable, yet rather less fascinating, to know that the *Flying Dutchman* was so named because she was a corsair's ship (from the term "to course" or race) and, as such, was able to quickly pounce on vessels she set her sights on. And it is both disturbing and enjoyable to hear about ghost ships that sail without any trace of crew, which has somehow mysteriously disappeared, or the high percentage of wrecked boats on the Tuscan coast in Roman times, or inside the Bermuda Triangle in our own day. And who cares if explanations exist: we want to hold on to the fascination of those dates, those names, those stories of sightings, of galleys abandoned despite being full of fresh food, of sudden fires or interminable drifting...

When Stefano Benazzo began examining the remains of abandoned ships, he obviously knew all this, but for that very reason he also knew only too well that the route to explore had to be different from previous ones. Hunting for wrecks without being a reporter driven by the need for sensational news stories led him to consider the most diverse possibilities, and to keep the door open to feelings that would inevitably arise. For it is one thing to study locations and search on a map for the most interesting sites, but quite another to find oneself in front of a wreck in all its brutal reality; to hear the wind that whistles around it and the sea that caresses or breaks against it, and so imagine the last hours of its active life: the intuition of danger,

I relitti parlano

Roberto Mutti

"La fortuna guida dentro il porto anche navi senza guida" scriveva nel suo *Cimbelino* William Shakespeare. Già, ma se ci si mettono di mezzo la fatalità, la sorte, il fato o magari perfino il sogno, il miraggio, l'immaginazione e la fantasia, le cose possono essere molto diverse, perché pensare che le navi si trovino sempre e soltanto sul mare è rassicurante ma un po' limitativo. Altra cosa è vagheggiare – lo fa Gabriel Garcia Márquez in *Cent'anni di solitudine* – di imbattersi in un galeone spagnolo che sbuca inaspettato nella foresta: come ci è arrivato e perché, chi ha trasformato l'acqua in terra, le onde in rami, le vele in fronde, chi lo ha condotto in quel posto improbabile se non l'inventiva di chi credeva che Macondo fosse un'isola? Il Fitzcarraldo di Werner Herzog invece la nave la trascina davvero attraverso la foresta per passare da un fiume all'altro, spinto da un entusiasmo decisamente non condiviso dai suoi compagni di avventura che, anche senza conoscerlo, forse condividevano lo spirito di quel proverbio piemontese che parlava di sentirsi come una barca in un bosco, per alludere alla sensazione di essere fuori posto. Quando però il protagonista del film afferma che "ogni uomo dovrebbe tirare una barca su una montagna, una volta nella sua vita", allude a qualcosa d'altro, a un viaggio che non si esaurisce verso l'esterno ma scava anche nel profondo dell'uomo, visto che, come ricorda un esperto in questo campo come Joseph Conrad, "il mare non è mai stato amico dell'uomo. Tutt'al più è stato complice della sua irrequietezza". Perché è nella mente che si possono trovare le tempeste più minacciose, cui contrapporre ora la paura ora il coraggio; è lì che si può tornare alla ricerca di un paesaggio sereno, di un'atmosfera sospesa, di un silenzio misterioso. Ed è sempre la mente fantasiosa a immaginare l'esistenza di navi che si materializzano dal nulla, mentre sarà più ragionevole ma è anche meno affascinante sapere che l'*Olandese Volante* era chiamato così perché la sua era una nave corsara, cioè da corsa e come tale capace di piombare velocemente su quelle cui puntava. Ed è insieme inquietante e piacevole sentir parlare di imbarcazioni fantasma che navigano senza più traccia dell'equipaggio nel frattempo misteriosamente scomparso, della elevata percentuale di imbarcazioni naufragate sul litorale toscano ai tempi dei Romani e nel Triangolo delle Bermude ai nostri. E che importa se le spiegazioni esistono: vuoi mettere il fascino di quelle date, di quei nomi, di quelle storie fatte di avvistamenti, di cambuse abbandonate pur essendo ancora piene di cibo fresco, di incendi improvvisi, di derive infinite…

Quando Stefano Benazzo ha iniziato la sua ricerca sui relitti di nave abbandonati tutte queste cose ovviamente le conosceva, ma proprio per questo sapeva bene che la strada da esplorare doveva essere diversa da quelle già percorse. Andare a caccia di relitti senza essere un reporter spinto dalla necessità della notizia a sensazione ha significato aprirsi alle più diverse possibilità, tenere una porta spalancata sulle sensazioni che sarebbero inevitabilmente arrivate. Perché un conto è studiare a tavolino le ubicazioni e ricercare su una mappa le più interessanti località, un'altra cosa è trovarsi di fronte a un relitto nella sua brutale realtà, sentire il vento che gli sibila

the sailors' frantic gestures to save themselves, the final surrender and abandonment, the last looks and, finally, the silence on the bridge, in the cabins and engine room, where the acrid smell of fuel still hangs. These are all things that the photographs should bring to life for the viewer, things that only rigorously studied shots can recreate, including from an emotional point of view. Given this perspective, Stefano Benazzo has certainly not achieved his objective without preparation: thanks to his multi-faceted personality, he has merged his experience as a ship model maker, hence an expert in relation to his subject, with that of a photographer born in analogue times, who grew up watching the world from the waist-level viewfinder of his Hasselblad. For, as is well known, the shape of a square has always been the best school for truly learning about compositional harmony. The use of colour is an integral part of this project because, beyond its actual, important aesthetic value, it is able to capture all the gradations of change that every material undergoes.

Rust, which here is queen, advances relentlessly, and in doing so makes us realise that the ships are not dead, just so old they are slowly and inexorably consumed. And so we witness the story of a decay with almost human nuances: we contemplate the details of the chains, once able to stretch and withstand tremendous tension but now powerless, as if their force had abandoned them; or our gaze follows the anchors piled one upon the other to form strange barbed structures like metaphors. The photographer alternates his focus from details to portraying the whole, and so gives us images of prows pointed at the

sky, as if in a final but brusquely interrupted challenge, but also of boats lying on their sides on the ground, where the planking, now devoid of the elasticity that once braved the weather, wind and waves, breaks like the skeleton of an ancient animal unashamedly revealing the linear essentiality of its ribs.

We find ourselves before a sequence of images that follow a syncopated rhythm on a journey that proceeds by means of aesthetic similarities, lightly gliding, making sudden accelerations, looking down from above or examining from below, approaching cautiously or exploring curiously. Precisely because the photos are not arranged in any taxonomic order (how boring it would be to imagine the thousands of shipwrecks in the world arranged in any classificatory order: sailboats here, fishing boats there, or dinghies here, merchant ships there), they leave us free to imagine the stories we want to imagine and, at first sight, it doesn't really matter where the wrecks were found, how many years they've been beached, or how they got there. We know that these ships were not sunk in the midst of a battle, like the *Bismarck* in 1941, nor due to an accidental collision, like the *Andrea Doria* in 1956, nor by a grotesque twist of fate, like the *Vasa* in 1628, the Swedish fleet's flagship that failed to survive its launch. And so we can observe these wrecks in all their spectacular grandeur because they have become an integral part of the surrounding environment. In fact, nature almost always reclaims them, as if to remind us that the iron from their sides came from her depths, that the mast holding a sail once spread its branches towards the ground before they were cruelly cut, and that

attorno, il mare che lo accarezza o gli si frange contro e avere così modo di immaginare le ultime ore della sua vita attiva: il pericolo intuito, i gesti affannosi per salvarsi, la resa finale e poi l'abbandono, gli ultimi sguardi e infine il silenzio sul ponte, nelle cabine, nella sala macchine dove ancora ristagna l'odore acre del carburante. Tutte cose che le fotografie devono far rivivere in chi le guarda e che solo riprese rigorosamente studiate anche dal punto di vista emotivo possono restituire. In questa prospettiva Stefano Benazzo non giunge certo impreparato al traguardo, facendo convergere, grazie alla sua poliedrica personalità, la preparazione del modellista navale in grado di rapportarsi da competente con i soggetti e quella del fotografo nato ai tempi dell'analogico, che è cresciuto osservando la realtà nel "pozzetto" della sua Hasselblad perché, si sa, il formato quadrato è da sempre la miglior scuola per imparare che cosa è davvero l'armonia compositiva. L'uso del colore è parte integrante di questo progetto perché, al di là del pur importante valore estetico, permette di cogliere tutte le sfumature dei mutamenti cui ogni materiale è sottoposto.

La ruggine, che qui è regina, avanza inesorabile e in tal modo ci fa comprendere come le navi non siano morte ma solamente così vecchie da consumarsi lentamente e inesorabilmente. In tal modo assistiamo alla storia di una decadenza che ha sfumature quasi umane: l'occhio si sofferma sui particolari delle catene un tempo in grado di tendersi e sopportare sollecitazioni tremende e ora adagiate inermi come se la forza le avesse abbandonate, oppure insegue ancore accatastate le une sulle altre a formare strane strutture acuminate come metafore. Il fotografo alterna l'attenzione ai particolari alla ripresa dell'insieme, così ci regala immagini di prue puntate verso il cielo come in un'ultima sfida bruscamente interrotta ma anche fiancate che si adagiano sul terreno: il fasciame, persa l'elasticità con cui aveva sfidato il tempo, il vento e le onde, si spezza come lo scheletro di un animale antico che mostra impudico l'essenzialità lineare delle costole.

Ci si trova di fronte a una sequenza di immagini che si susseguono con un ritmo sincopato in un viaggio che avanza per analogie estetiche, plana leggero, imprime brusche accelerazioni, osserva dall'alto, scruta dal basso, si avvicina cautamente, si insinua con curiosità. Le fotografie – proprio per il fatto di non essere inserite in una struttura tassonomica (che noia immaginare che le migliaia di relitti nel mondo fossero disposti in un qualsiasi ordine classificatorio: qui le barche a vela e là i pescherecci, qui le scialuppe là i mercantili) – sono lì per farci immaginare le storie che vogliamo immaginare e di primo acchito non ci importa granché dove si trovano questi relitti, da quanti anni giacciono immobili, come sono arrivati proprio lì. Sappiamo che quelle navi non sono affondate come tante altre in mezzo a una battaglia, la *Bismarck* nel 1941, per un accidentale impatto, l'*Andrea Doria* nel 1956, per un grottesco scherzo del destino come la *Vasa*, ammiraglia della flotta svedese che nel 1628 non sopravvisse al varo. Così le possiamo osservare in tutta la loro spettacolare grandiosità perché sono diventate parte integrante dell'ambiente

the hawsers are plants by origin. Now the moss, rust and earth that slip between the planking, and the plants growing everywhere, enshrouding everything almost delicately, are a subtly poetic embrace. But then, the wrecks that survive sinking ("Until the sea above us closed again", wrote Dante Alighieri with extraordinary cinematic effect) reveal an art: they can balance on a sandy ocean floor, perch on a rock or lie on a shore. Considered closely, they have that touch that makes them look like monuments, that mysterious something which flows through an abstract sculpture as it marks its visual separation from the town square where it stands, that little bit of falseness typical of equestrian statues immobilised in a gesture. And it is no coincidence that sculpture has played and still plays an important role in Stefano Benazzo's artistic career.

Lost, abandoned, covered in sand, beached, half-sunk, wedged, stuck, stranded, hauled onto dry land and trapped, the wrecks are there, ravaged by time, ready to tell their stories to people like Stefano Benazzo, who knows how to record and transmit them through his spectacular photographs. It is for us to strive to see them and hear them.

circostante. Quasi sempre, infatti, la natura se
le riprende, come a volerci ricordare che quel
ferro delle fiancate viene dalla sue viscere,
quell'albero che reggeva una vela un tempo
allargava verso terra i rami poi crudelmente
tagliati, quelle gomene erano dei vegetali.
E ora il muschio, la ruggine, la terra che
si inserisce fra le assi del fasciame, quelle
piante che crescono dappertutto avvolgendo
quasi delicatamente ogni cosa sono un
abbraccio sottilmente poetico. Ma poi, quei
relitti sopravvissuti all'inabissamento ("infin
che 'l mar fu sopra noi rinchiuso" scriveva
Dante Alighieri con uno straordinario effetto
cinematografico) rivelano un'arte, quella dello
stare in equilibrio su un fondale di sabbia,
abbarbicati su una roccia, adagiati su una
costa. A ben osservarli hanno quel tocco che

li fa somigliare a monumenti, quel qualcosa di
misterioso che attraversa una scultura astratta
mentre segna il distacco visivo con la piazza in
cui è posata, quel po' di falso caro alle statue
equestri immobilizzate in un gesto. E non sarà
un caso se nel percorso artistico di Stefano
Benazzo la scultura ha occupato e occupa un
ruolo importante.
Persi, abbandonati, insabbiati, incagliati,
semi-inabissati, incastrati, bloccati, arenati,
tirati a secco, intrappolati, i relitti sono lì,
smangiati dal tempo, pronti a raccontare le
loro storie a chi come Stefano Benazzo le sa
raccogliere con le sue spettacolari fotografie
per trasmetterle. Sta a noi sforzarci di vederle
e ascoltarle.

About Sea and Fate

Stefano Benazzo

In my extensive and multifaceted artistic career, which began at the end of high school, one of the common denominators has been the sea. As a consequence, the wrecks of ships on the coasts of the world – a testimony to the immense tradition of sailors from all eras – have become the symbol of my passion. Through my images they have their final opportunity to express themselves, allowing us to imagine what happened on board and the lives of the sailors.

I love and respect the wrecks: although apparently negative symbols, in their essentiality they allow us to discern an unexpected glimpse of serenity. For some, they express harshness, hopelessness, fatality, the end of the men and their dreams, suffering due to injuries, the struggle against the elements and surrender. For me, however, they assist the man lost in the dark forest to seek himself in the unexplored abyss that exists within each one of us. The wrecks bring out what is rich, passionate and varied in us, but also the layers of sediment that have been deposited and encrusted in our psychic ocean, like the rust that holds together their remains. They recall painful moments of ruptures and injuries that are etched on the soul, like time has etched their hulls.

Even though my works may appear to be symbols of abandonment and sadness, my ambition is that they will enrich and comfort whoever sees them, offering the viewer a safe landing. A visitor to one of my exhibition's asked me: "What are you? What do you feel you are?". To say I'm a photographer was too easy; I replied: "I'm a midwife". And in fact, like a midwife assists a child into the world, like the prehistoric artist and like the shaman, through my images I want to generate only emotions. Artists choose their own approach to depicting creation. My images are gaunt, skeletal fragments of reality that crystallise moments and interpret nature, translating what I see, but mostly what I feel; my guiding words are passion, emotion and, above all, the duty of memory. I offer the public the means to experience the same feelings that pervade me when I create, directing them towards the essence of the subject. So, it's a love story; by focusing on the relics of ships, I make them come alive; I bring back to life those who sailed in them, and all this enriches me. People who don't dream or imagine fade away...

The dead communicate important knowledge to us, and we have the responsibility to pass it on. According to an African legend, a man is truly dead only when the last person to have known him and preserve his memory dies. Well, my images contain the lives of many sailors: their memory and their dreams remain alive, and in this way they continue to exist. In my work I also want to reconstruct the living conditions, and allow us to imagine the dreams of those who sailed; my research is inspired by the ambition to show symbols of courage, pain and fear, and it testifies to my compassion for those who have lived terrible moments at sea. The wrecks have by now become part of nature, though actually dissonant from it. They represent the breaking of pre-established sequences, and bear the memory of those never mentioned in history books. From

Del mare
e dei destini

Stefano Benazzo

Nel mio complesso e poliedrico percorso artistico, iniziato alla fine del liceo, uno dei comuni denominatori è il mare, e quindi i relitti di navi sulle coste del mondo, testimonianza dell'immensa tradizione dei naviganti di tutte le epoche, sono diventati il simbolo della mia passione. Attraverso le mie immagini essi ottengono la loro ultima occasione di esprimersi, permettendoci di intuire ciò che è accaduto a bordo e la vita dei marinai.

Amo e rispetto i relitti: sono apparentemente simboli negativi, ma ci lasciano intravedere – nella loro essenzialità – un insospettato spiraglio di serenità. Secondo alcuni esprimono asprezza, mancanza di speranza, "terminalità", la fine degli uomini e dei loro sogni, la sofferenza derivante dalle ferite, dalla lotta contro gli elementi e dal soccombere. A parer mio, invece, aiutano l'uomo smarrito nella selva oscura a cercare se stesso nell'abisso inesplorato che è in ognuno di noi. Essi fanno emergere quanto di ricco, appassionato e variegato è in noi, ma anche gli strati di sedimenti che si sono depositati e incrostati nel nostro oceano psichico, come la ruggine che tiene insieme quei resti. Fanno apparire momenti dolorosi di rotture e ferite che hanno inciso l'anima, come il tempo ha inciso gli scafi.

Nonostante le mie opere possano sembrare simboli di abbandono e di tristezza, la mia ambizione è che esse arricchiscano e rasserenino chi le osserva, offrendo allo spettatore un approdo sicuro. Un visitatore a una mia mostra mi ha chiesto: "Lei cos'è? Cosa sente di essere?". Dire che sono fotografo era troppo facile; gli ho risposto: "Sono una levatrice". E infatti, come una levatrice fa venire alla luce un bambino, come l'artista preistorico e come lo sciamano, voglio far nascere, attraverso le mie immagini, solo emozioni. Un artista sceglie la propria chiave di lettura per raffigurare il creato. Le mie immagini sono frammenti essenziali e scarni di realtà che cristallizzano momenti e interpretano la natura, traducendo ciò che vedo, ma soprattutto ciò che sento; le mie parole guida sono: passione, emozione, e in primo luogo il dovere della memoria. Offro al pubblico gli strumenti per provare gli stessi sentimenti che mi pervadono quando creo, indirizzandolo verso l'essenza del soggetto. Una storia d'amore, quindi; prestando attenzione ai resti di navi, le faccio vivere, riporto in vita coloro che vi hanno navigato, e tutto questo mi arricchisce. Chi non immagina e non sogna si spegne…

Gli scomparsi ci trasmettono conoscenze importanti, e noi abbiamo la responsabilità di tramandarle. Secondo una leggenda africana, un uomo muore veramente solo quando muore l'ultima persona ad averlo conosciuto e a mantenerne il ricordo. Orbene, le mie immagini portano in sé la vita di tanti marinai: la loro memoria e i loro sogni rimangono vivi; così continuano a esistere. La mia ricerca vuole anche ricostruire le condizioni di vita e lasciare immaginare i sogni di coloro che navigarono; essa è ispirata dall'ambizione di mostrare simboli di coraggio, dolore e paura, e testimonia la mia compassione verso coloro che hanno vissuto momenti terribili in mare. I relitti sono diventati ormai parte della natura – pur essendo in realtà dissonanti da essa –, rappresentano la rottura di sequenze

time to time, my photos evoke the remains
of magnificent cathedrals or aged vessels
doomed to certain decay, but the pictures
that I prefer are those that give me a thrill and
make me relive the difficult hours of the men
and women on board. What storm reduced
the ship to this state? What happened on
deck, in the hold, aloft? Did the crew manage
to furl the sails? How did the sailors react to
a hundred knots of wind day after day? What
does it feel like when, in the coldest months,
at night, in a mist, a wave from astern rips
away the wheelhouse and helmsmen, shifts
the load and tips the ship sideways? What are
they thinking, those who fall into the sea with
no hope that the ship can manoeuvre and spot
them?

Those men were not heroes. I am reminded
of Shackleton's[1] advertisement in the press of
his day for a crew willing to accompany him:
"Limited salary; intense cold; long months of
complete darkness; constant danger; uncertain
return". But at least that crew were guaranteed
"honour and recognition if successful".
Myriads of men who have sailed throughout
the centuries, however, have received no
recognition: they were men accustomed to
life with no easy prospects; stubborn and
aware men who did not pretend to understand
everything, or to accomplish feats or inspire
compelling stories.

I present here imposing or humble images
of a bygone but glorious era. The wrecks I
photograph, condemned to a slow but sure
death, will not be the same in a few years
from now and may soon disappear altogether.
These beached monuments – isolated,
sovereign and mysterious, in limbo between
land and sea – recall some of mankind's unique
features: ingenuity, economic initiative, spirit
of adventure, the abilities of naval architects,
of shipyards, ship owners, crews, and those
who save the lives of seafarers. They are
also tangible proof of an essential element
of economic, social, industrial and maritime
history: *Navigare necesse est*. They symbolise
developments in the centuries-old art of
navigation, and the suffering of countless
sailors' families. They make us experience
the stories of immigrants and migrants: the
boats abandoned at Lampedusa testify to an
unceasing tragedy. As it is impossible (with a
few exceptions) to exhibit wrecks in museums,
we should at least capture their images for
future generations before they are irreparably
destroyed by the elements. Moreover, these
relics are found in distant and inhospitable
places that are expensive to reach: all the more
reason to capture their memory.

My research began in 1969 in Patagonia and
has been enriched with passion over decades:
the reason I don't use my early images from
Easter Island and the Galapagos Islands is
precisely because they lack passion. Passion
comes from years of sailboat racing, from
having experienced danger at sea, from
maturity reached through experience, from an
awareness of our debt to the sailors of all eras
and all countries, and from my deep respect
towards them. And perhaps even due to my
partly Ligurian origins. I admit that I have
always been struck by the magnificent photos
of sailing ships taken by the great masters of
photography. Yet they give me the impression

[1] Polar explorer, known for his determination
and for never having lost a man during his
expeditions.

preordinate, e portano con sé la memoria di
coloro che non figurano nei testi di storia.
I miei scatti evocano di volta in volta i resti
di sontuose cattedrali o di carrette del mare,
destinate a sicura decadenza, ma le immagini
che prediligo sono quelle che mi danno un
brivido, facendomi rivivere le ore difficili delle
donne e degli uomini a bordo. Quale tempesta
ha portato la nave in queste condizioni?
Che è avvenuto in coperta, in stiva, a riva?
L'equipaggio è riuscito a serrare le vele? Come
hanno reagito i marinai con cento nodi di vento
per giorni interi? Cosa si prova quando un'onda
da poppa, di notte, con la nebbia, nei mesi più
freddi, strappa la timoneria e i timonieri, sposta
il carico e fa ingavonare la nave? Cosa pensa
chi cade in mare, senza speranza che la nave
possa manovrare cercando di avvistarlo?
Quegli uomini non erano eroi. Mi torna
in mente l'inserzione di Shackleton[1] nella
stampa dell'epoca per trovare un equipaggio
disposto ad accompagnarlo: "Stipendio
ridotto; freddo intenso; lunghi mesi di buio
completo; pericolo costante; rientro incerto".
Ma almeno a quell'equipaggio erano garantiti
"onore e riconoscimento in caso di successo".
Le miriadi di uomini che hanno navigato nei
secoli non hanno invece avuto riconoscimenti:
erano uomini avvezzi alla vita senza sconti,
ostinati, consapevoli, senza pretese di capire
tutto, di realizzare imprese o di ispirare storie
interessanti.

Qui propongo le immagini grandiose o umili
di un'era scomparsa ma gloriosa. I resti che
fotografo, condannati a una morte lenta ma
sicura, non saranno più gli stessi fra alcuni
anni, e scompariranno forse presto del tutto.

Questi monumenti spiaggiati – isolati, sovrani e
misteriosi nel limbo fra terra e mare – ricordano
alcune caratteristiche uniche dell'uomo:
ingegno, iniziativa economica, spirito di
avventura, capacità degli architetti navali, dei
cantieri, degli armatori, degli equipaggi e di
coloro che salvano la gente di mare. Sono anche
la prova tangibile di un elemento essenziale
della storia economica, sociale, industriale e
marittima: *Navigare necesse est*. Simboleggiano
lo sviluppo della secolare arte della navigazione,
e la sofferenza di innumerevoli famiglie di
marinai. Ci fanno vivere le vicende di emigranti e
di migranti: i barconi abbandonati a Lampedusa
testimoniano la tragedia in atto da anni e per
gli anni a venire. Tuttavia, è impossibile (salvo
poche eccezioni) esporre relitti nei musei.
Dobbiamo quindi almeno fissarne le immagini
per le future generazioni, prima che siano
irrimediabilmente distrutti dagli elementi.
Inoltre, questi resti si trovano in luoghi lontani e
inospitali, e costosi da raggiungere: ragione di
più per fissarne la memoria.

La mia ricerca è iniziata nel 1969 in Patagonia,
ed è stata arricchita con passione per decenni:
se non utilizzo le mie immagini di allora all'Isola
di Pasqua o alle Galapagos, è perché da esse
manca proprio la passione. Quest'ultima deriva
da anni di agonismo a vela, dall'avere vissuto
il pericolo in mare, dalla maturità raggiunta
tramite l'esperienza, dalla consapevolezza del
nostro debito verso i marinai di tutte le epoche
e di tutti i Paesi, dal mio profondo rispetto nei
loro confronti. E forse anche dalle mie origini
in parte liguri. Ammetto di essere sempre stato
colpito dalle magnifiche foto delle imbarcazioni
a vela scattate dai grandi maestri della

[1] Esploratore polare, noto per la sua
determinazione e per non aver mai perso
un uomo durante le sue spedizioni.

of seeing an unfinished film: we cannot simply admire them when they are impressive, competitive and exciting, then ignore them in their old age and ruin. Boats and ships are not always elegant, fast and streamlined: if they don't sink or are not dismantled, they undergo a slow, silent and solitary death; rarely do they receive attention or care, and so it is natural to devote time, sympathy and respect to them. Their strength and pride emerge in my shots, even those vessels abandoned and hopelessly grounded: they seem ready to depart, to set sail and complete their mission with the same persistence as the men once together on board, with the same awareness of doing their duty.

True wrecks – therefore not those undergoing dismantlement – are everywhere, especially in areas with no population, cities, roads, or the possibility of salvaging materials for commercial use. Choice places are Patagonia, the South Atlantic Islands, Namibia, Mauritania and Australia. But locations also exist in Italy, Greece, Turkey, the Canary Isles, Portugal, on the northern coasts of Russia, the Aral Sea, Iceland, and everywhere human settlements are too far away for the vessels to be recovered or their structure vandalised. However, there are specific reasons for their concentration, particularly in some areas of the Southern hemisphere. In Namibia, for example, the Skeleton Coast has witnessed (or is guilty of?) countless shipwrecks. The wind from the open sea, the perennial fog, the sandy sea bottom and the sailors' inexperience, have all caused ships to run aground. In addition, the Coast is a desert, so the survivors had no way of escape.

In the South Atlantic and off the coast of Patagonia, shipwrecks are due to the centuries-long navigation around Cape Horn. Ships in trouble before or after passing the Cape were driven eastward by strong westerly winds toward the Isla de los Estados, the Falkland Islands and South Georgia. Thousands of ships sank in that area, and those that didn't sink often reached shore irreparably damaged; moreover, the cost of repairs was so high that many owners decided to abandon them where they lay. In addition, from the beginning of the twentieth century to about 1965, the island of South Georgia was an intensive whale and seal-hunting centre. The large number of ships involved in these activities led to numerous shipwrecks, and also to many still visible remains.

Then there are the "perfect wrecks", which are especially difficult to reach: no one, or hardly anyone, will ever see them. Unfortunately, I haven't photographed them yet. For example, the remains of a three-master, hurled onto rocks several metres above sea level by a storm decades ago, lie far removed from the high-tide line on one of the Falkland Islands. Or the recent chance discovery on a deserted stretch of coast in Chile of a twenty-metre sailboat, which had drifted more than 10,000 miles after being abandoned east of Cape Town in 2006 during a solo round-the-world race.

My research begins via dedicated sites or unexpected reports, it continues by browsing the Internet, checking on Google Earth and through my contacts with museums. Organising journeys is complex, given distances and environmental difficulties: taking

fotografia. Tuttavia, ho l'impressione di vedere un film incompleto: non ci si può limitare ad ammirarle quando sono possenti, competitive ed entusiasmanti, ignorandole nella loro vecchiaia e nella loro decadenza. Barche e navi non sono sempre eleganti, veloci e filanti: se non affondano o non vengono smantellate, vanno incontro a una morte lenta, silenziosa e solitaria; raramente vengono assistite e curate: è quindi naturale dedicare loro attenzione, simpatia e rispetto.
Dalle mie inquadrature emergono la loro forza e fierezza, anche per quelle dismesse e irrimediabilmente arenate: paiono pronte a ripartire, e a riprendere il largo senza rinunciare alla loro missione, con la stessa perseveranza che avevano coloro che erano a bordo e la stessa consapevolezza di compiere il proprio dovere.

I relitti veri – e quindi non quelli in corso di smantellamento da parte dell'uomo – sono ovunque, in particolare nelle aree dove sono assenti uomini, capitali, strade e la possibilità di un utilizzo commerciale del materiale recuperato. Luoghi di elezione sono la Patagonia, le isole dell'Atlantico meridionale, la Namibia, la Mauritania, l'Australia. Ma si trovano anche in Italia, in Grecia, in Turchia, alle Canarie, in Portogallo, sulle coste settentrionali della Russia, nel Mare di Aral, in Islanda, dovunque gli insediamenti umani siano abbastanza lontani da rendere impossibile il loro recupero e la vandalizzazione della loro struttura.
Vi sono tuttavia motivi specifici della loro concentrazione, in particolare in alcune zone dell'emisfero Sud. In Namibia, ad esempio, la Costa degli Scheletri è da secoli testimone

(o colpevole?) di innumerevoli naufragi. Il vento dal largo, la nebbia perenne, il fondo sabbioso, l'imperizia dei naviganti portavano le navi ad arenarsi. Inoltre la Costa è un deserto, e quindi i naufraghi non avevano scampo.
In Atlantico meridionale e sulle coste della Patagonia, i naufragi sono dovuti al transito secolare da Capo Horn. I venti forti da Ovest spingevano le navi, in difficoltà prima o dopo il passaggio del Capo, verso Est, cioè verso l'Isola degli Stati, le Isole Falkland e la Georgia del Sud. Migliaia di navi affondarono in quella zona, e quelle che non affondavano giungevano a terra spesso danneggiate in modo irreparabile; e il costo delle riparazioni era così elevato da indurre molti armatori ad abbandonarle sul posto. Inoltre, la Georgia del Sud è stata, dall'inizio del Novecento al 1965 circa, un centro di pesca intensiva della balena e di caccia alle foche; da tale attività risultarono, a causa dell'elevato numero di navi coinvolte, numerosi naufragi, e anche tanti resti di imbarcazioni tuttora visibili.
Vi sono poi i "relitti perfetti", difficilissimi da raggiungere: nessuno o quasi li vedrà mai, e io purtroppo non li ho ancora fotografati. Ad esempio i resti di un tre alberi scagliato sugli scogli decenni fa da una burrasca vari metri sopra al livello del mare, assai distante dalla linea dell'alta marea, su un'isola delle Falkland. O il recente casuale rinvenimento, su una costa cilena deserta, dopo una deriva di più di 10.000 miglia, di una barca di venti metri abbandonata nel 2006 a Est di Cape Town durante una regata in solitario intorno al mondo.

Le mie ricerche nascono sui siti dedicati o da segnalazioni inaspettate, continuano con la navigazione su Internet, la verifica su Google

photos on many coasts, even during summer in the southern hemisphere, is made difficult by the wind, cold, and uncertain weather and light conditions. The minefields on the Falkland beaches, left over from the 1982 war, are an additional risk, while on South Georgia the situation is made more difficult by legislation that prohibits climbing on the beached ships. Visits to Namibia need to be planned with care, given distances, lack of infrastructure, and prohibited access to vast areas considered to be goldfields. In Mauritania, wrecks can only be reached by crossing the desert, avoiding moments of military tension. Finally, in Patagonia, distances and the difficulty of locating the relics are prohibitive: for example, it takes a week on horseback to reach a three-master preserved almost intact for one hundred and twenty-four years. In Europe, coastal communities quickly eliminate the remains of ships. Naturally, I don't intend to create an encyclopaedia of wrecks, I portray those with a soul. Like people, each one is different. And my experience as a ship model maker helps me select the most impressive shots.

Unfortunately, I began seriously photographing wrecks rather late: until a few years ago, many ships were still intact. Some have since completely disappeared. In Italy, for example, I wanted to pay homage to the *Eden V*, a so-called "poison ship", to the dramatic migrant boats in Lampedusa, the *burchi* or transport barges on the River Sile, the ships on the River Po and the Venetian lagoons, and to the remains of the tuna-fishing boats. At Saint Malo and the Åland Islands I've been moved by

the sight of the anchors of ships that rounded Cape Horn; but even a humble fishermen's anchor from Lake Bracciano is a relic. And there is no lack of chains: those of Grytviken (South Georgia) for hoisting whales. As for the *Costa Concordia*, I have deliberately not photographed her. My travels have also led to extraordinary encounters: the Frenchman who has been living in the Falklands for fifty years, the Mauritanian who spends long periods in the desert to get in touch with himself, the Italian who retired to Namibia, the Zakynthos islander, who described to me at length the events of Cephalonia, and many others.

Travel has characterised my life, and ships are the symbol of travel. Recently, fulfilling a forty-seven-year-old dream, I sailed at length in the South Atlantic, yet again "visiting" my wrecks. The expression "visiting" may surprise you, but it captures my sentiment. I don't approach them as a tourist; my passion for the remains of ships has made me mature, or it may be that, by maturing, I've arrived at this relationship with them. The wrecks have exorcised my demons and shown me a path to life, as opposed to Charon's route. They have become the vehicle and tool of my research and have given me strength and courage: like the whale that rescued Jonah, they've given me a boost. And they've made me realise that in order to confront the search for oneself, poetry is essential; in other words, feeling love. My passions and my dreams, experienced for decades, have inspired me to search and have borne fruit. For years the road was uncertain, until I understood where and how to search. I've managed to find the way

and the right time to return to my voyaging. I've had extraordinary experiences, not only because they were long desired, nor because I overcame many challenges, but because the journeys coincided with (or did they stimulate? or were they a result of?) a personal quest. And so I became an archaeologist of the present. Only a few of us photograph wrecks…

Many people will be tempted to go (at least in their minds, while waiting to actually set out) to the places I describe, and perhaps to start or continue a similar journey within themselves. From so many wrecks, there is hope of salvation and life. Have a good journey. And if you find any other wreck, please let me know…

Earth e i contatti con i musei. L'organizzazione dei viaggi è complessa, data la distanza e le difficoltà ambientali: su molte coste, le riprese, anche nell'estate australe, sono rese difficili dal vento, dal freddo e dall'aleatorietà delle condizioni di meteo e di luce. Alle Falkland i campi minati sulle spiagge – rimasti dopo la guerra del 1982 – costituiscono un ulteriore rischio; in Georgia del Sud la situazione è resa più ardua dalla normativa che vieta di salire sulle navi spiaggiate; in Namibia i soggiorni vanno preparati con cura, date le distanze, la carenza di infrastrutture e la proibizione di accedere a vaste aree considerate aurifere; in Mauritania si raggiungono i relitti solo attraversando il deserto, cercando di evitare i momenti di tensione militare; in Patagonia, infine, le distanze e la difficoltà di trovare i resti sono proibitive: ad esempio, ci vuole una settimana a cavallo per giungere a un tre alberi conservato quasi intatto da centoventiquattro anni. In Europa, le comunità rivierasche provvedono presto a eliminare i resti di navi. Naturalmente non intendo creare un'enciclopedia dei relitti, ritraggo quelli con un'anima. Ciascuno è diverso, come le persone. E la mia esperienza di modellista navale mi aiuta a trovare l'inquadratura più suggestiva.

Purtroppo ho cominciato a fotografare relitti seriamente con tanti anni di ritardo: fino a pochi anni fa molte navi erano ancora integre. Alcune sono completamente scomparse. In Italia, ad esempio, ho voluto rendere omaggio alla *Eden V* – una "nave dei veleni" –, ai drammatici barconi dei migranti a Lampedusa, ai burchi sul Sile, alle navi sul Po e nelle lagune venete, ai resti delle tonnare; a Saint Malo e alle

Isole Åland mi hanno emozionato le ancore delle navi che doppiavano il Capo Horn; ma anche un'umile ancora di pescatori sul Lago di Bracciano è un relitto. E non mancano le catene: quelle di Grytviken (Georgia del Sud) per issare le balene. Quanto alla *Costa Concordia*, non l'ho volutamente fotografata. Inoltre, i miei viaggi mi hanno consentito di fare incontri straordinari: il francese che vive da cinquant'anni alle Falkland, il mauritano che trascorre lunghi periodi nel deserto per ritrovare se stesso, l'italiano in pensione in Namibia, l'isolano di Zante che mi ha parlato a lungo dei fatti di Cefalonia, e tanti altri.

I viaggi hanno caratterizzato la mia vita, e le navi sono il simbolo del viaggio. Recentemente, realizzando un sogno durato quarantasette anni, ho navigato a lungo a vela in Atlantico meridionale, andando ancora una volta a "far visita ai miei relitti". L'espressione "far visita" può sorprendere, ma esprime il mio sentimento. Non mi avvicino a loro da turista; la mia passione per i resti di navi mi ha fatto maturare, o, forse, maturando, sono arrivato a questo rapporto con essi. I relitti hanno esorcizzato i miei demoni e mi hanno indicato una strada verso la vita, al contrario di Caronte. Sono diventati veicolo e strumento di ricerca e mi hanno conferito forza e coraggio: come la balena ha riportato Giona in salvo, essi mi hanno dato la spinta. E mi fanno capire che, per affrontare la ricerca di se stessi è essenziale la poesia, cioè provare amore. Le mie passioni e i miei sogni, vissuti per decenni, mi hanno indotto a cercare e hanno portato frutti. Per anni la via è stata incerta, finché ho capito dove e come cercare. Sono riuscito a

individuare il modo e il momento giusto per riprendere la mia navigazione. Ho vissuto esperienze straordinarie, non solo perché le ho desiderate a lungo o per aver superato molte sfide, ma perché i viaggi hanno coinciso con – o hanno provocato? o sono stati conseguenza di? – una ricerca personale. E sono diventato archeologo del presente. Siamo in pochi a fotografare relitti…

Molti avranno la tentazione di recarsi – almeno con la mente, in attesa di andarci realmente – nei luoghi che descrivo, e forse di iniziare/ continuare un analogo viaggio dentro se stessi. Da tanti relitti, speranza di salvezza e di vita. Buon viaggio. E se ne trovate altri, fatemelo sapere, per favore….

Wrecks / Relitti

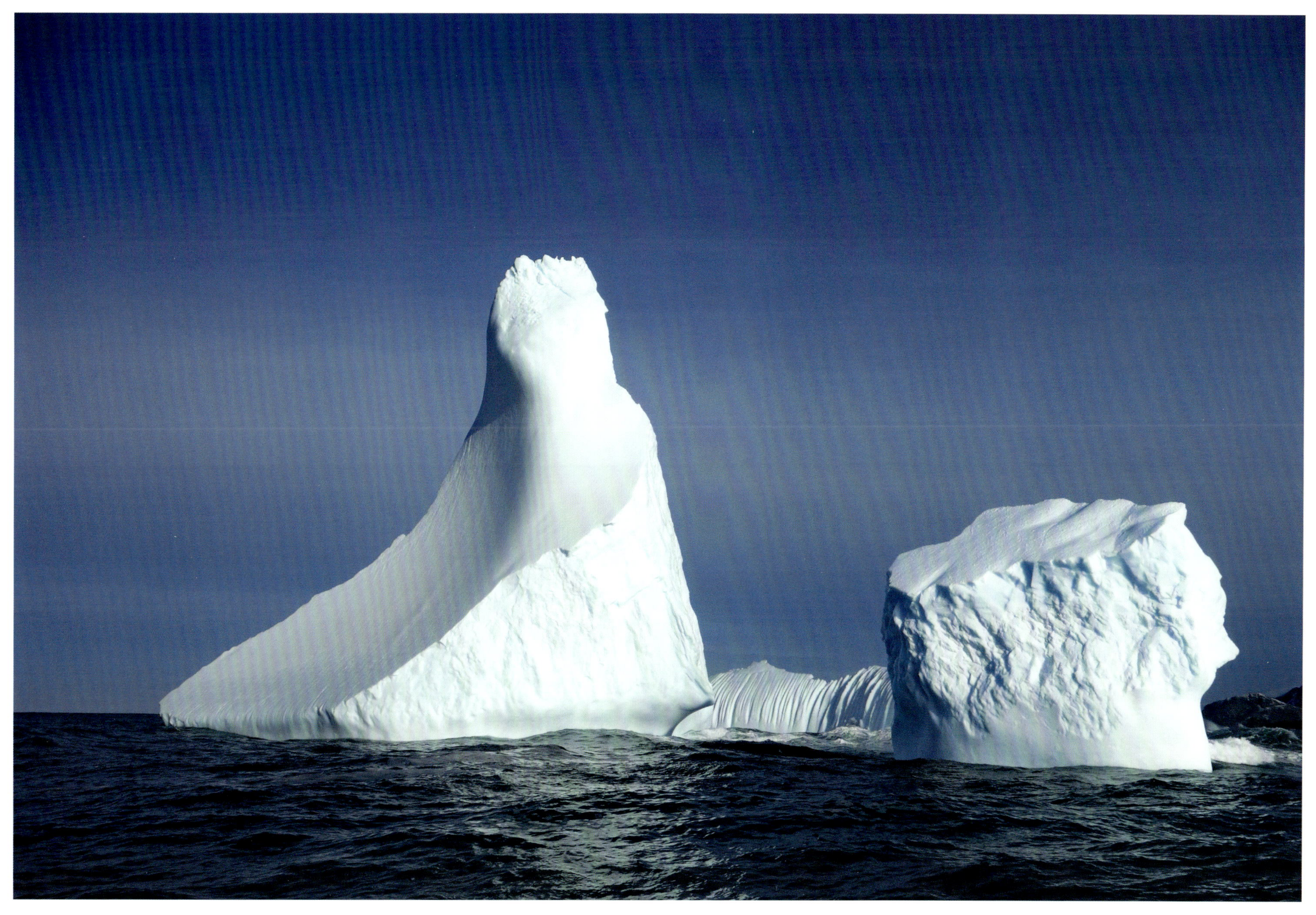

South Atlantic, 2016

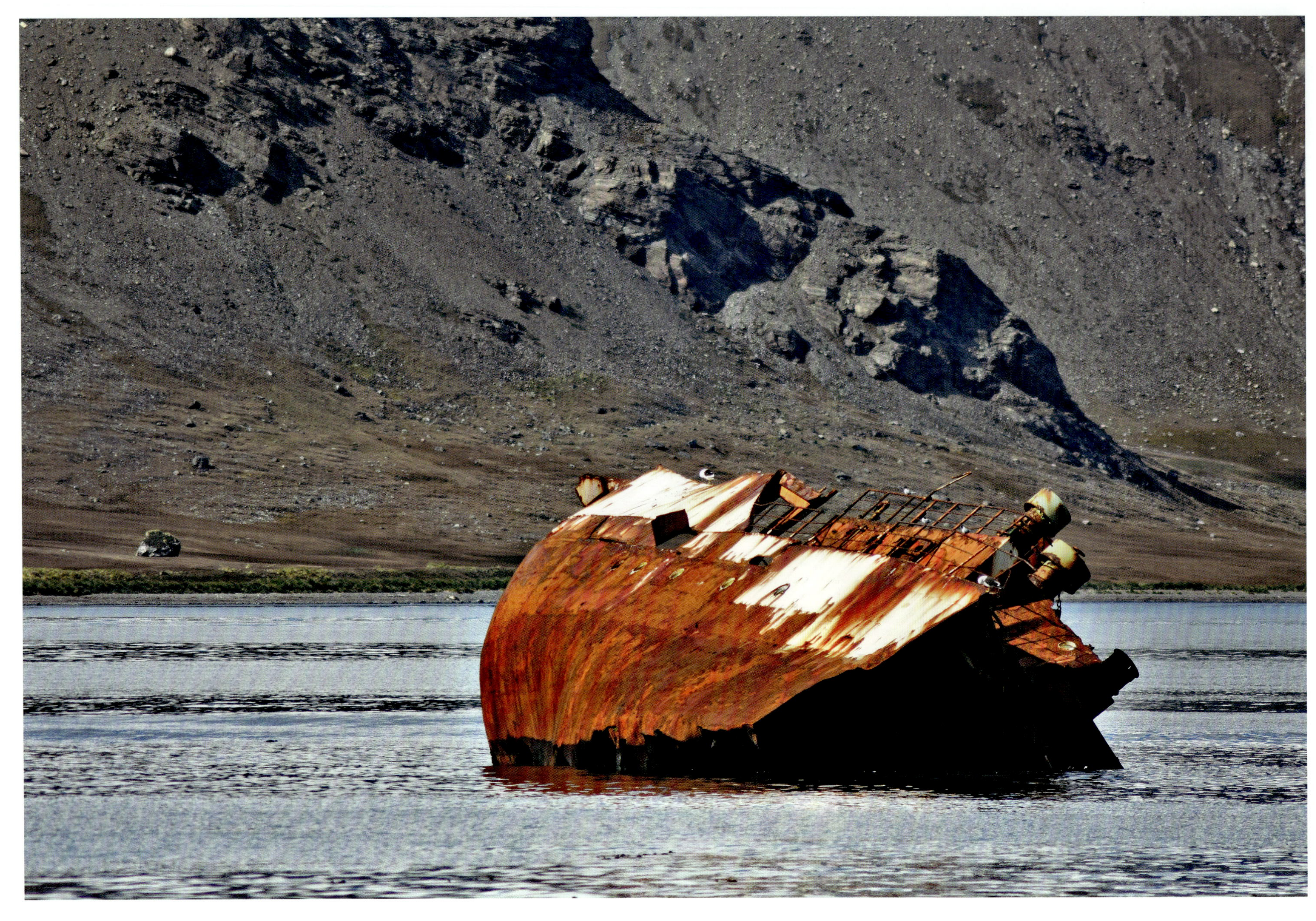

Moresko 1
Moraine Fjord, Cumberland Bay,
South Georgia, 2016

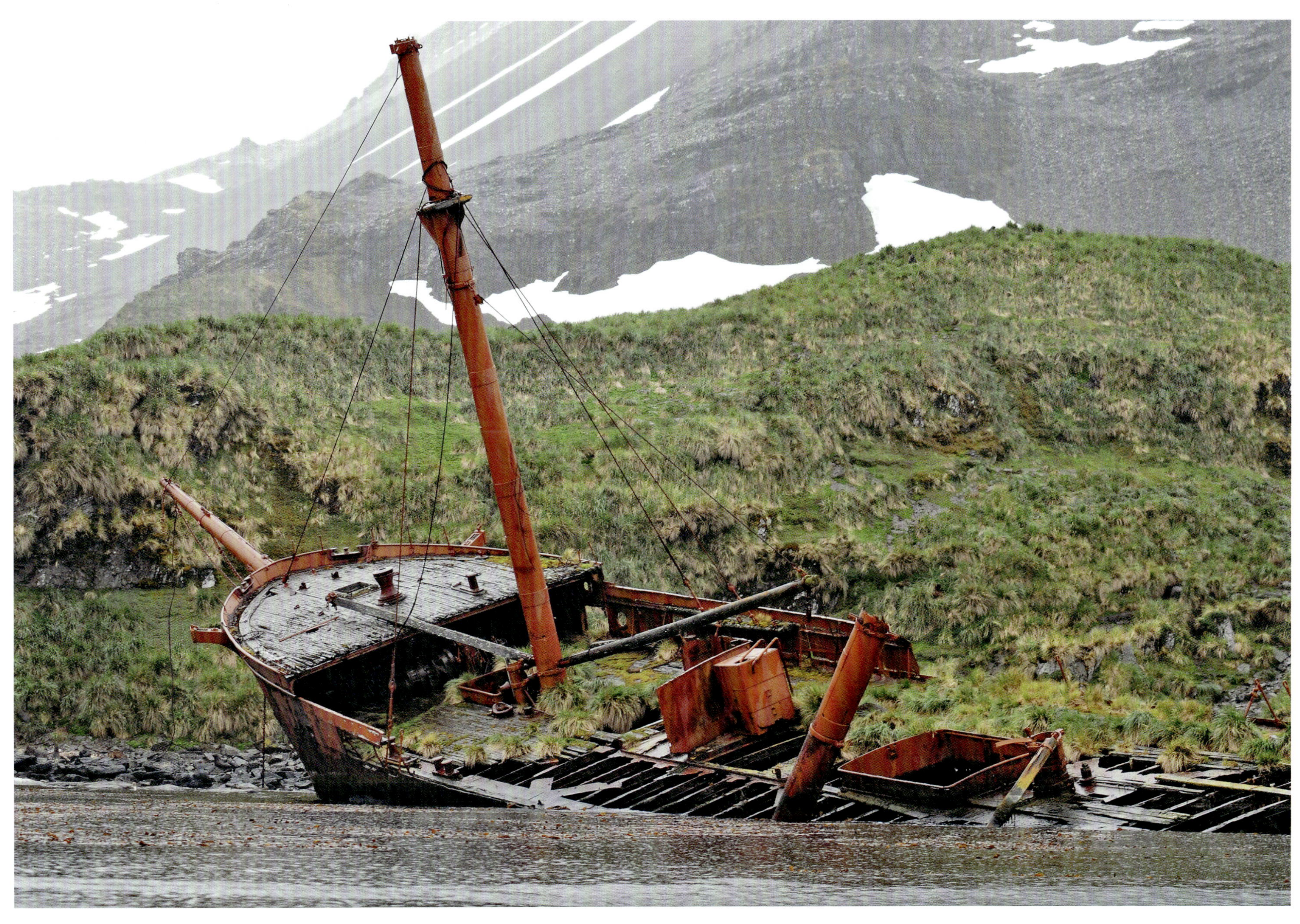

Brutus
Pig Point, Prince Olav Harbour,
South Georgia, 2016

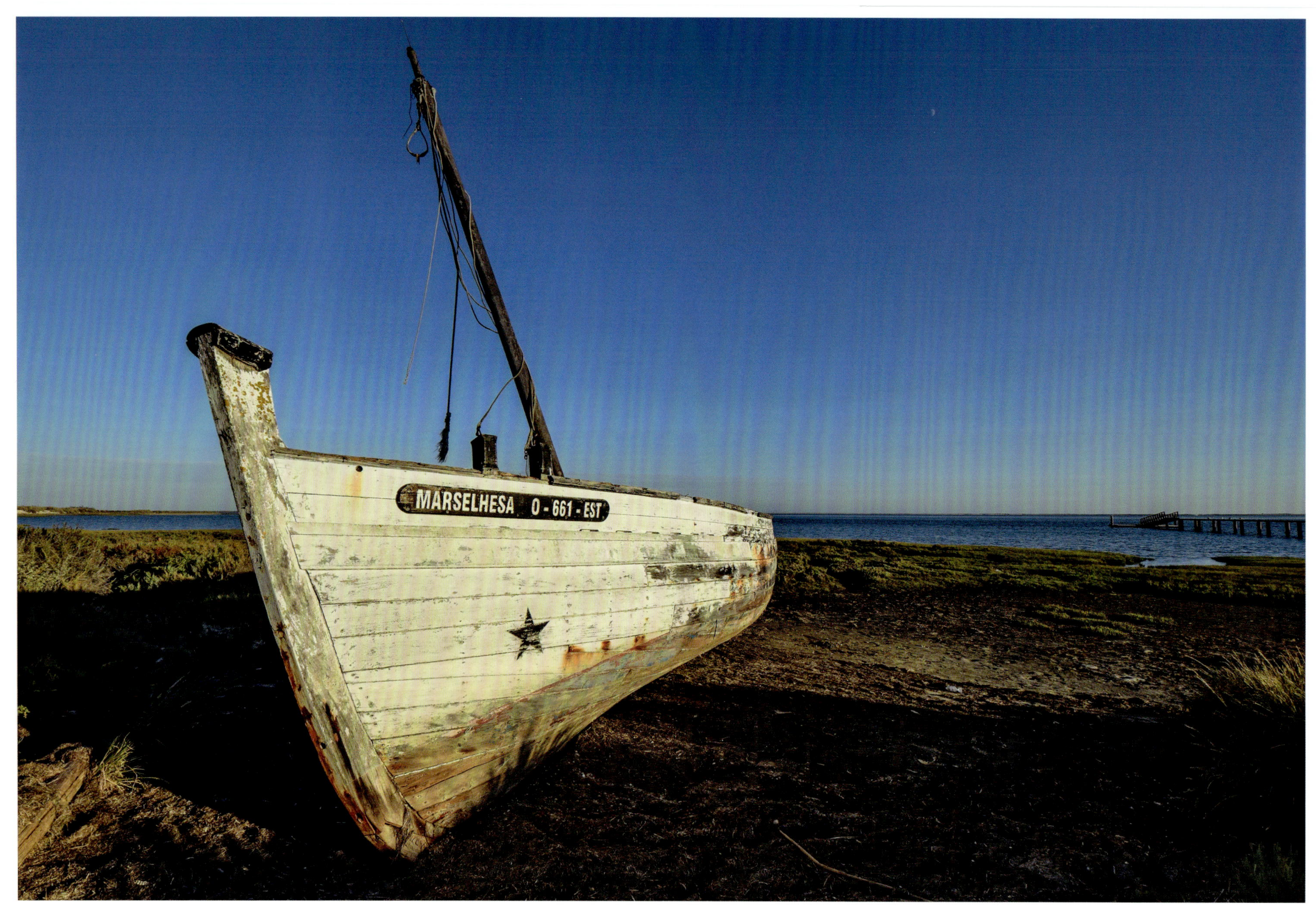

Marselhesa
Olhão, Algarve, Portugal, 2016

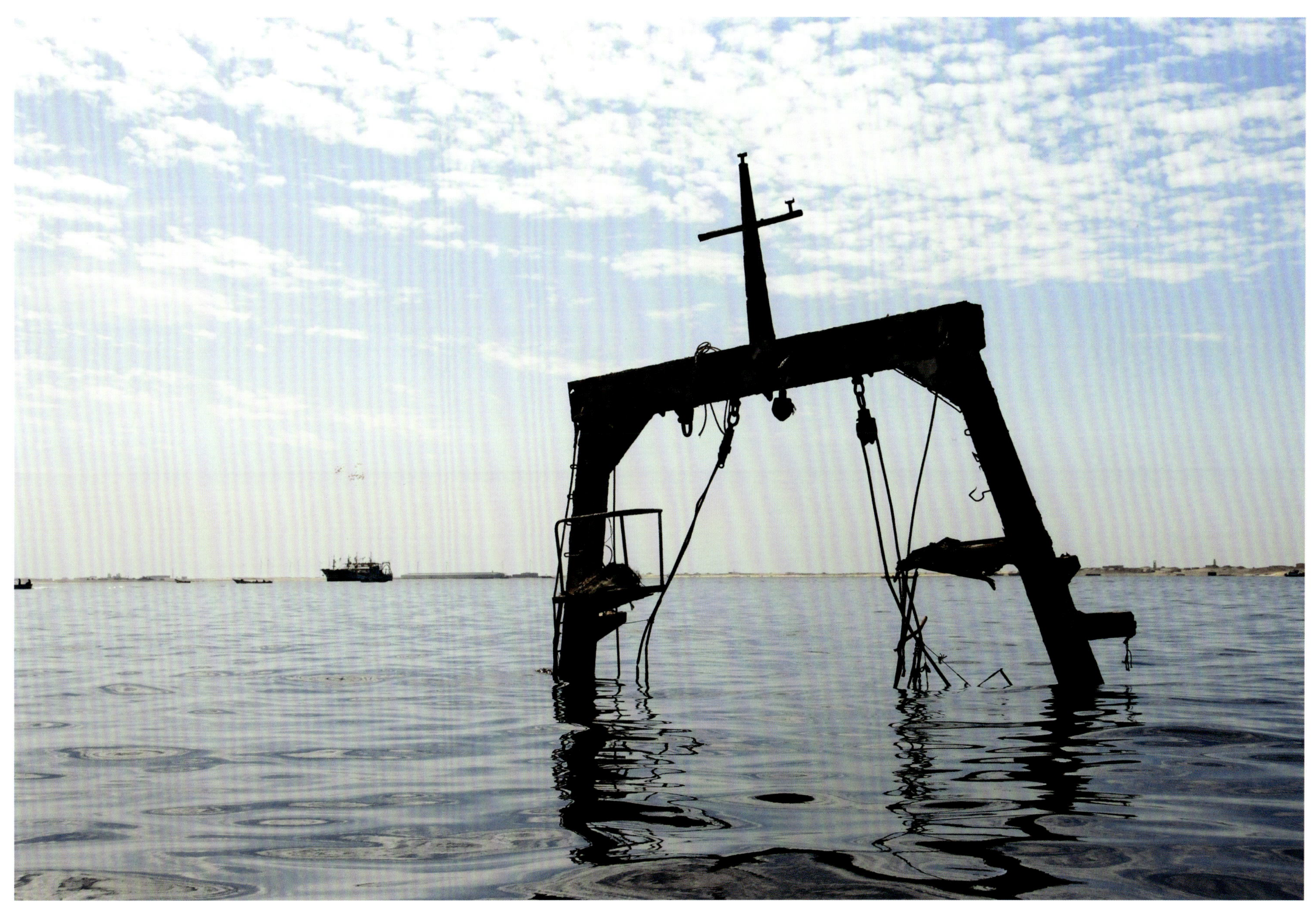

Nouadhibou, Mauritania, 2016

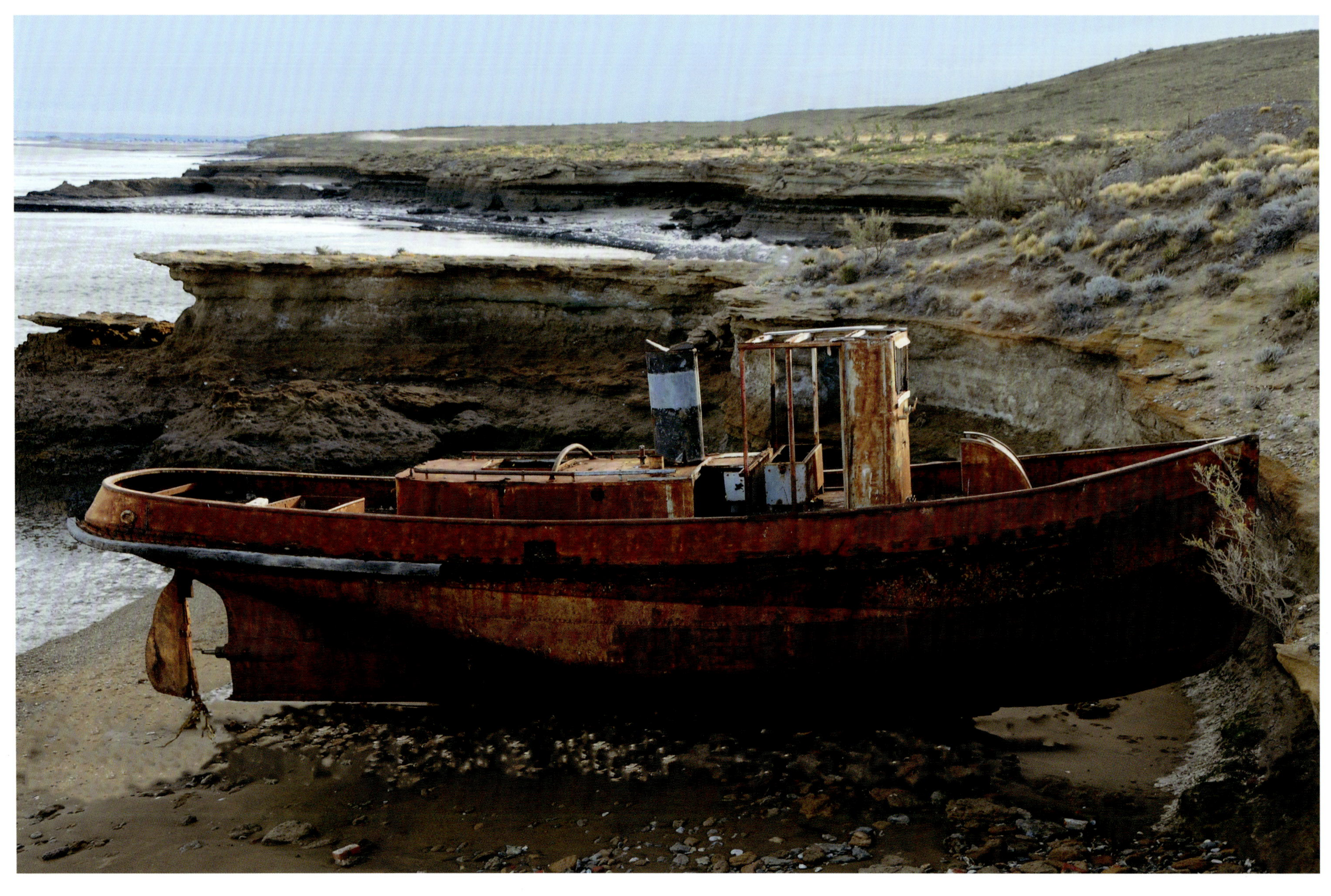

El Frigorífico Swift, Puerto San Julián,
Argentina, 2015

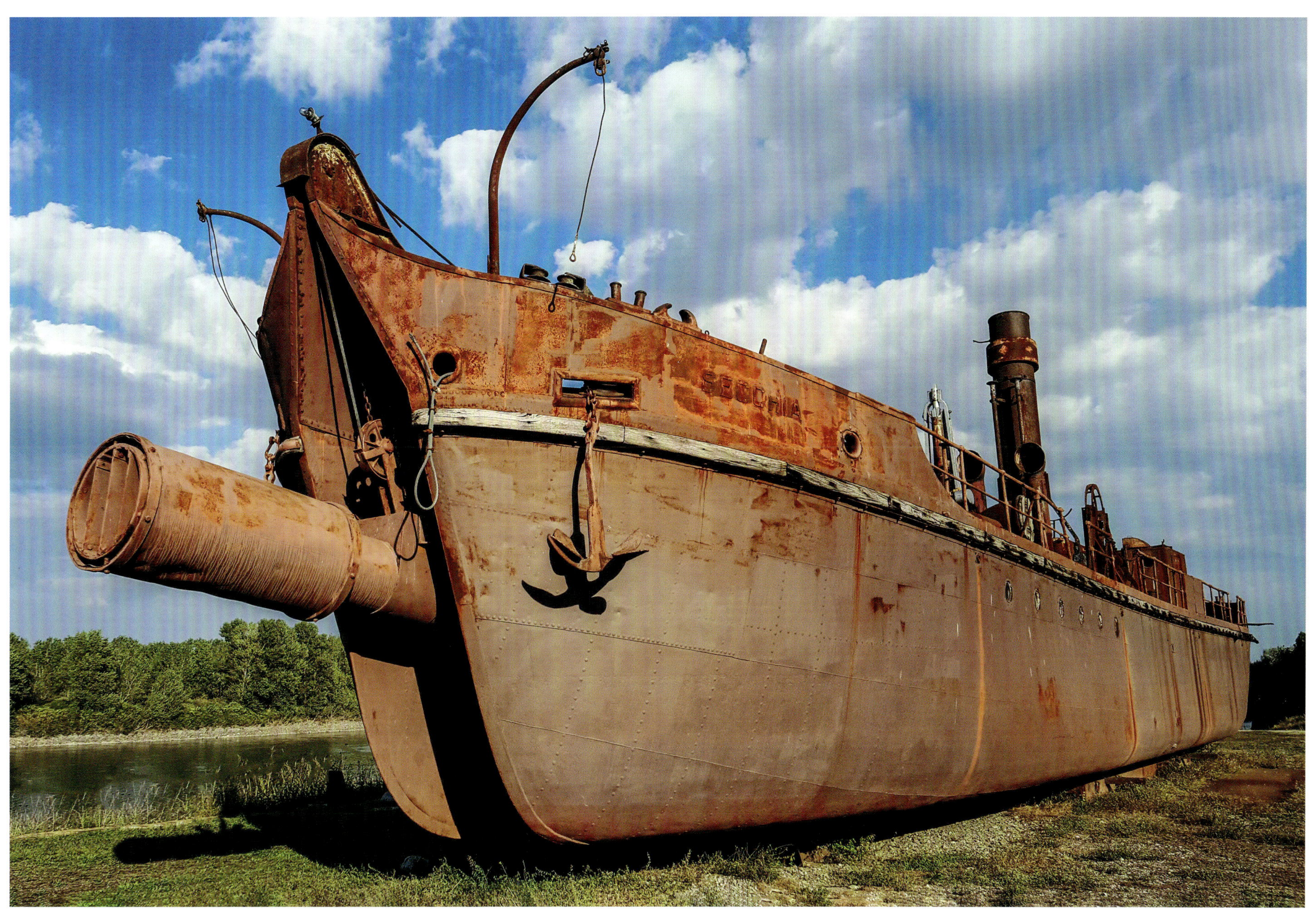

Dredger/Pirodraga *Secchia*
Museo del Po, Boretto, Italia, 2016

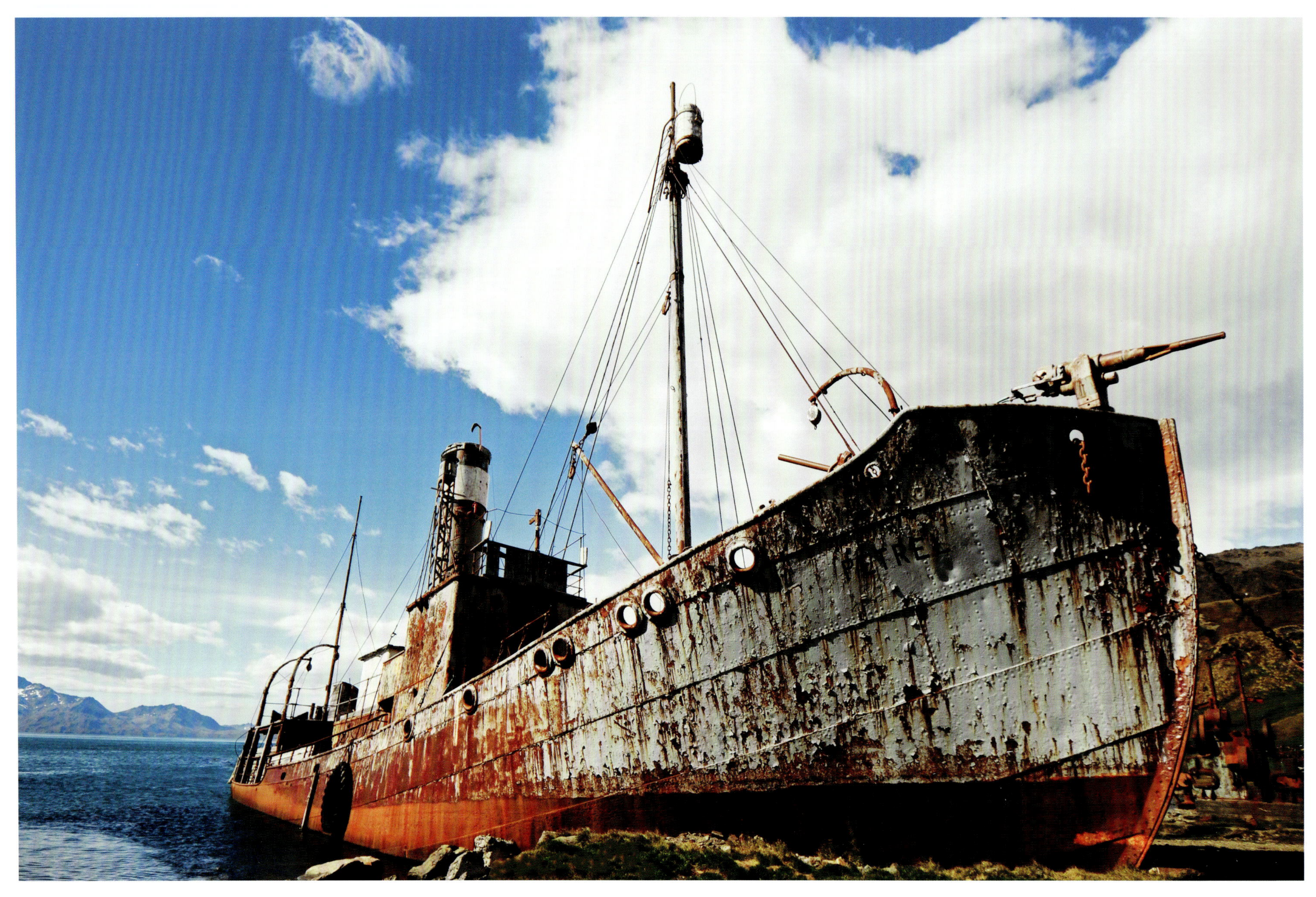

Petrel
Grytviken, South Georgia, 2016

40

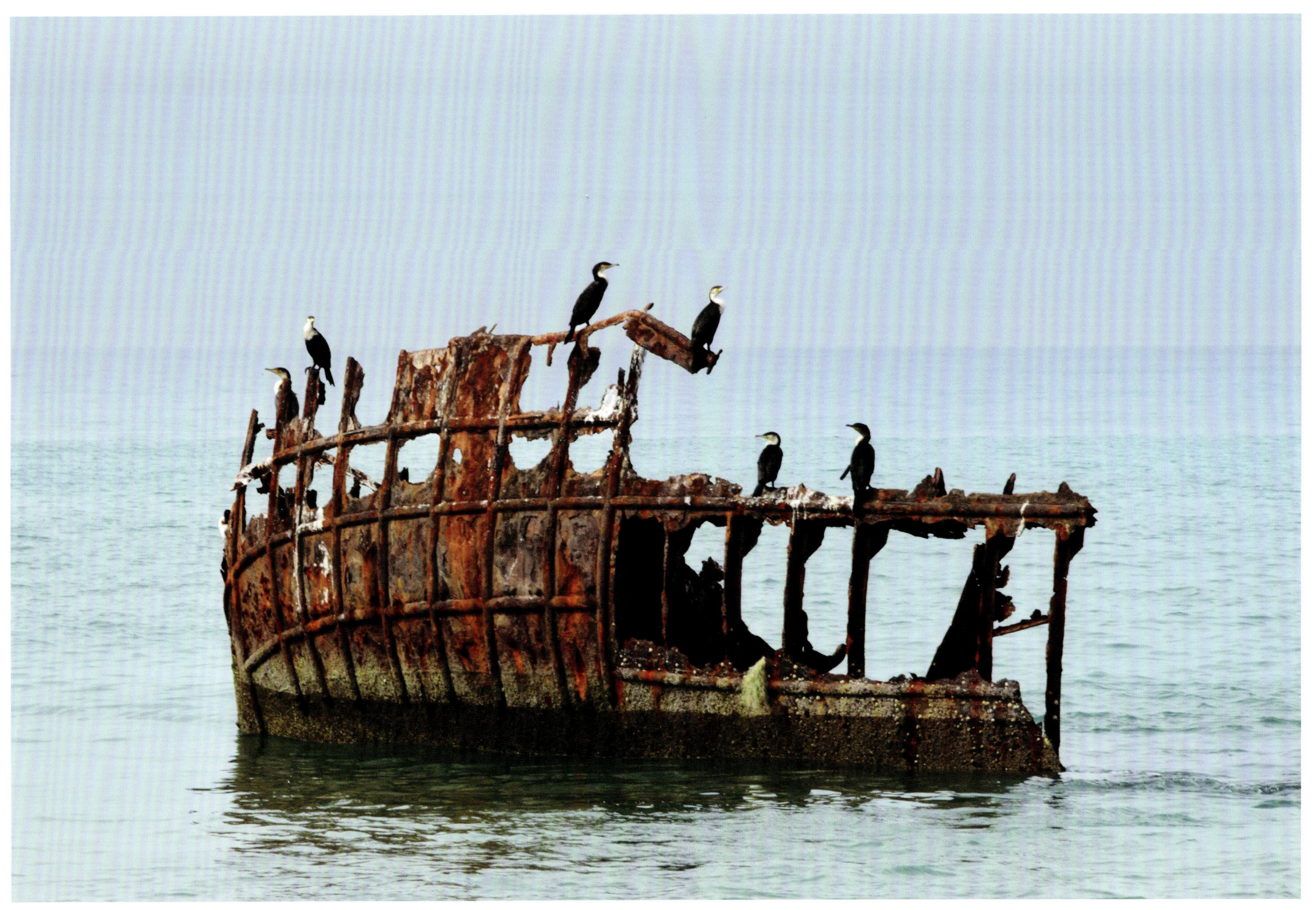

Nouadhibou, Mauritania, 2016

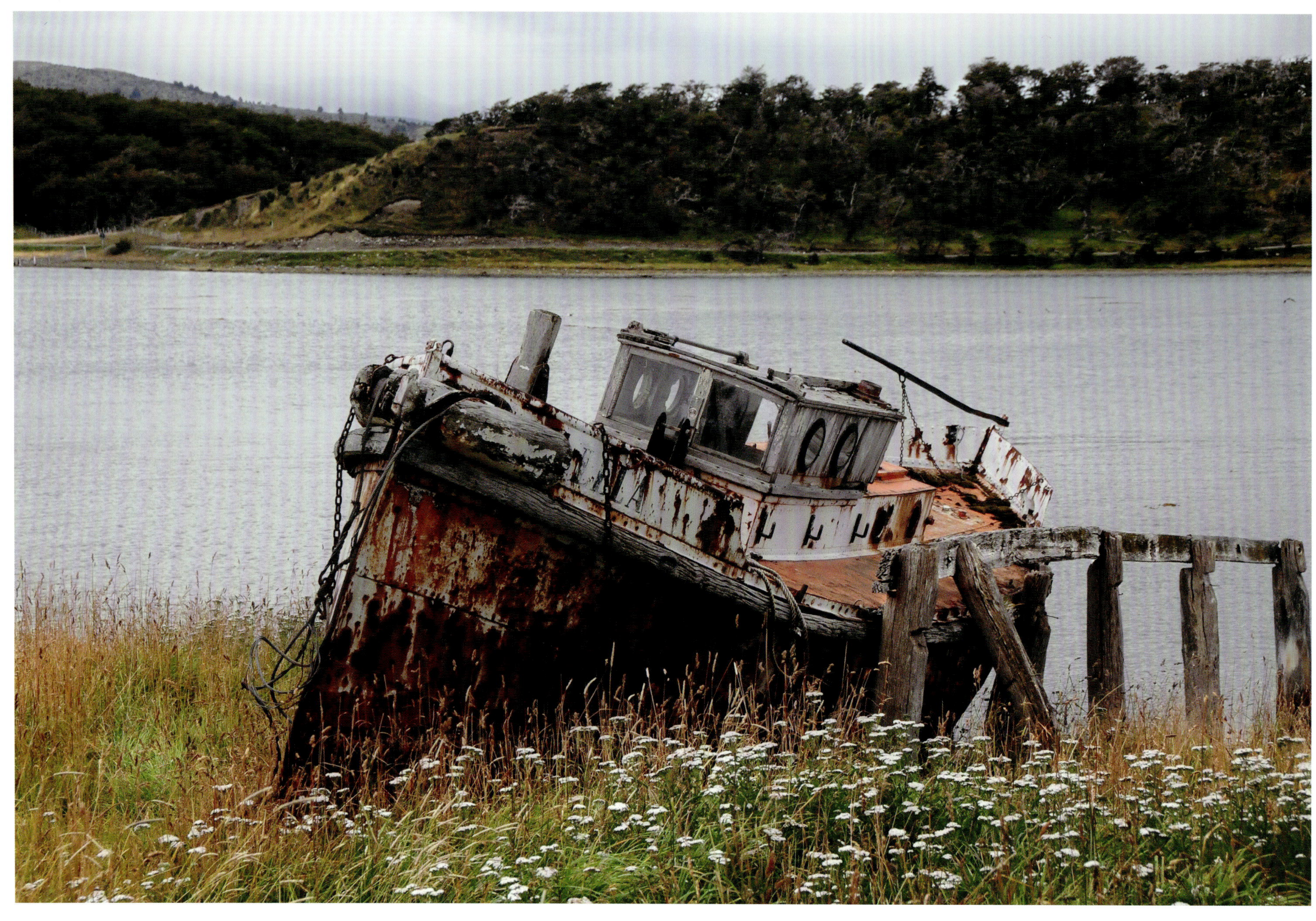

Estancia Harberton, Canal Beagle,
Argentina, 2015

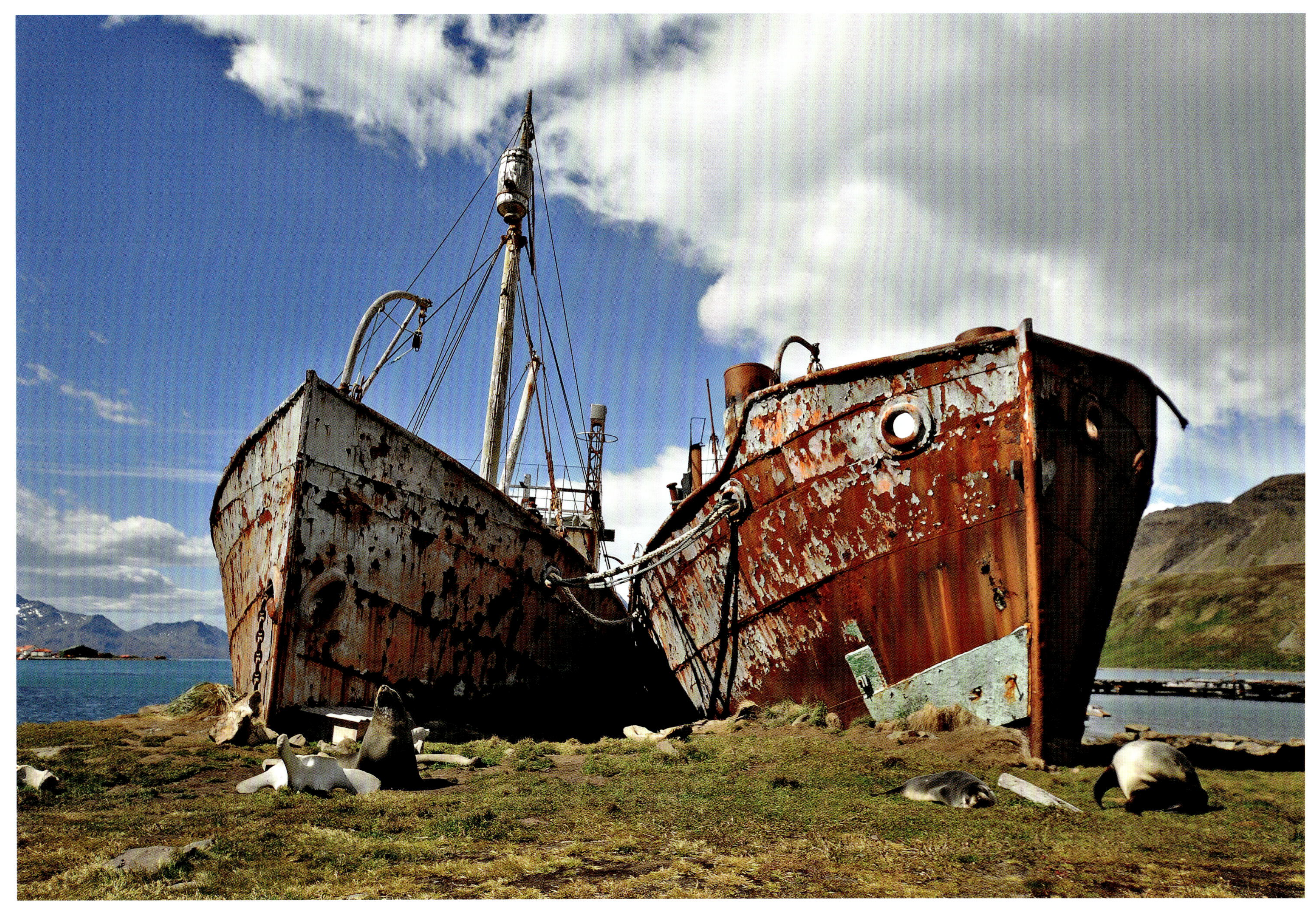

Albatros and/e *Dias*
Grytviken, South Georgia, 2016

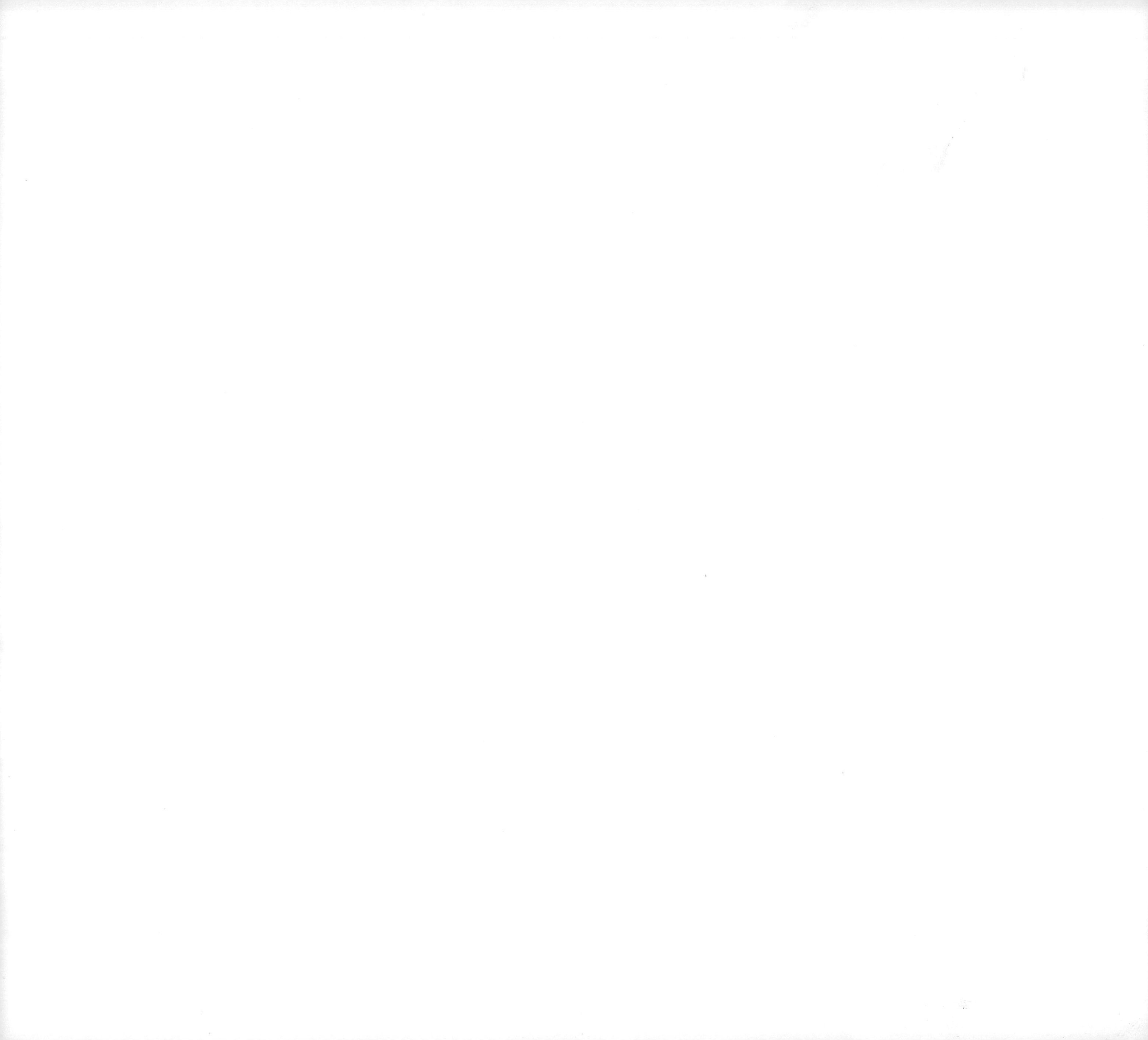

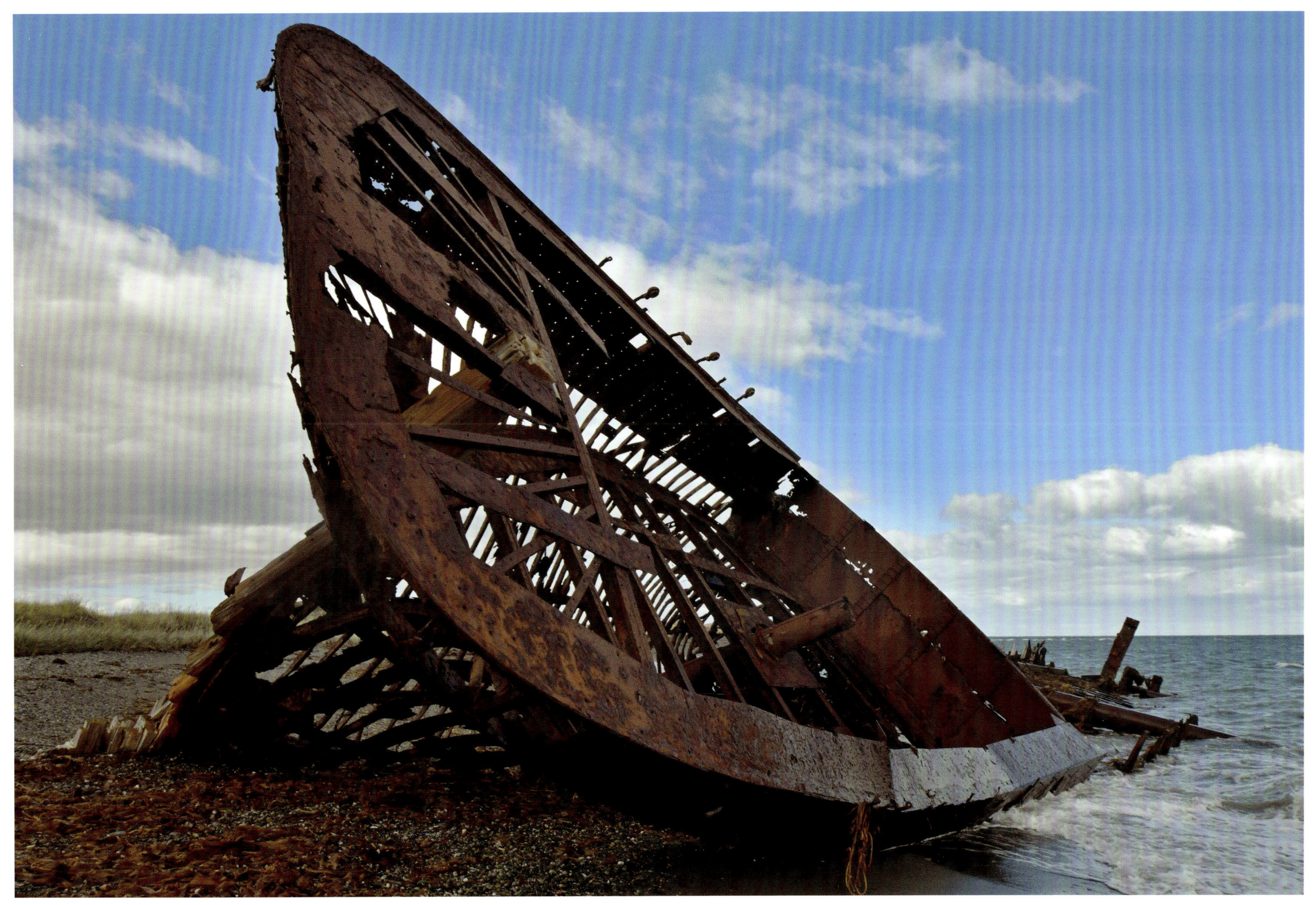

Ambassador
Estancia San Gregorio, Estrecho
de Magallanes, Chile, 2015

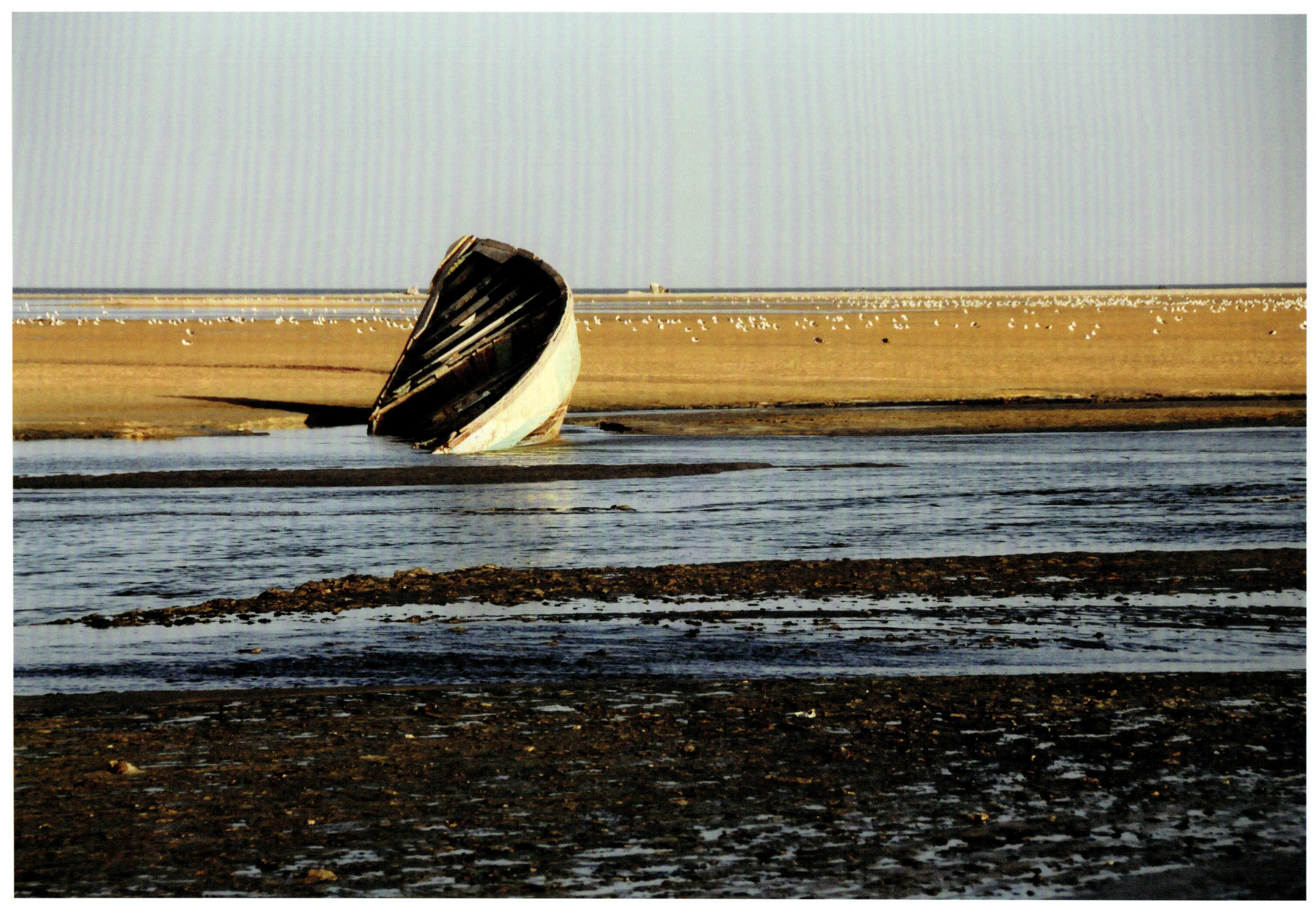

Nouadhibou, Mauritania, 2016

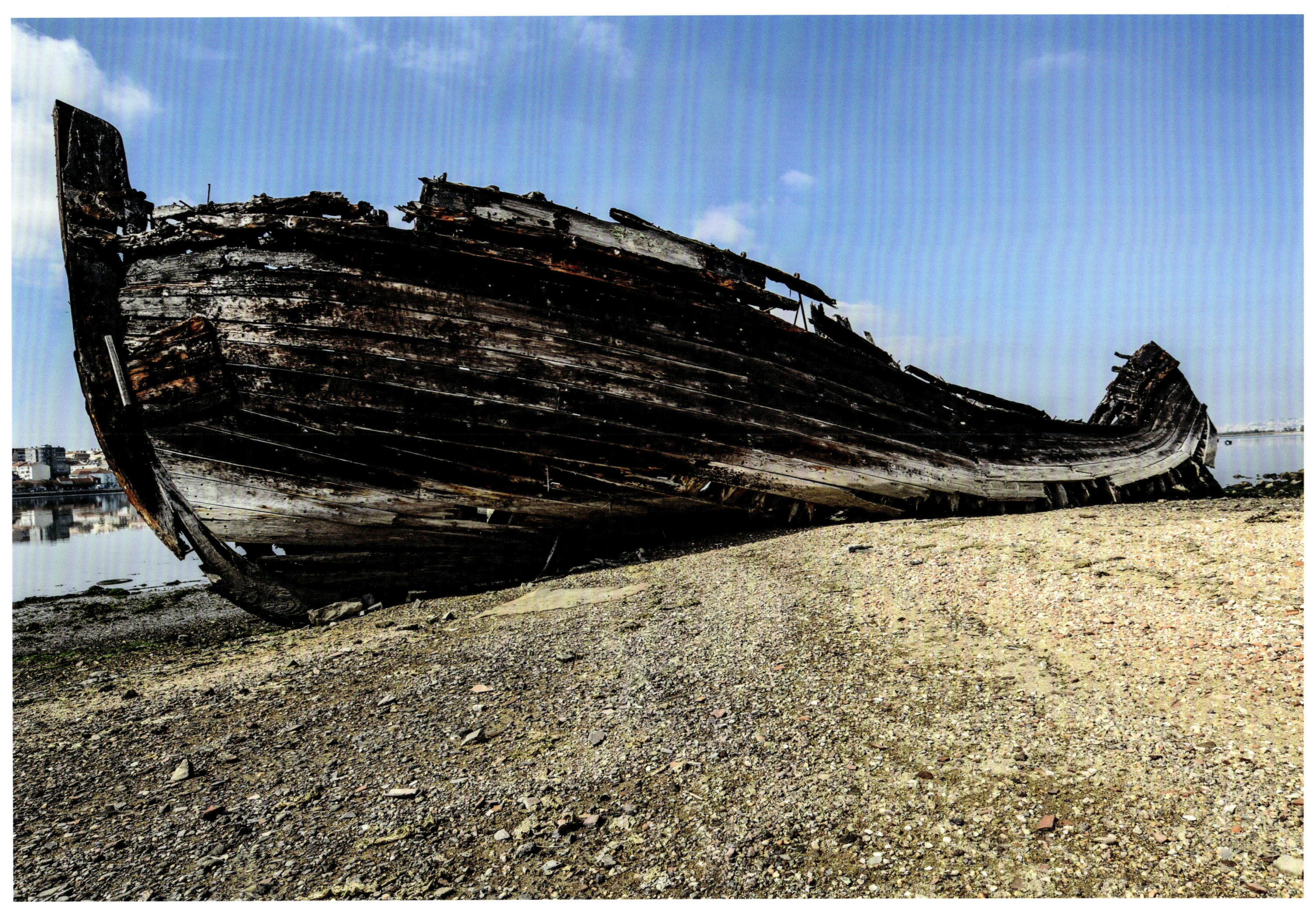

Cravidão
Seixal, Portugal, 2016

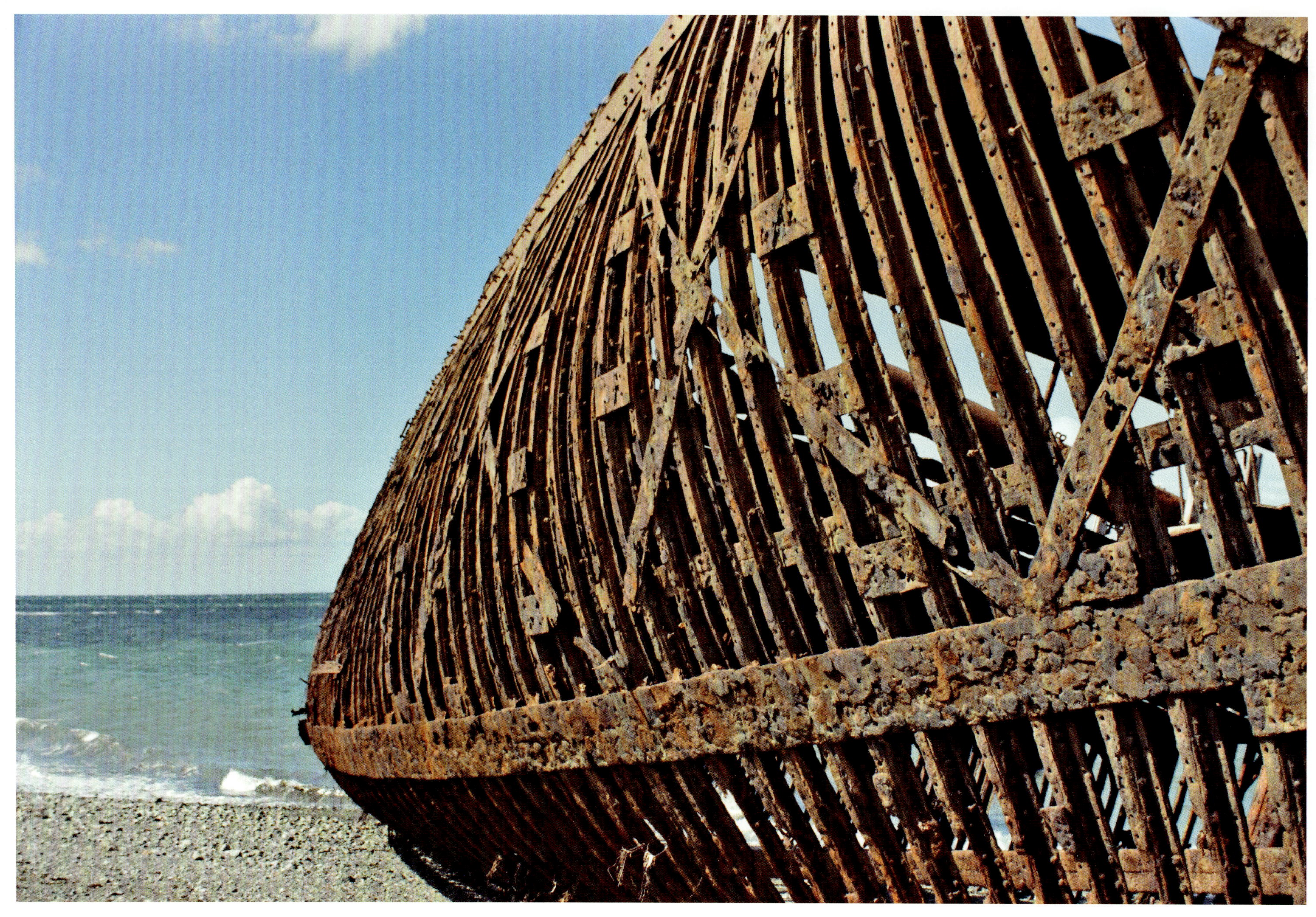

Ambassador
Estancia San Gregorio, Estrecho
de Magallanes, Chile, 1969

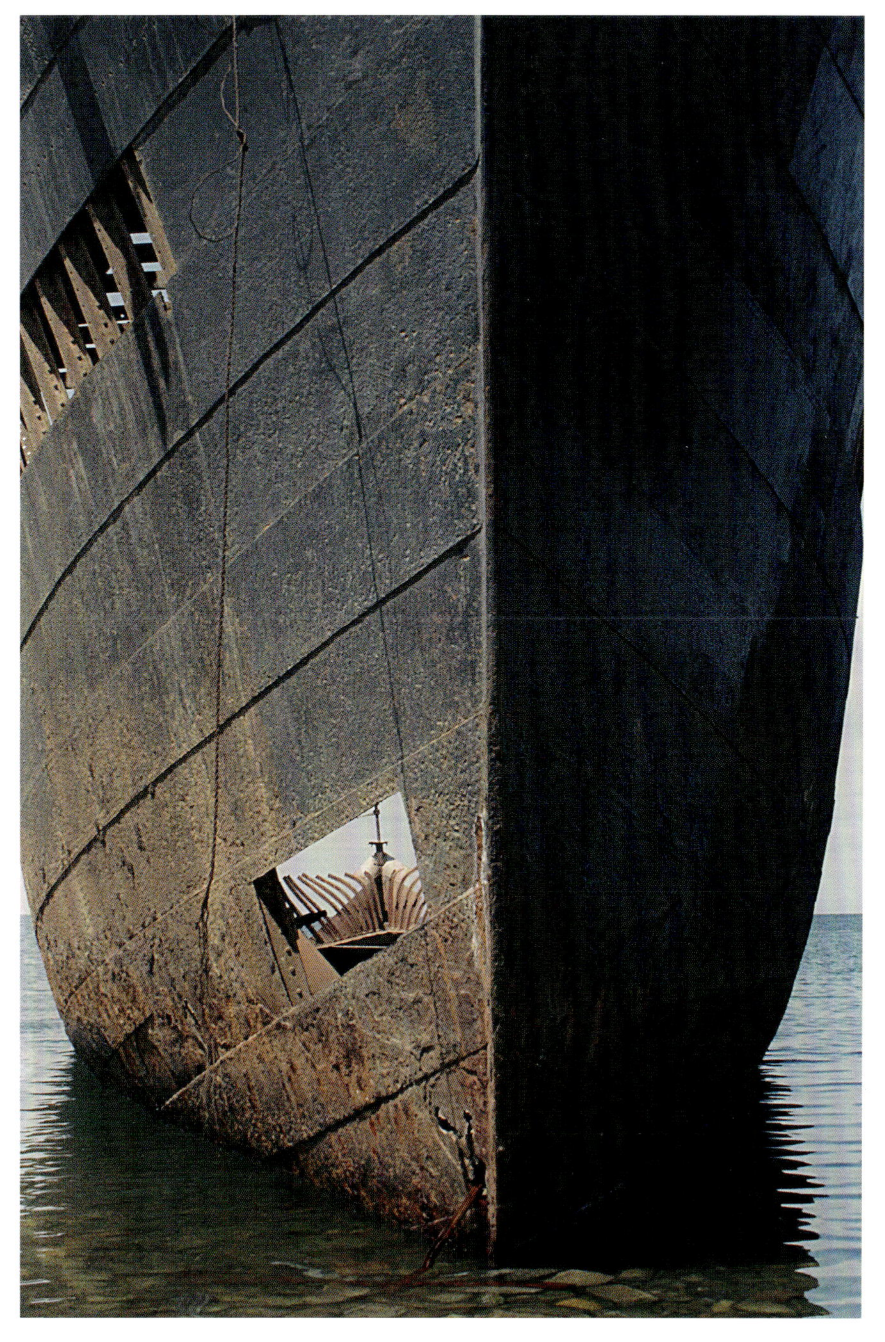

Lord Lonsdale
Punta Arenas, Chile, 1969

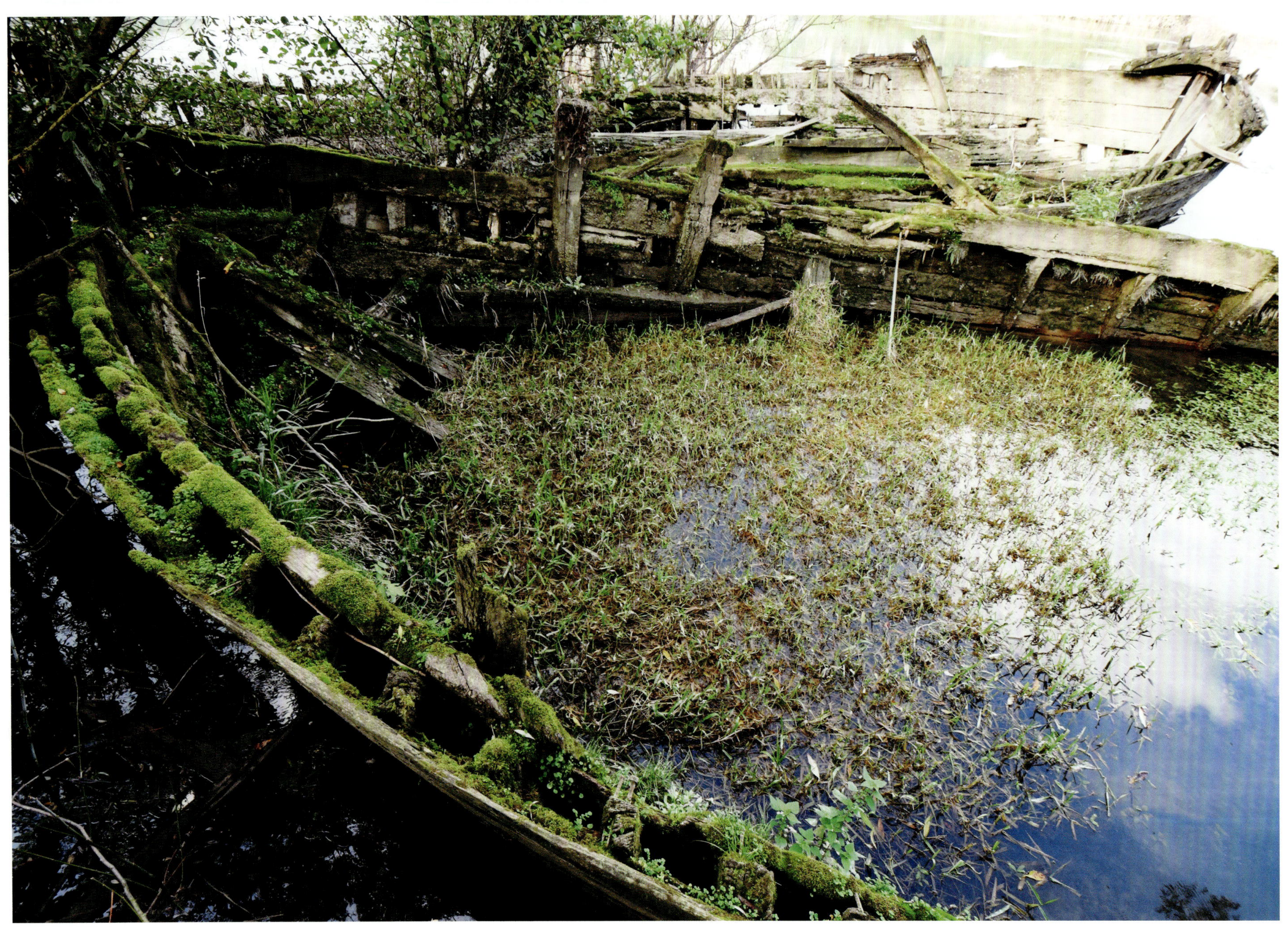

Barges on the River Sile / Burchi sul Sile
Treviso, Italia, 2015

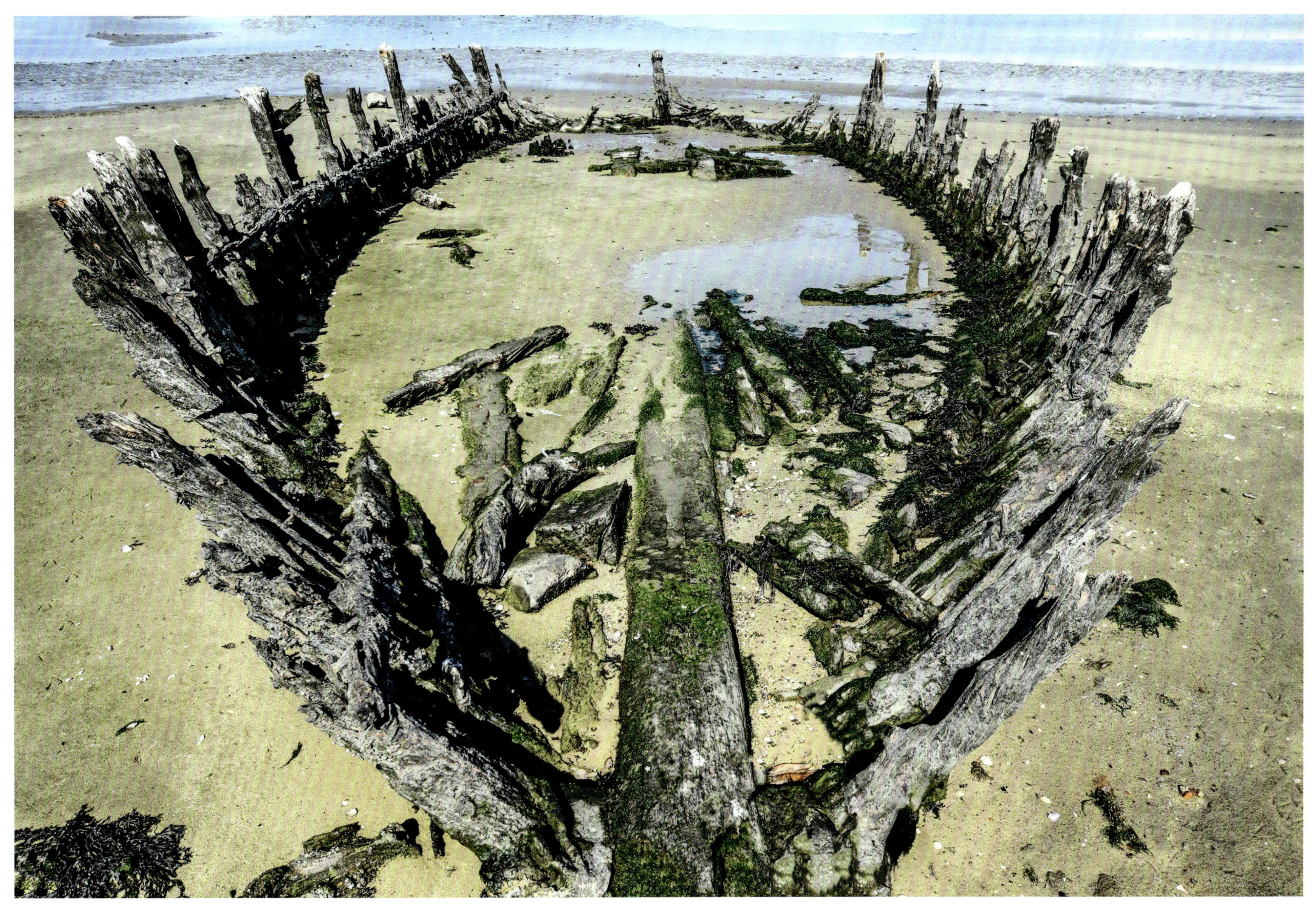

Amora, Portugal, 2016

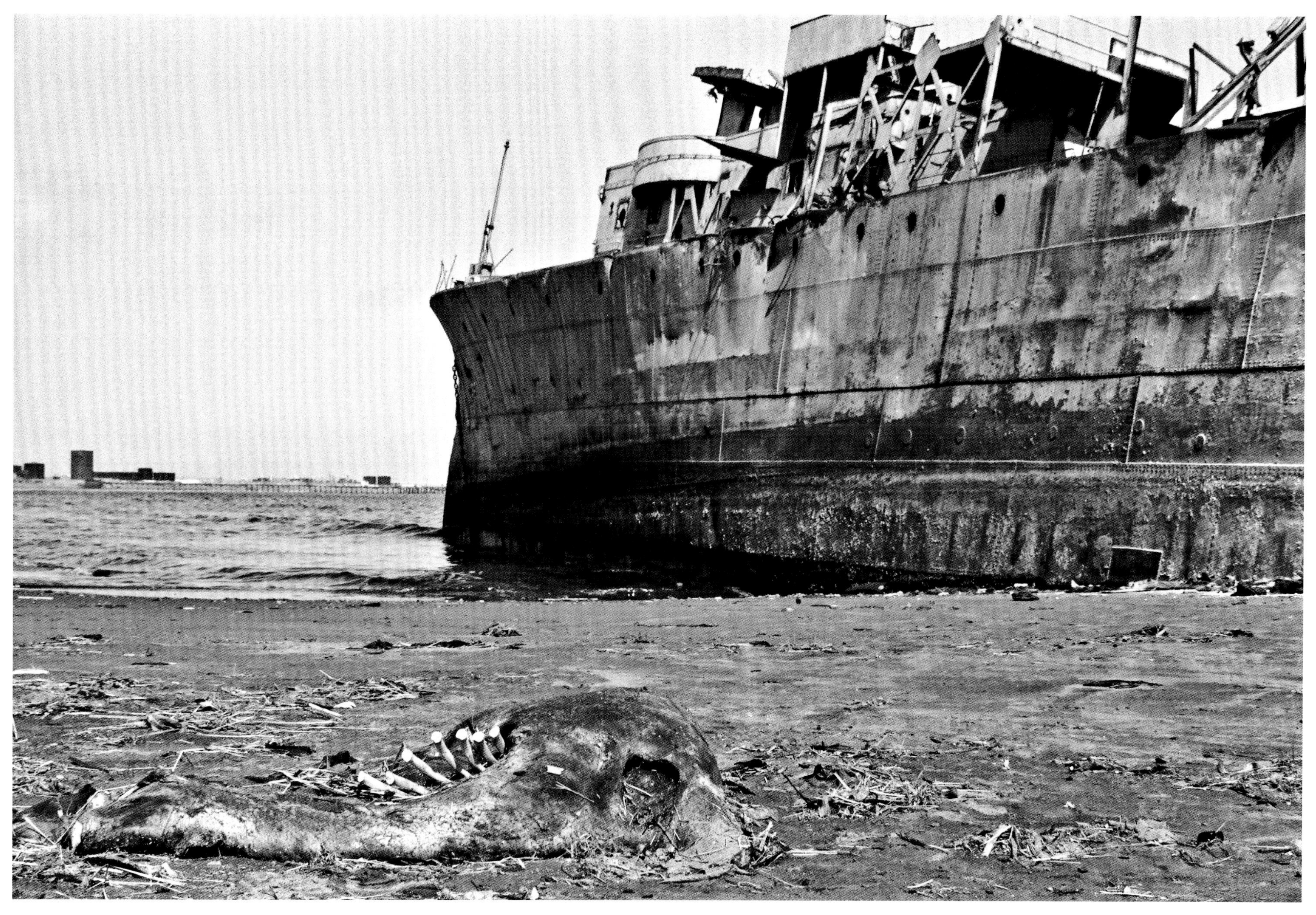

Lima, Perú, 1969

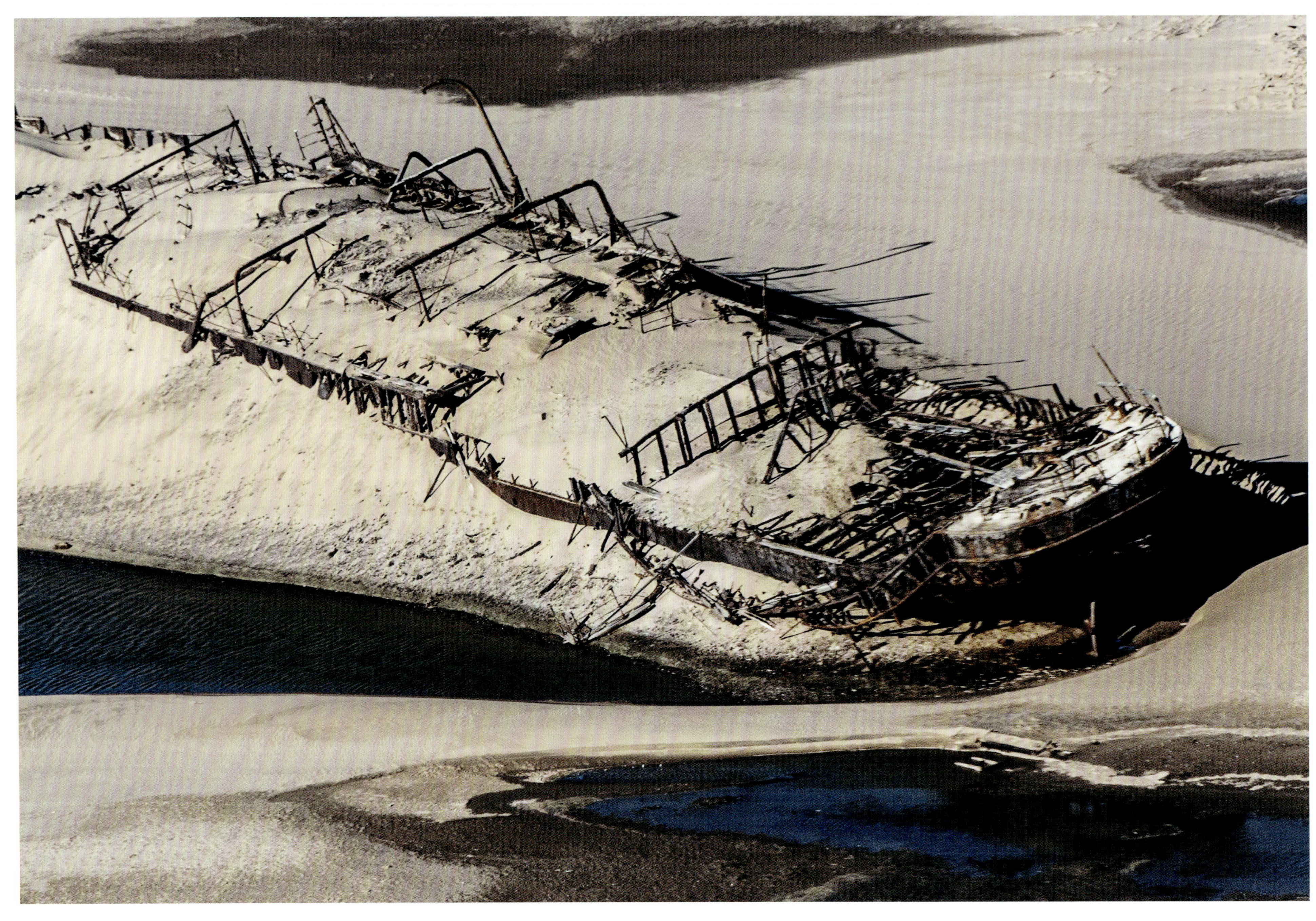

Eduard Bohlen
Skeleton Coast, Namibia, 2013

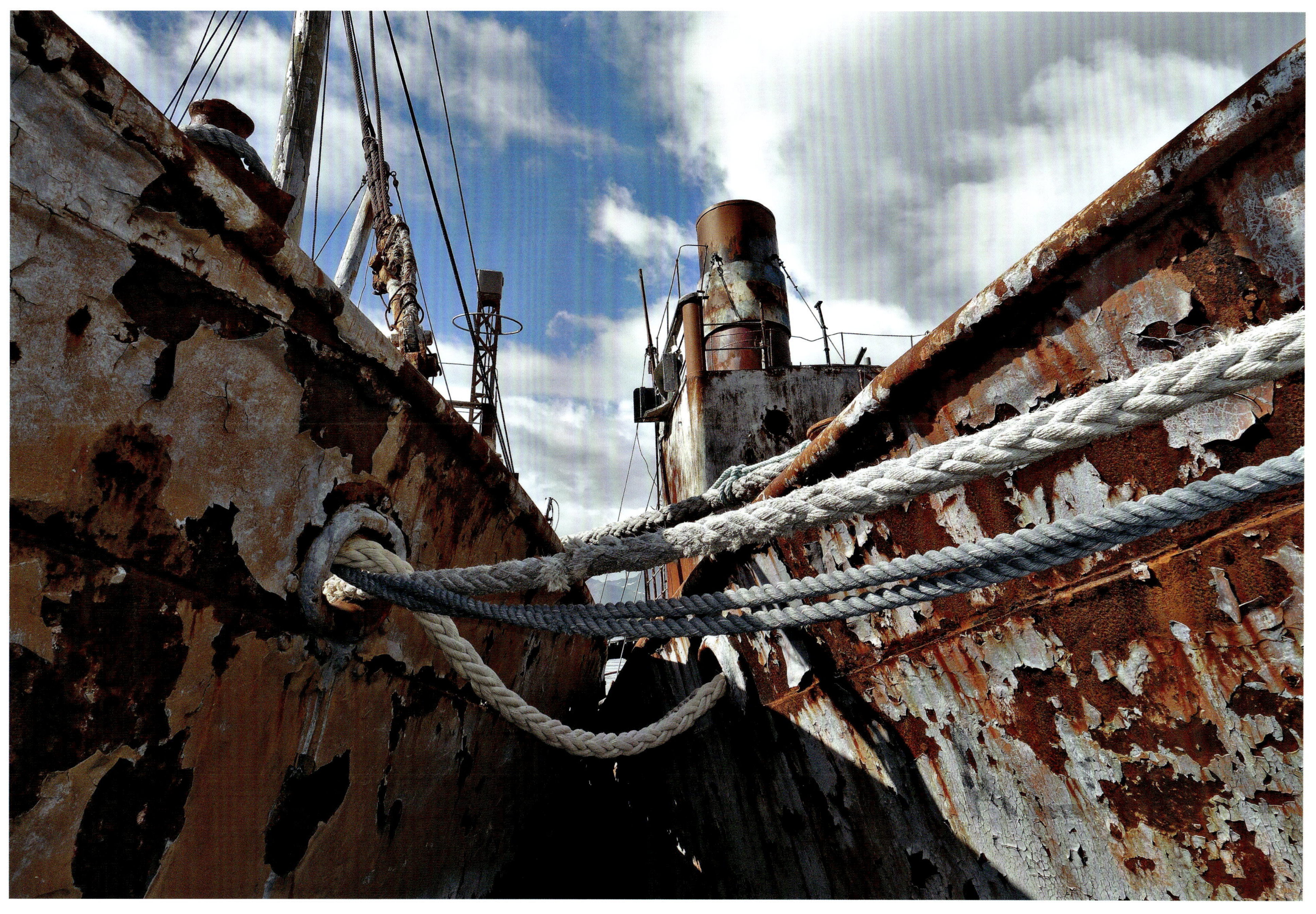

Albatros and/e *Dias*
Grytviken, South Georgia, 2016

on pages / alle pagine 56-57
Tuna-fishing Boats of Bonagia /
Tonnara di Bonagia, Trapani, Italia, 2016

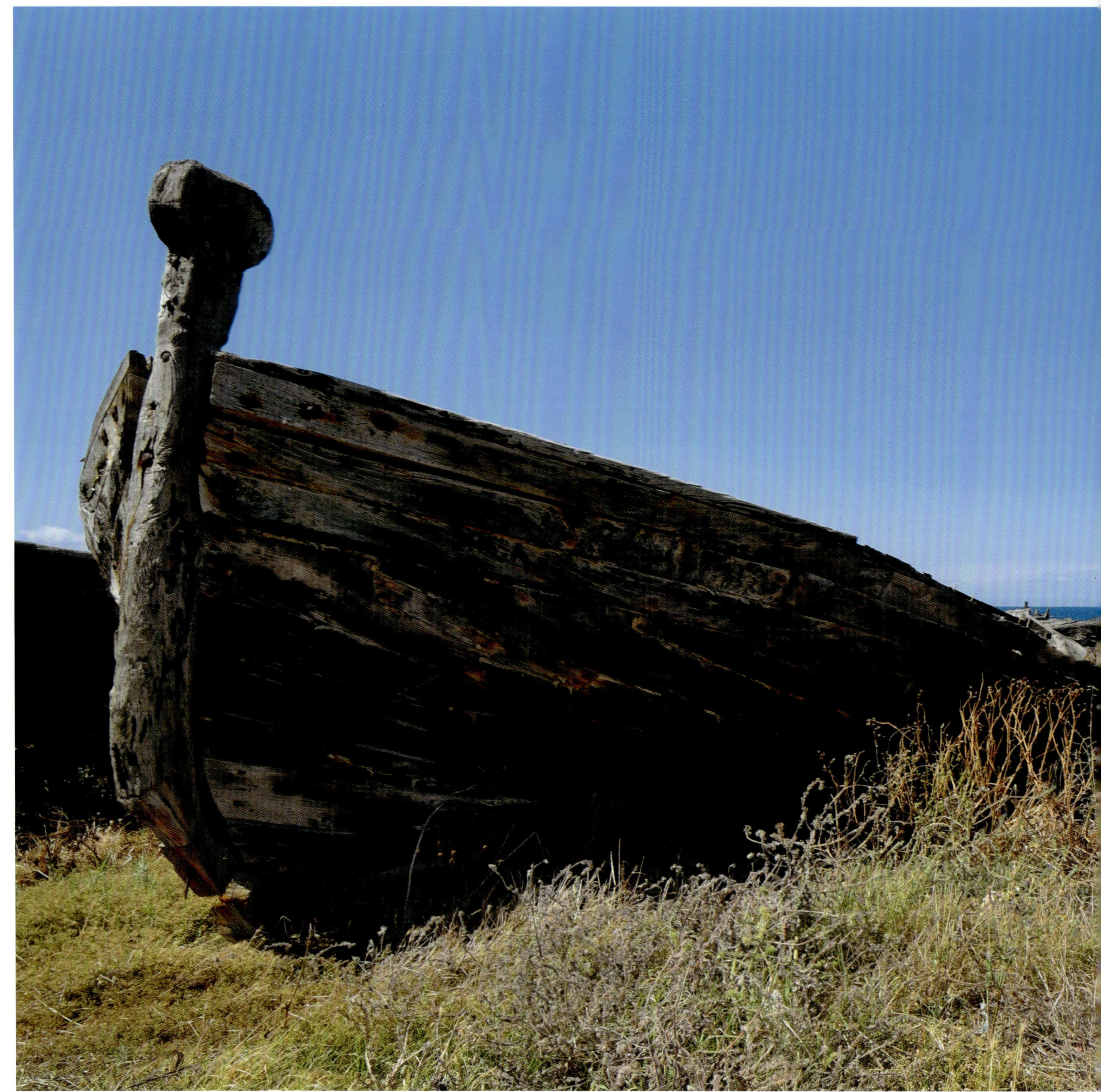

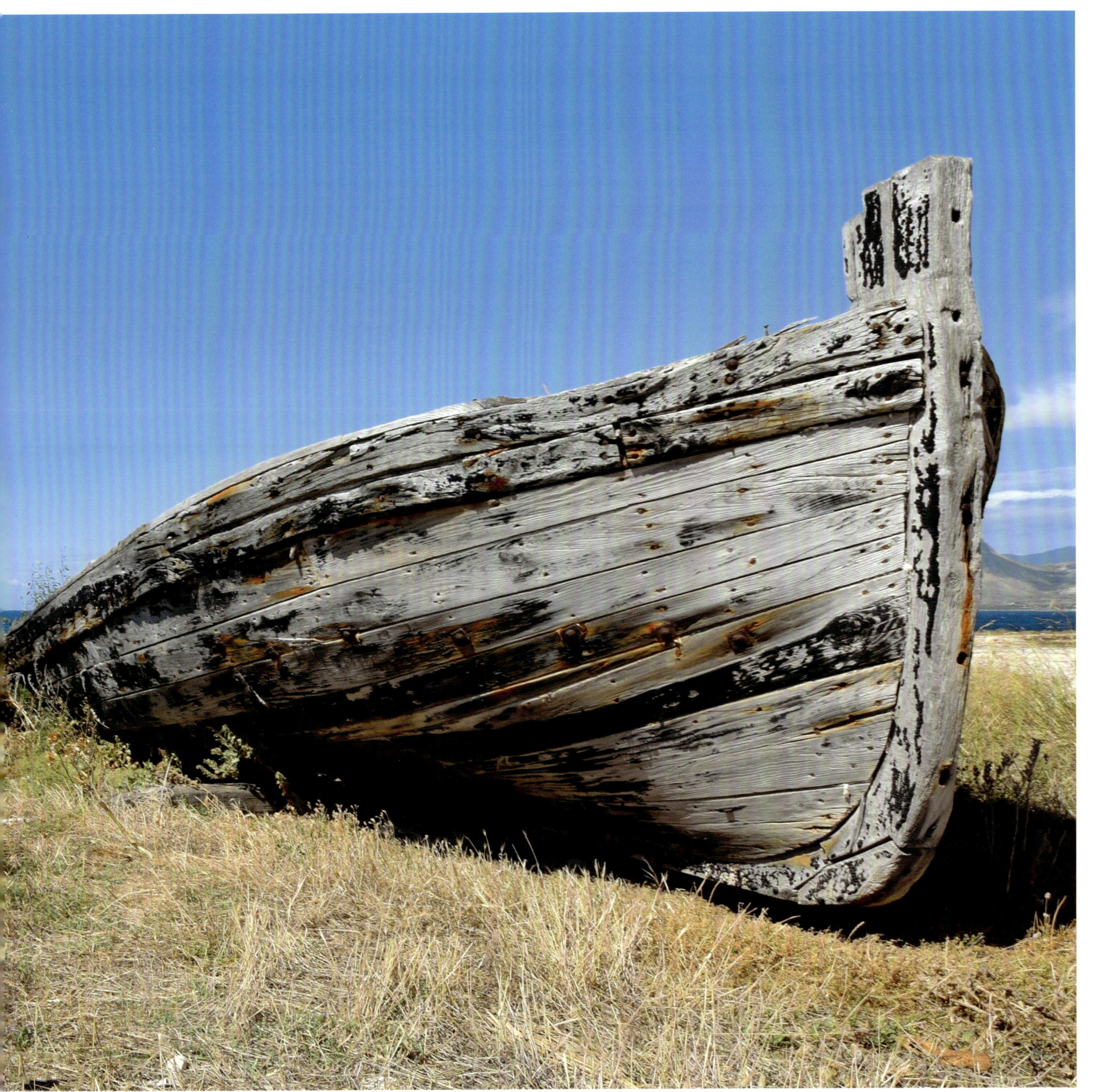

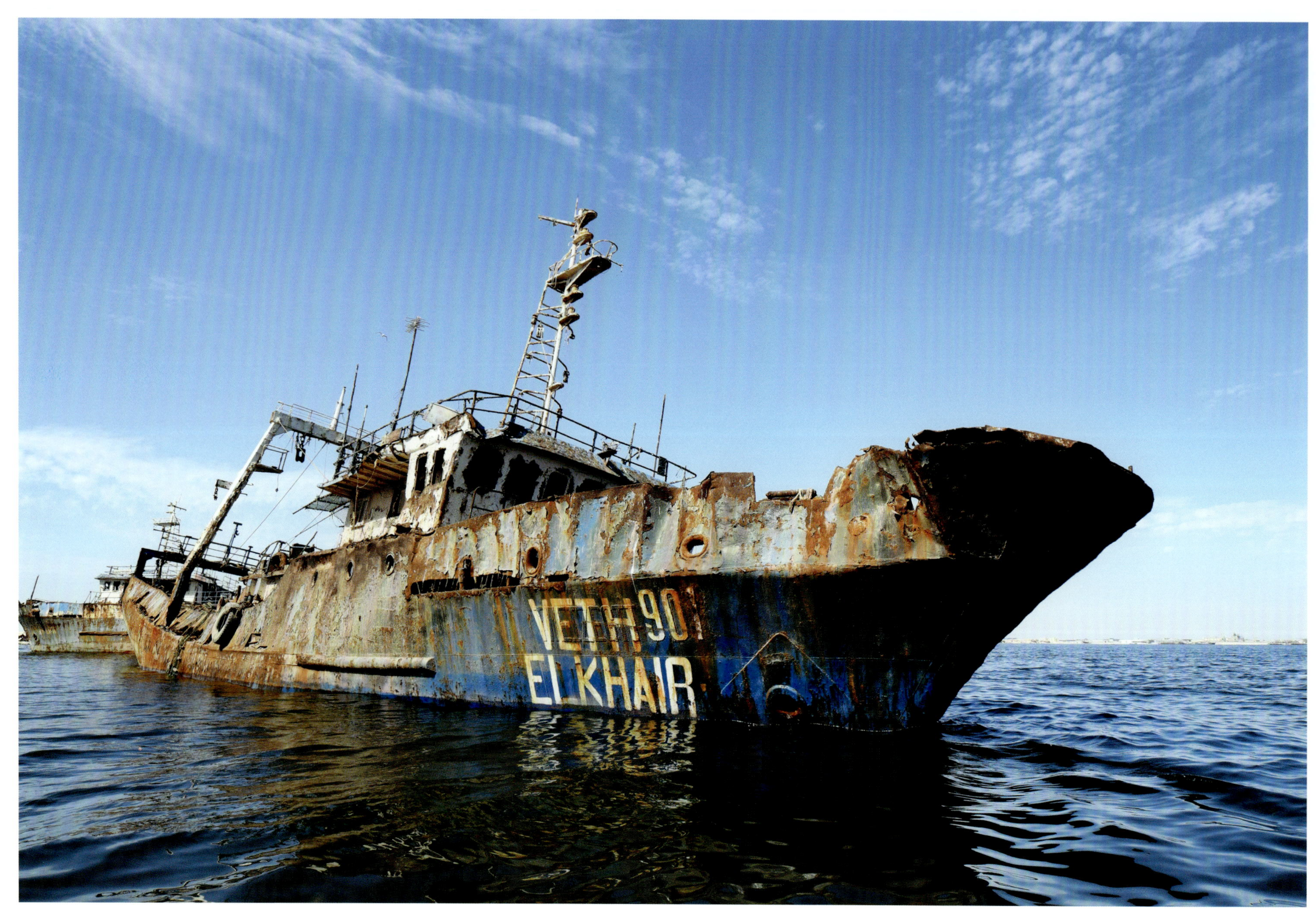

Elkhair
Nouadhibou, Mauritania, 2016

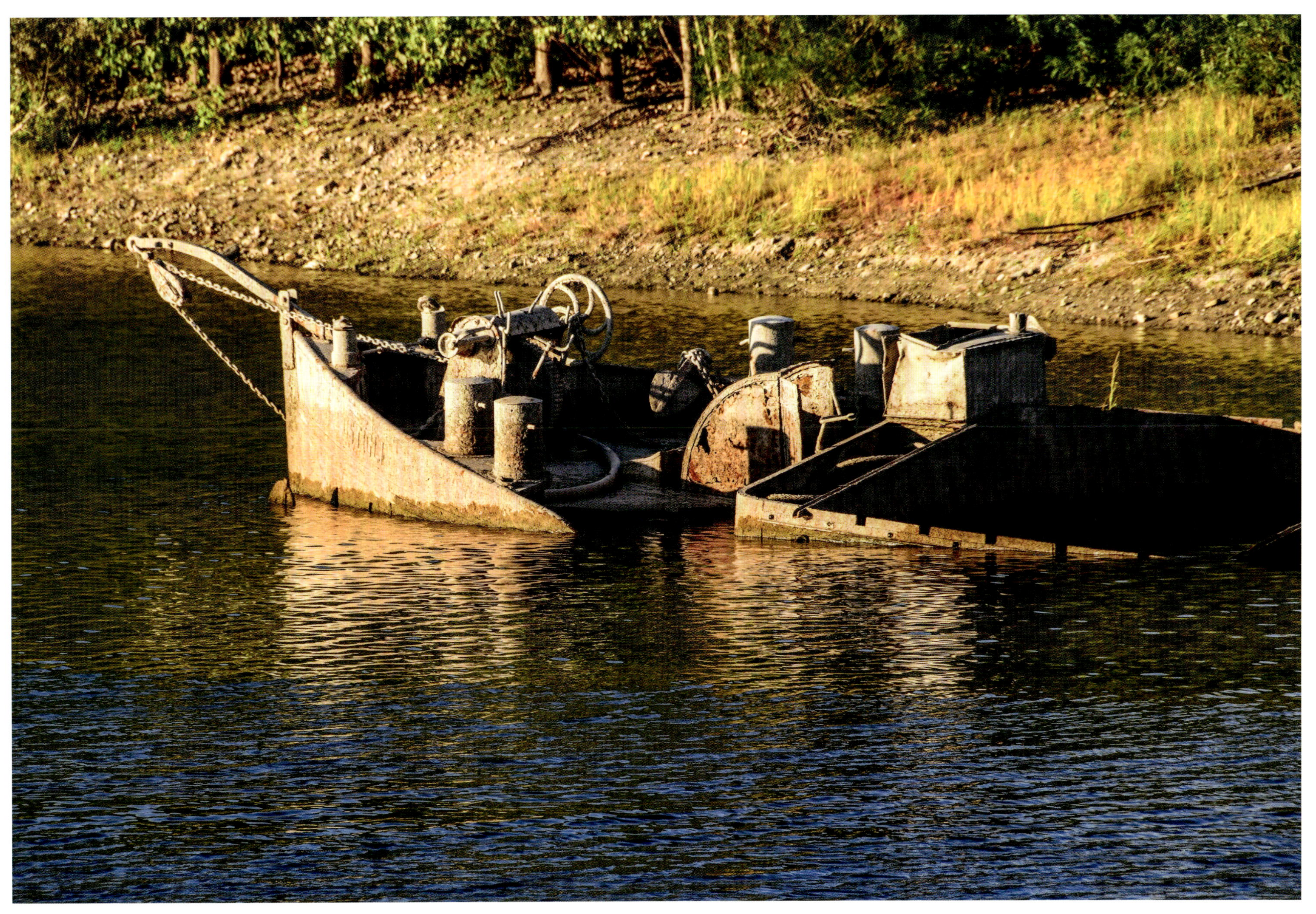

Cargo barge / Bettolina *Ostiglia*
Isola degli Internati, Fiume Po, Italia, 2016

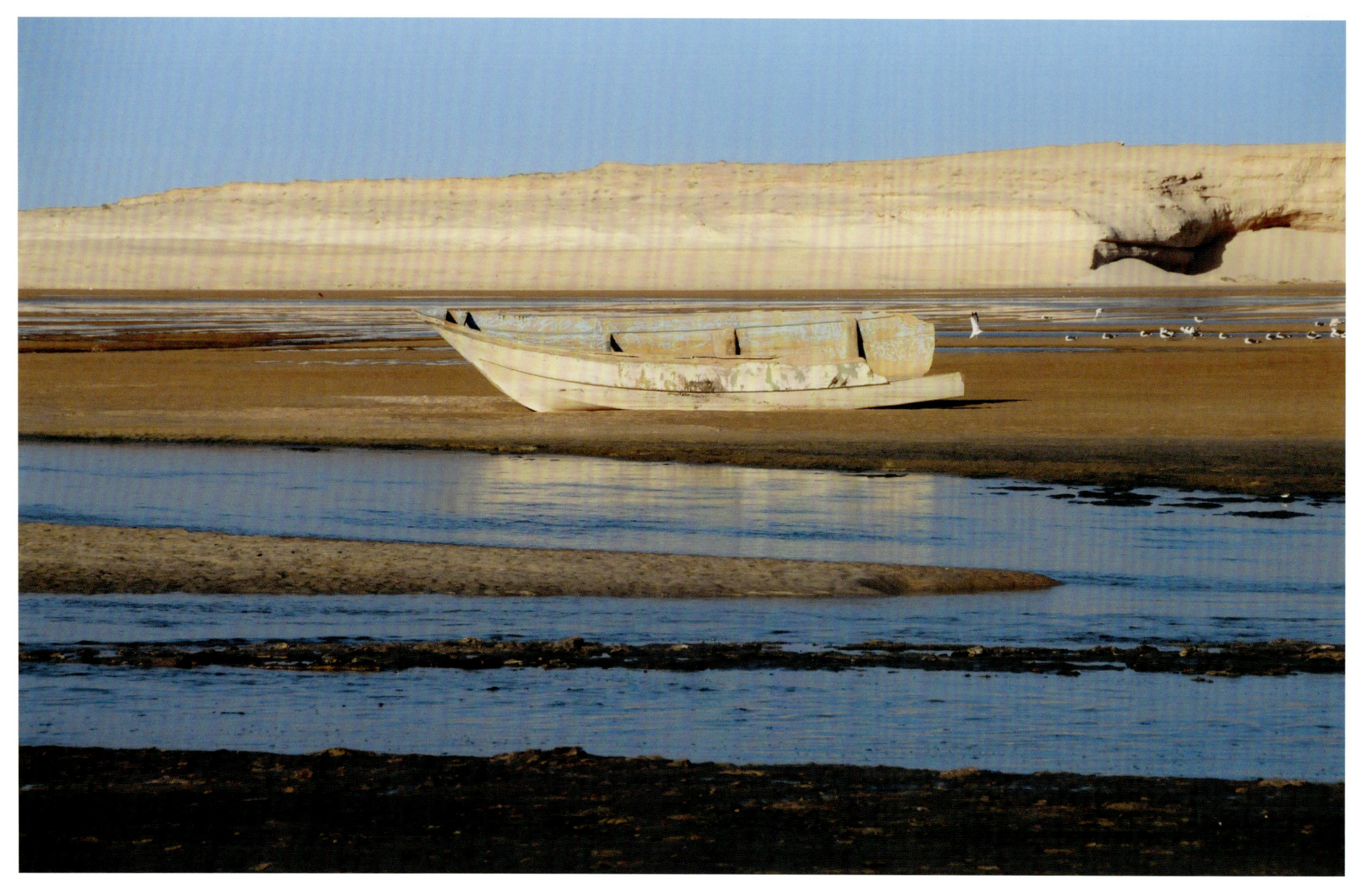

Nouadhibou, Mauritania, 2016

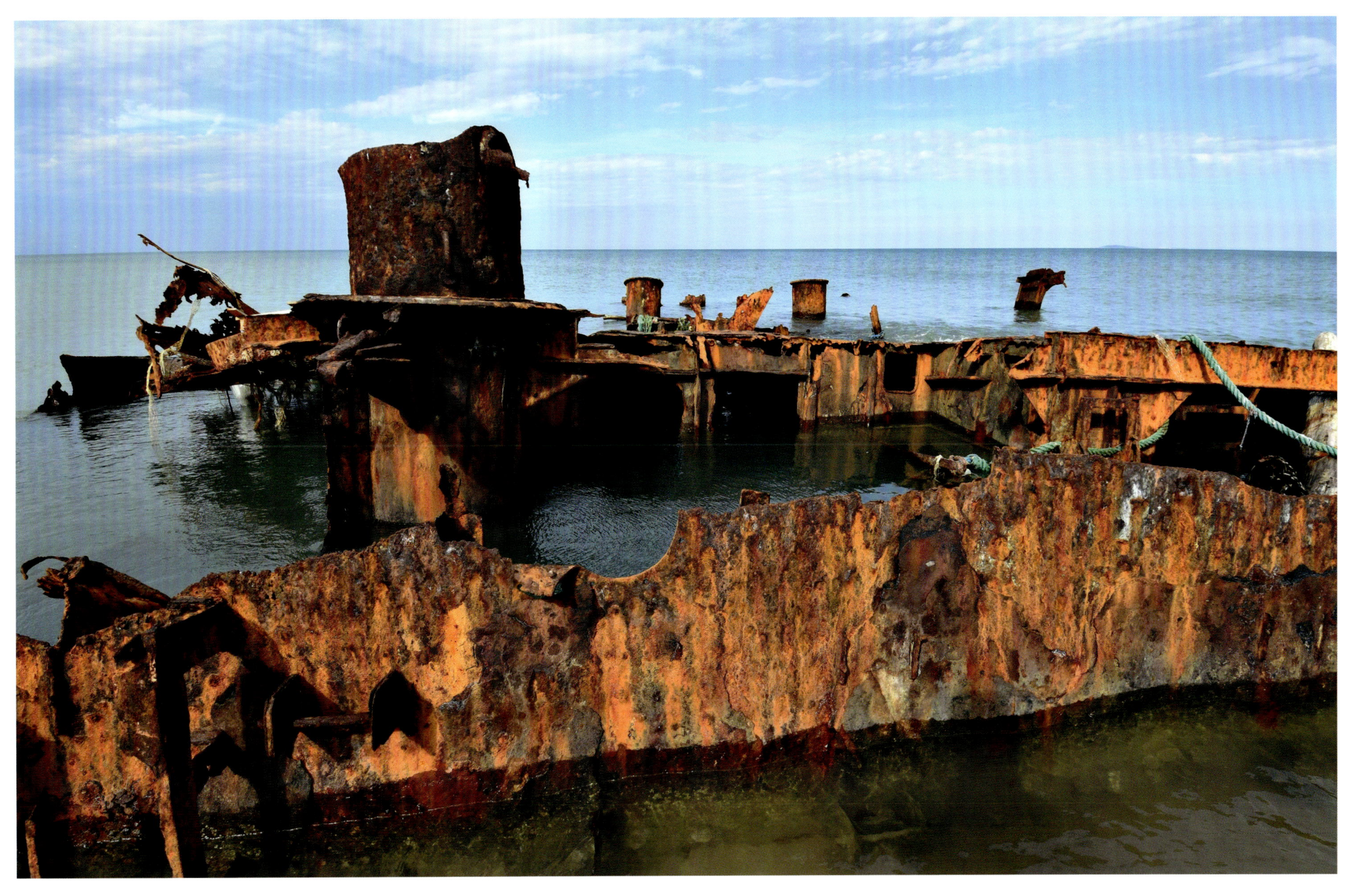

Eden V
Marina di Lesina, Gargano, Italia, 2015

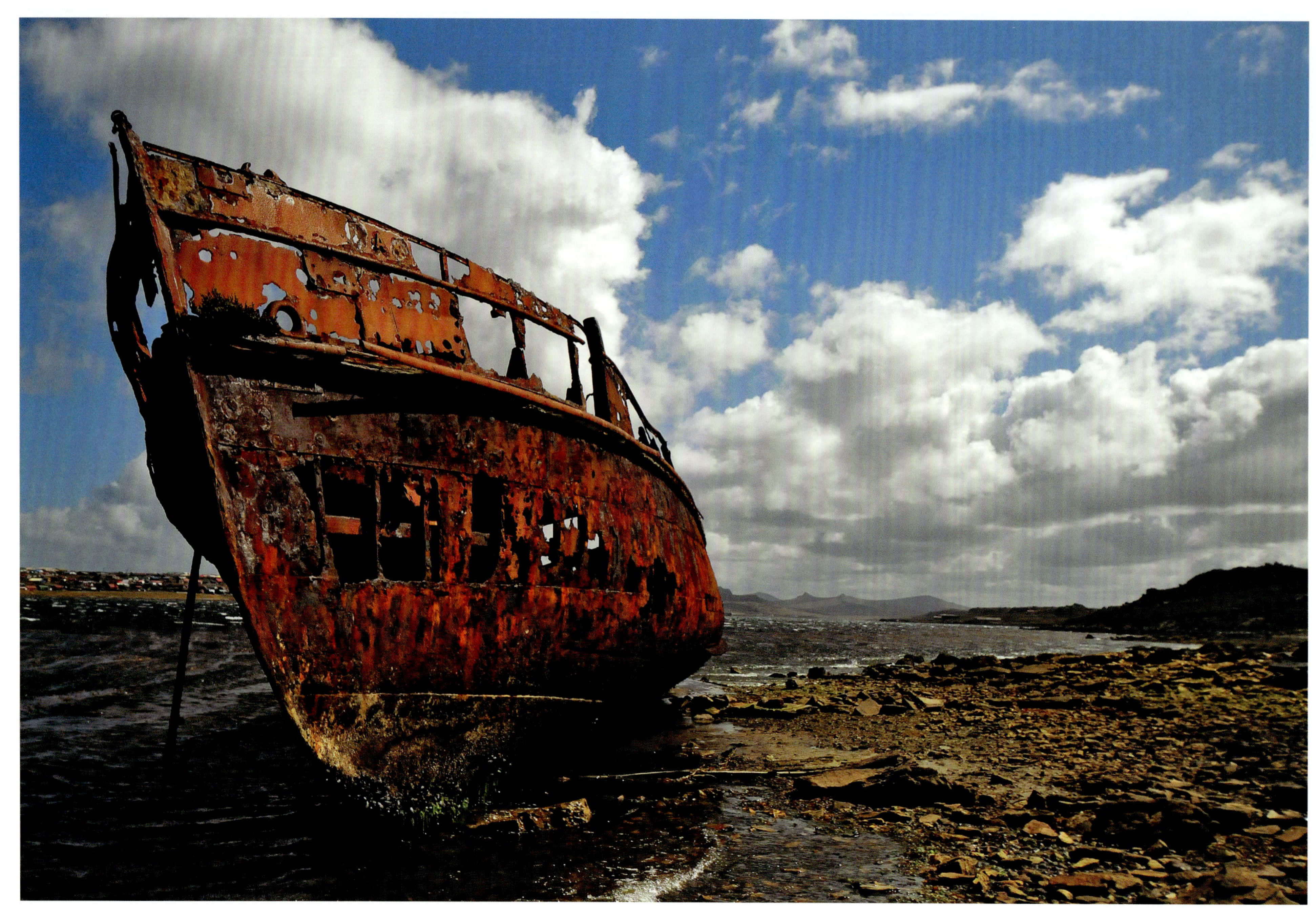

Samson
Falkland Islands, 2016

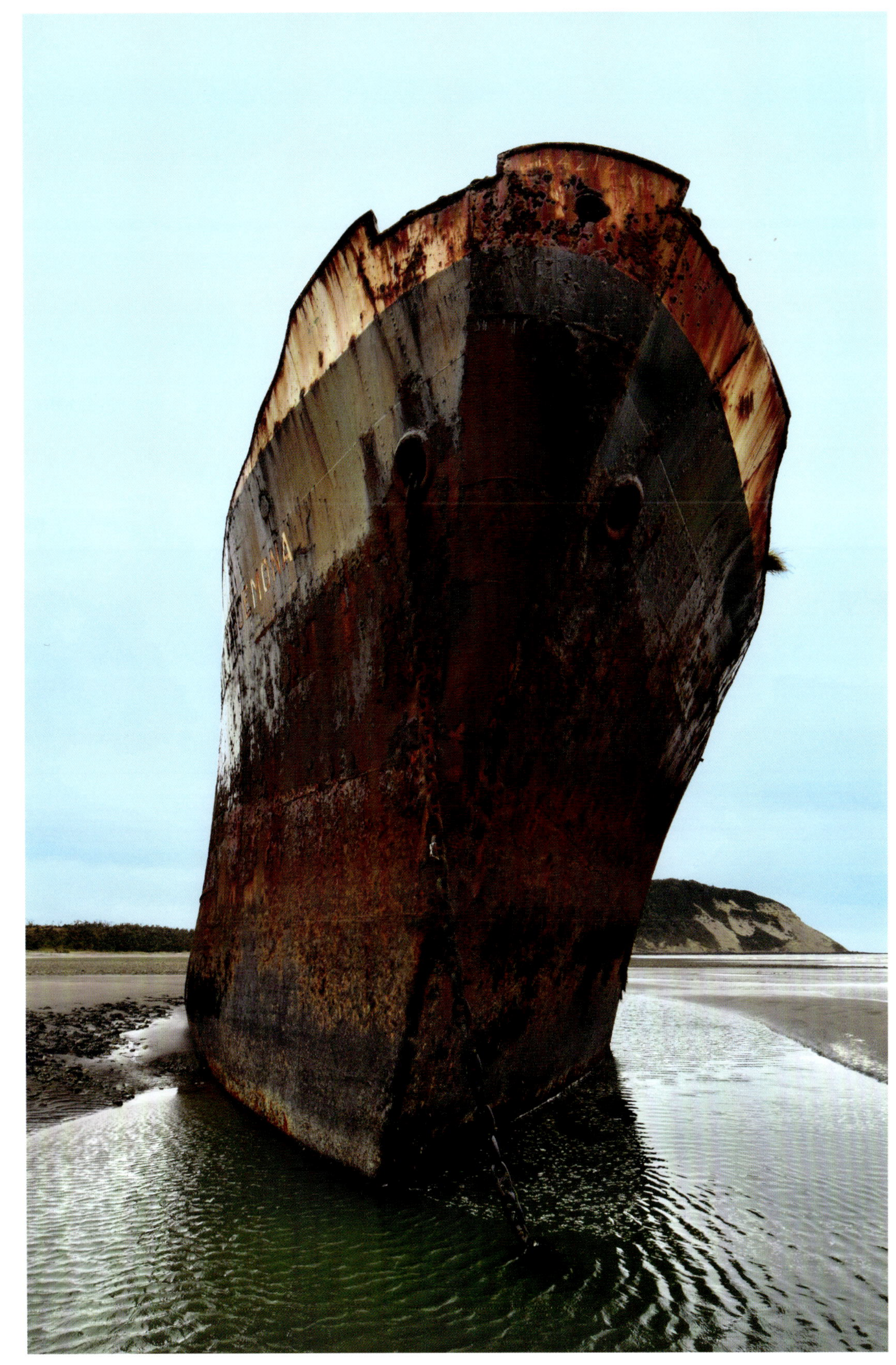

Desdemona
Cabo San Pablo, Argentina, 2015

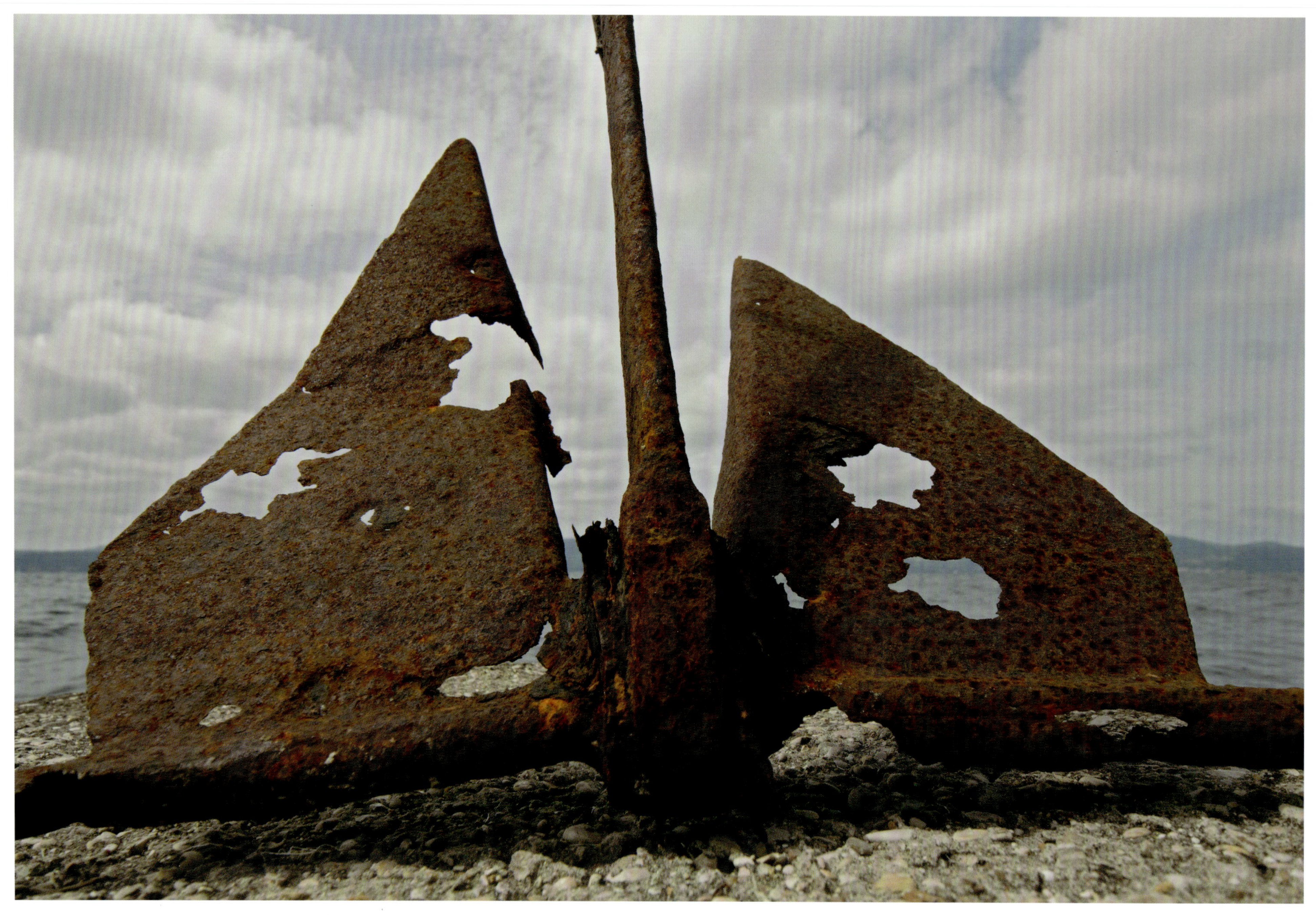

Anguillara Sabazia, Lago di Bracciano,
Italia, 2014

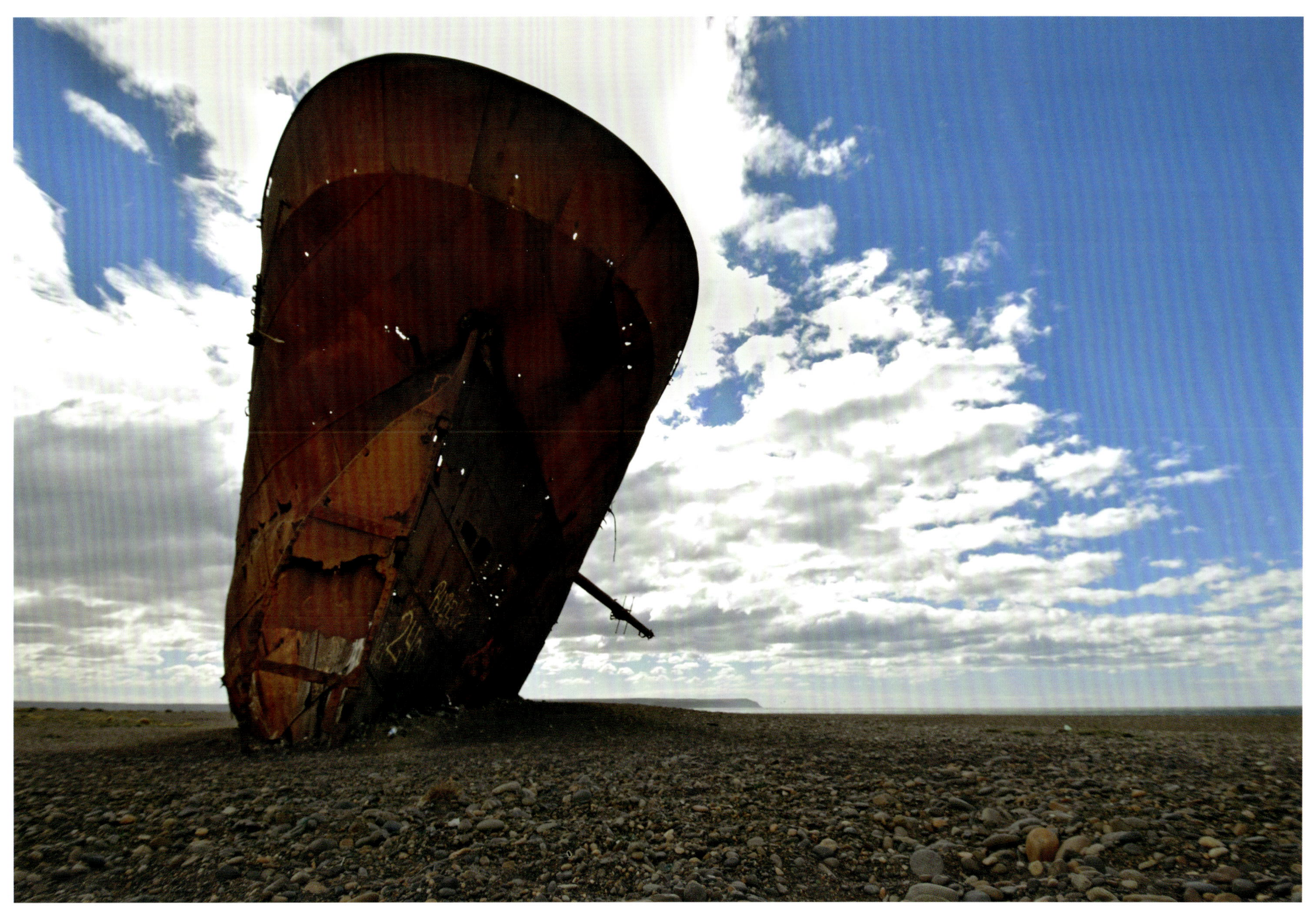

Marjorie Glen
Punta Loyola, Río Gallegos, Argentina,
2015

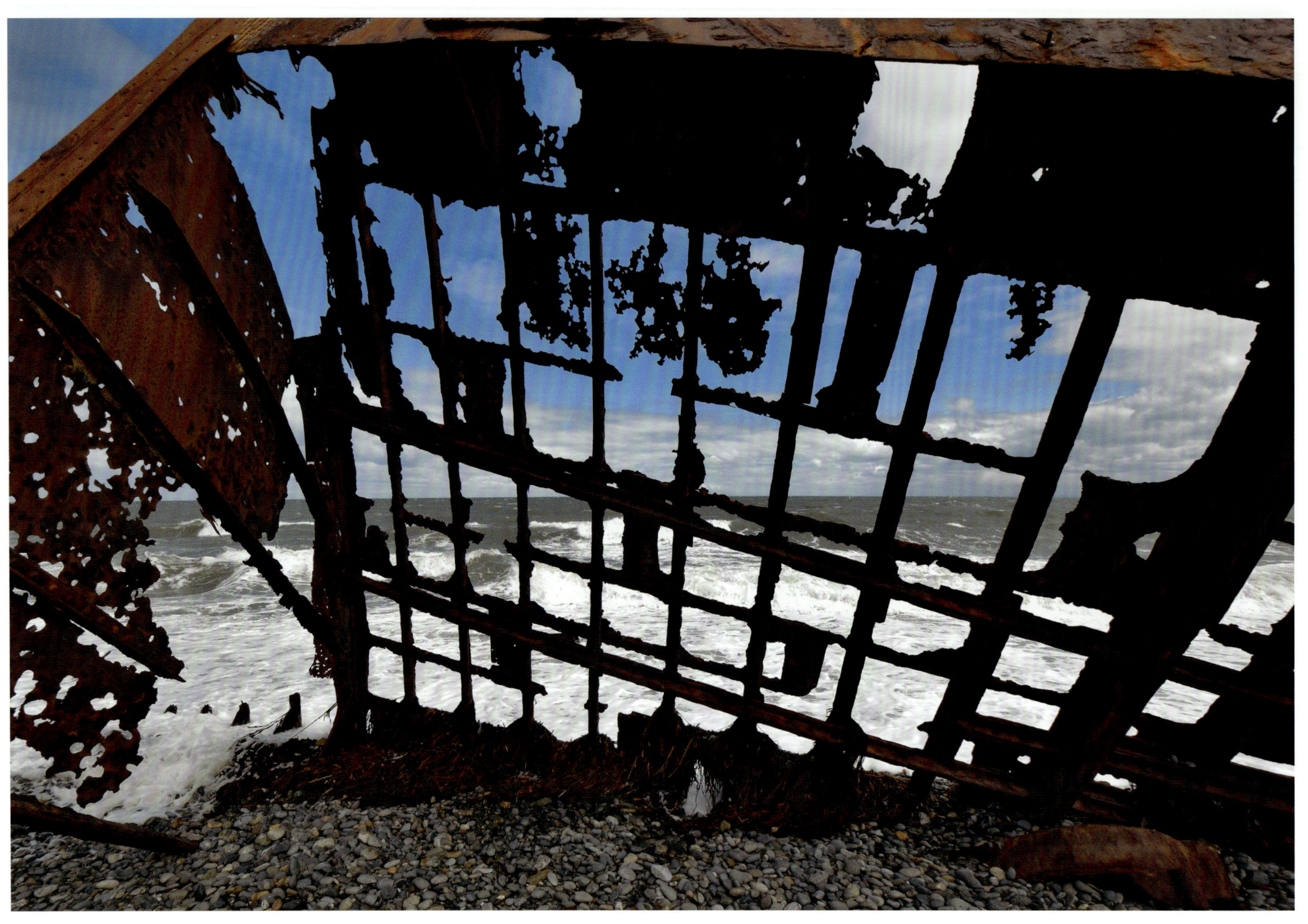

Olympian
Punta Dungeness, Chile, 2015

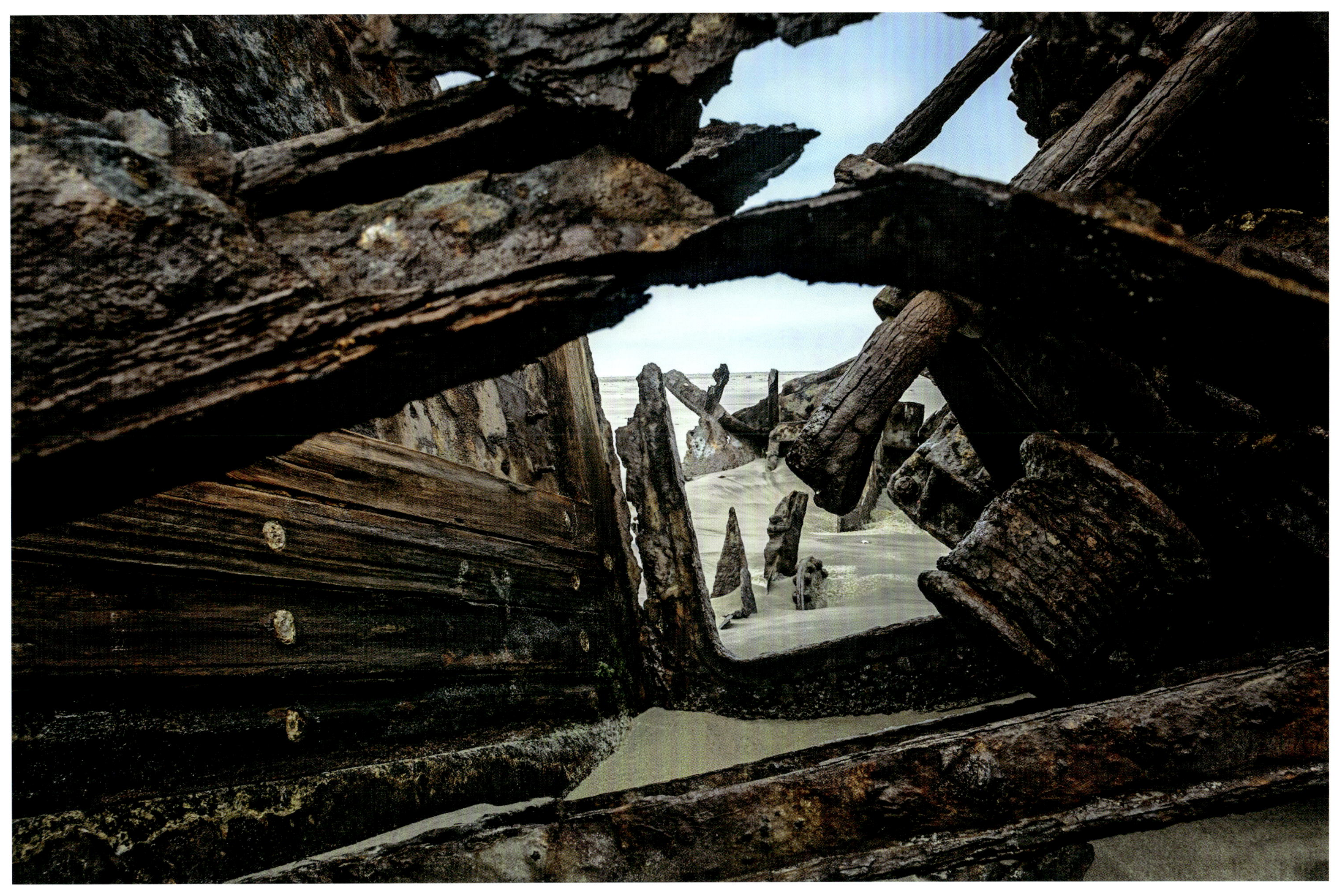

Skeleton Coast, Namibia, 2013

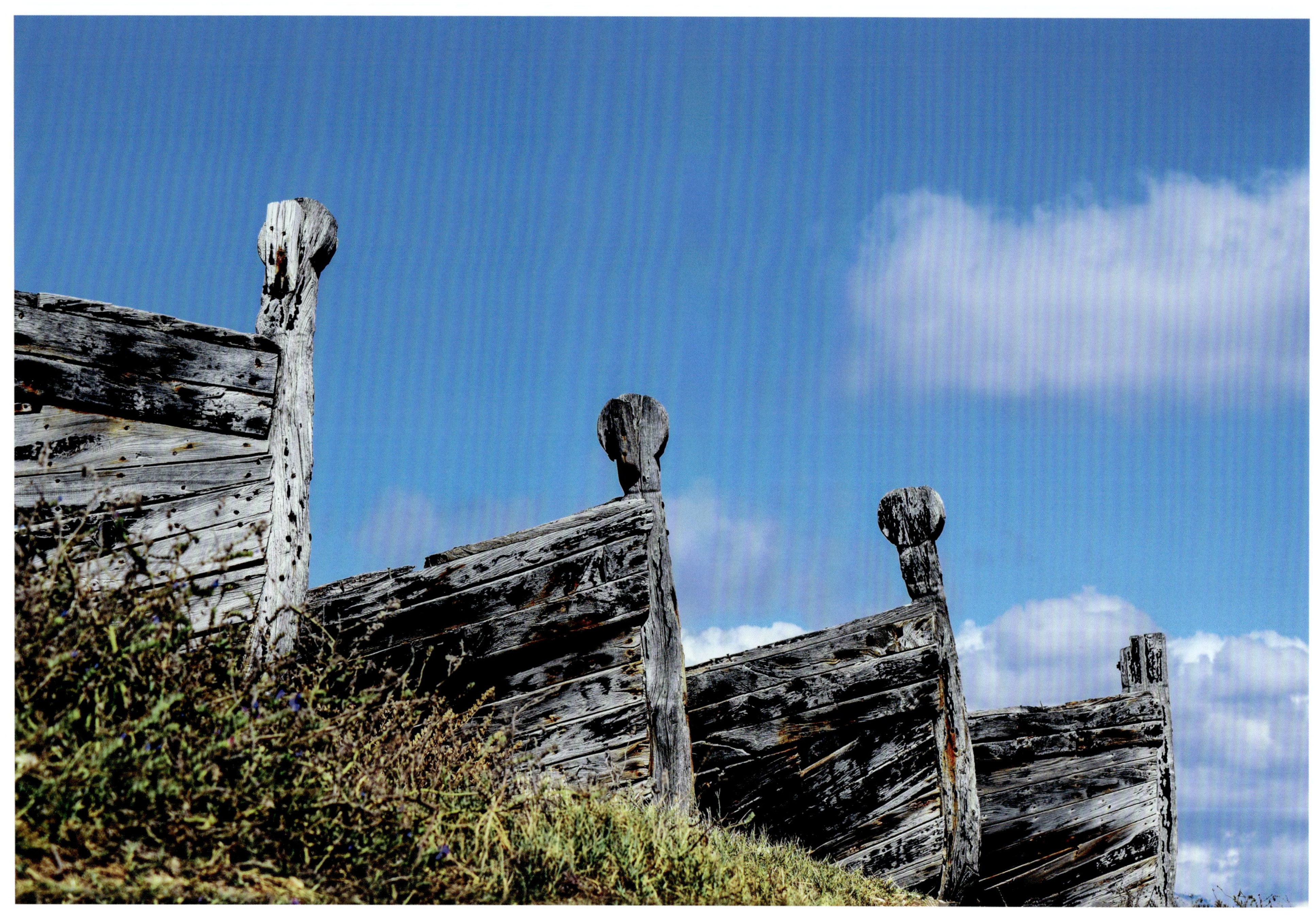

Tuna-fishing Boats of Bonagia /
Tonnara di Bonagia, Trapani, Italia, 2016

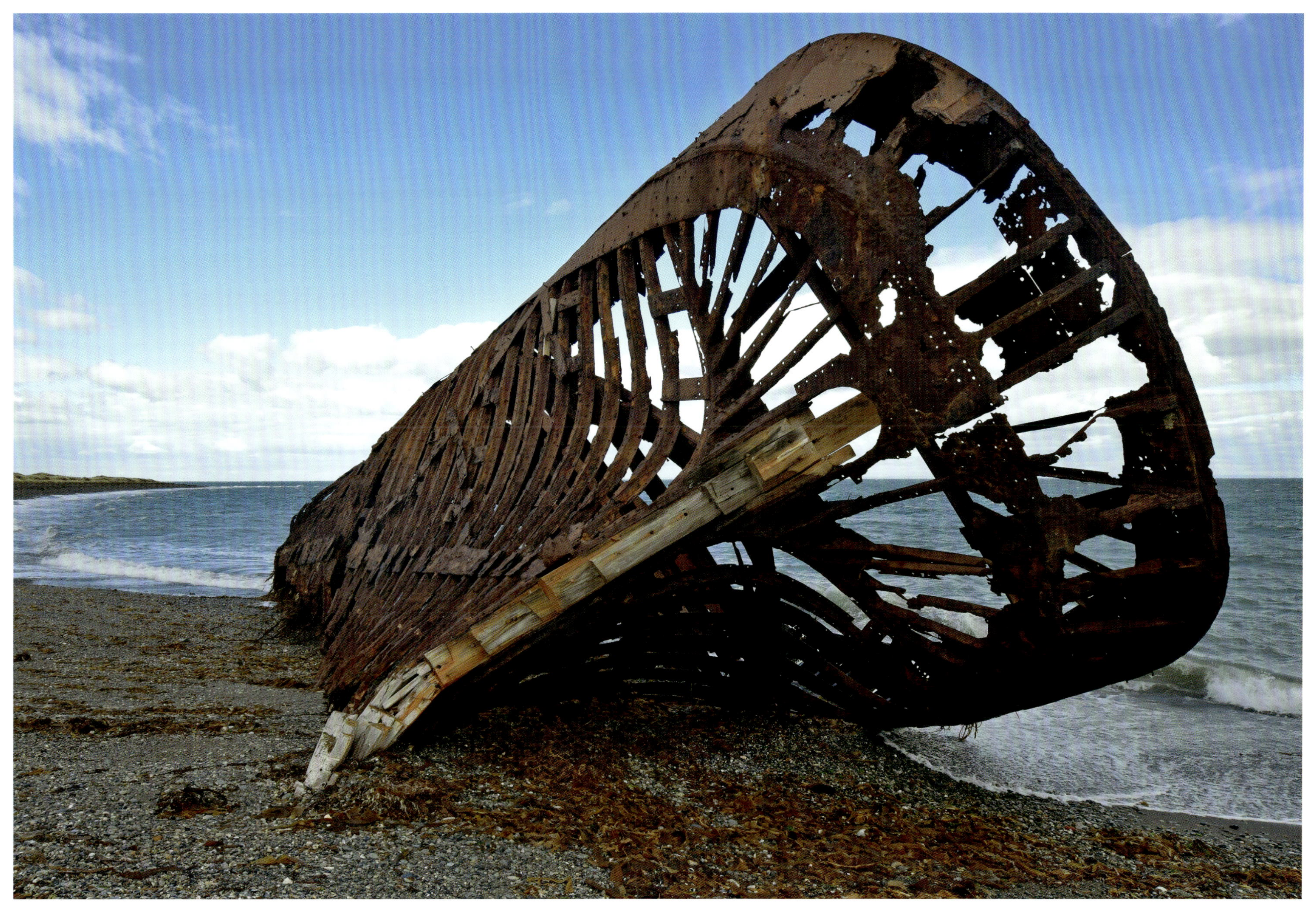

Ambassador
Estancia San Gregorio, Estrecho
de Magallanes, Chile, 2015

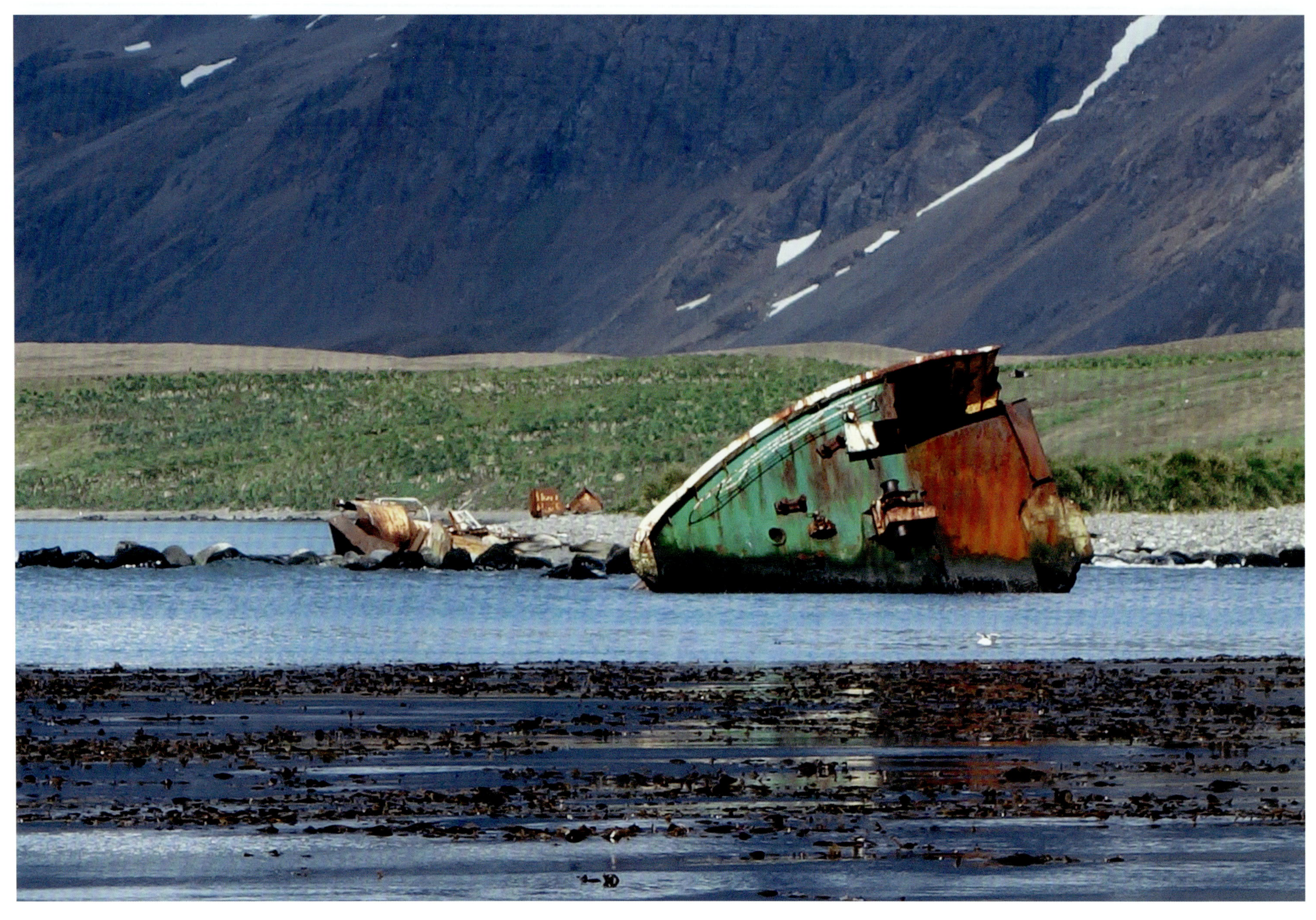

Lyn
Moraine Fjord, Cumberland Bay,
South Georgia, 2016

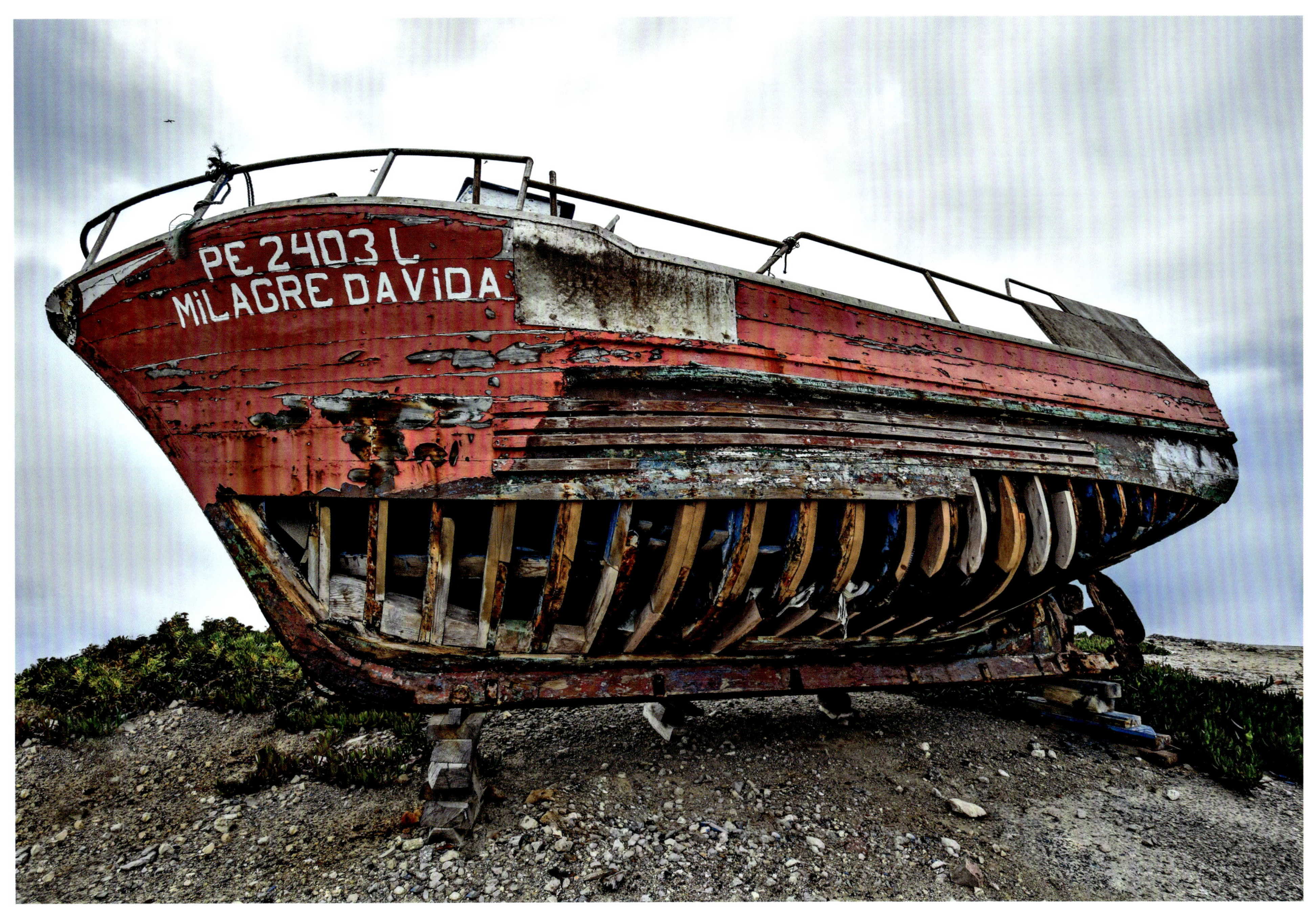

Milagre da Vida
Peniche, Portugal, 2016

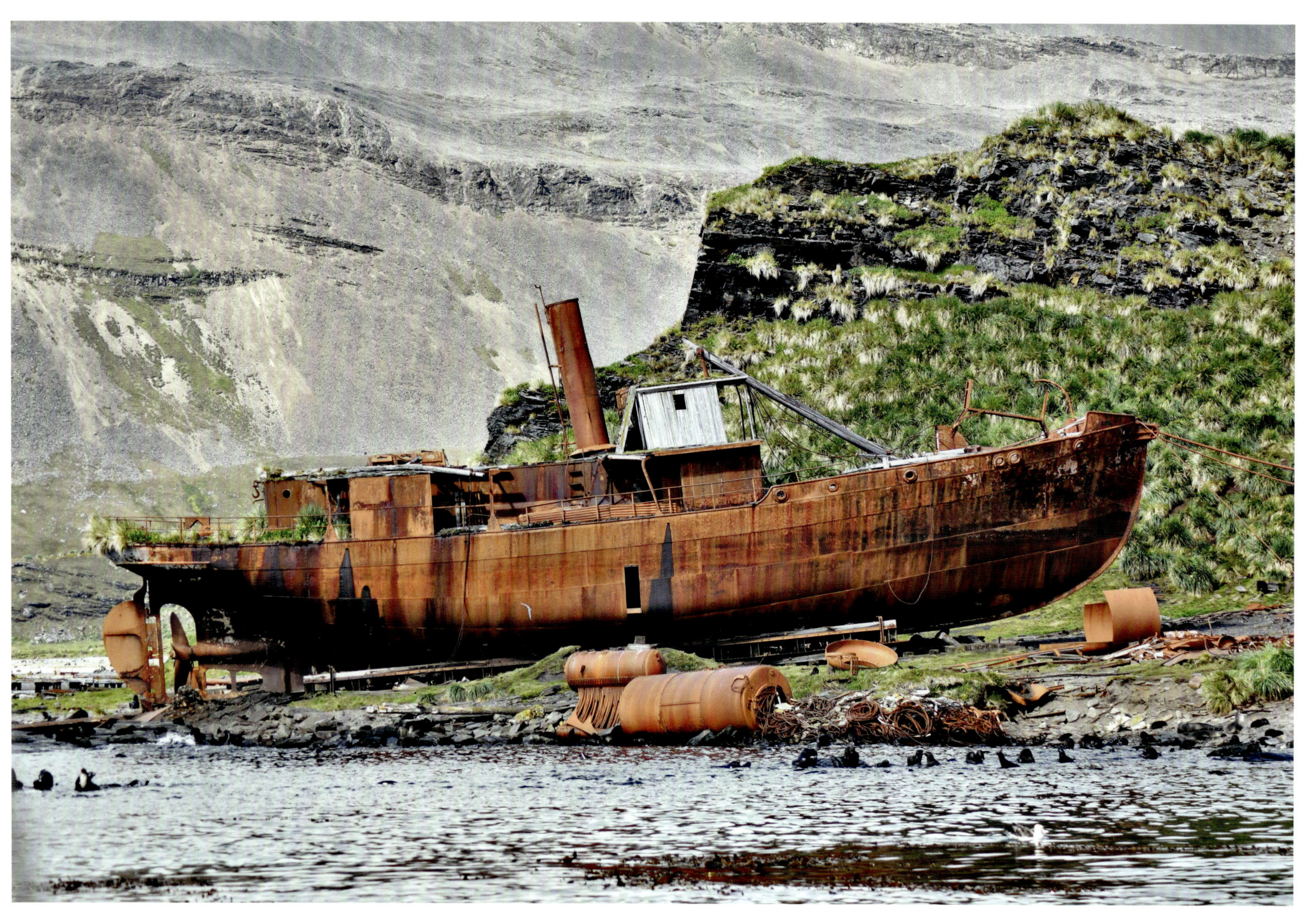

Karrakatta
Husvik Harbour, South Georgia,
2016

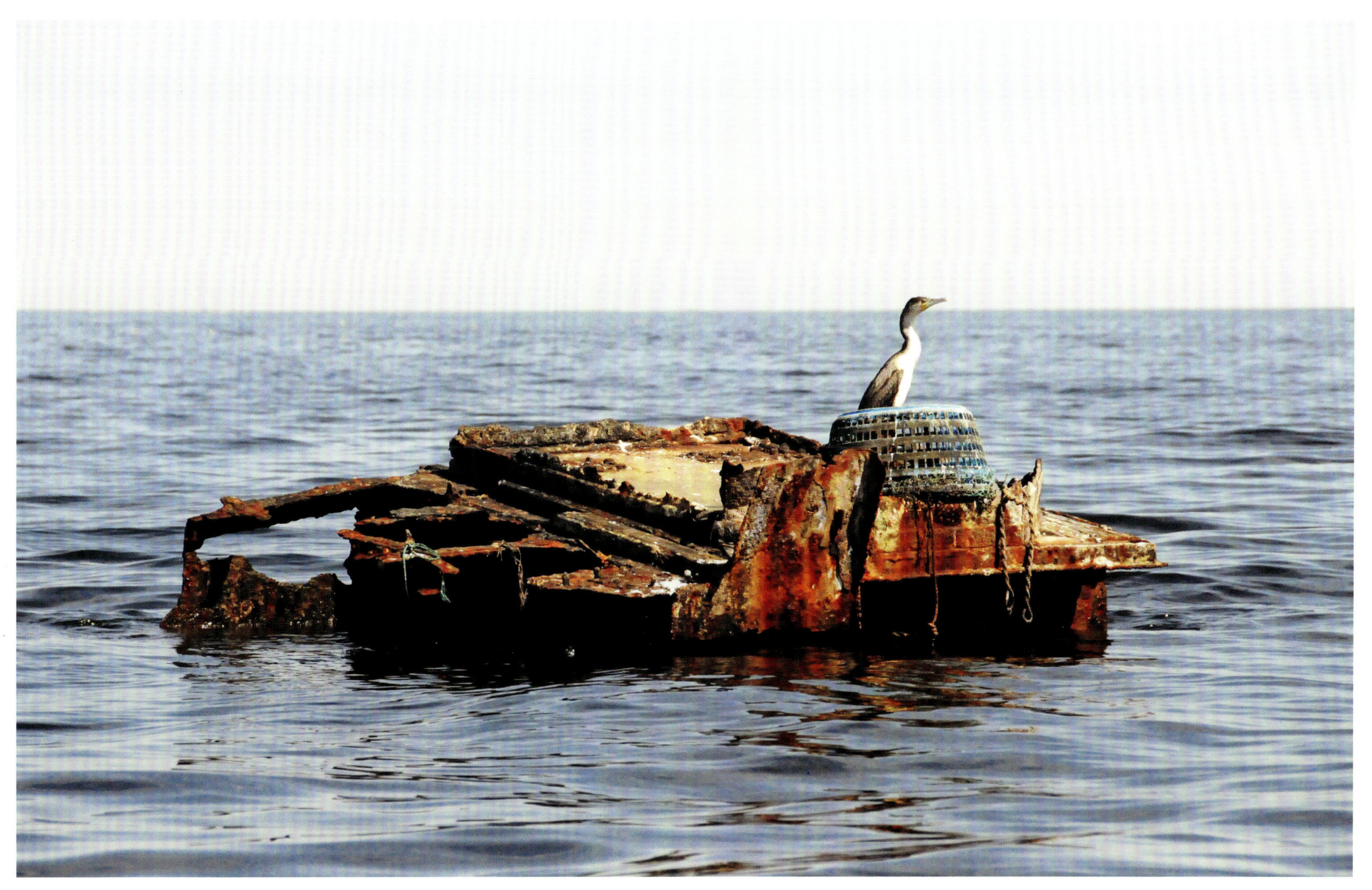

Nouadhibou, Mauritania, 2016

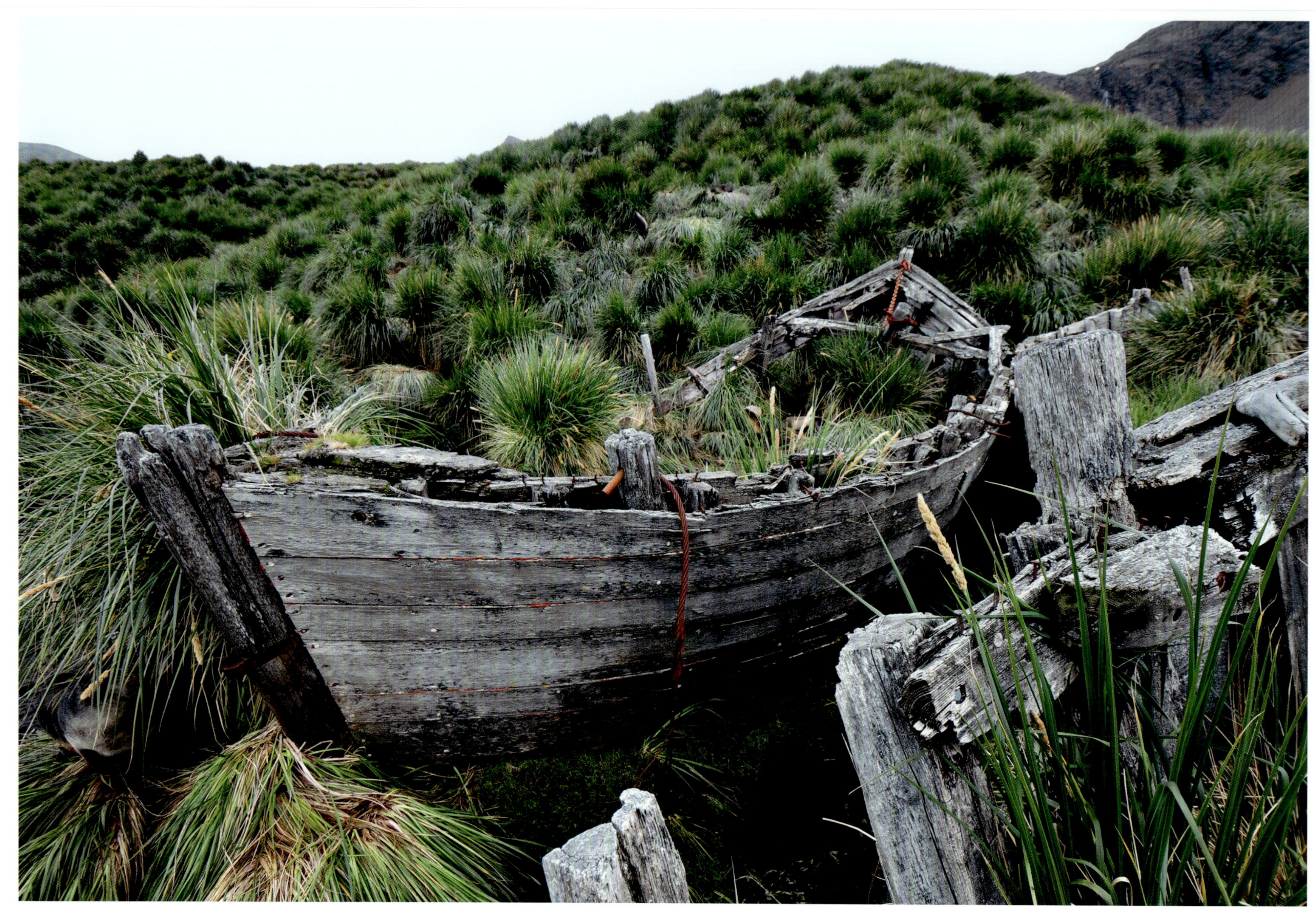

Water boats
Godthul, South Georgia, 2016

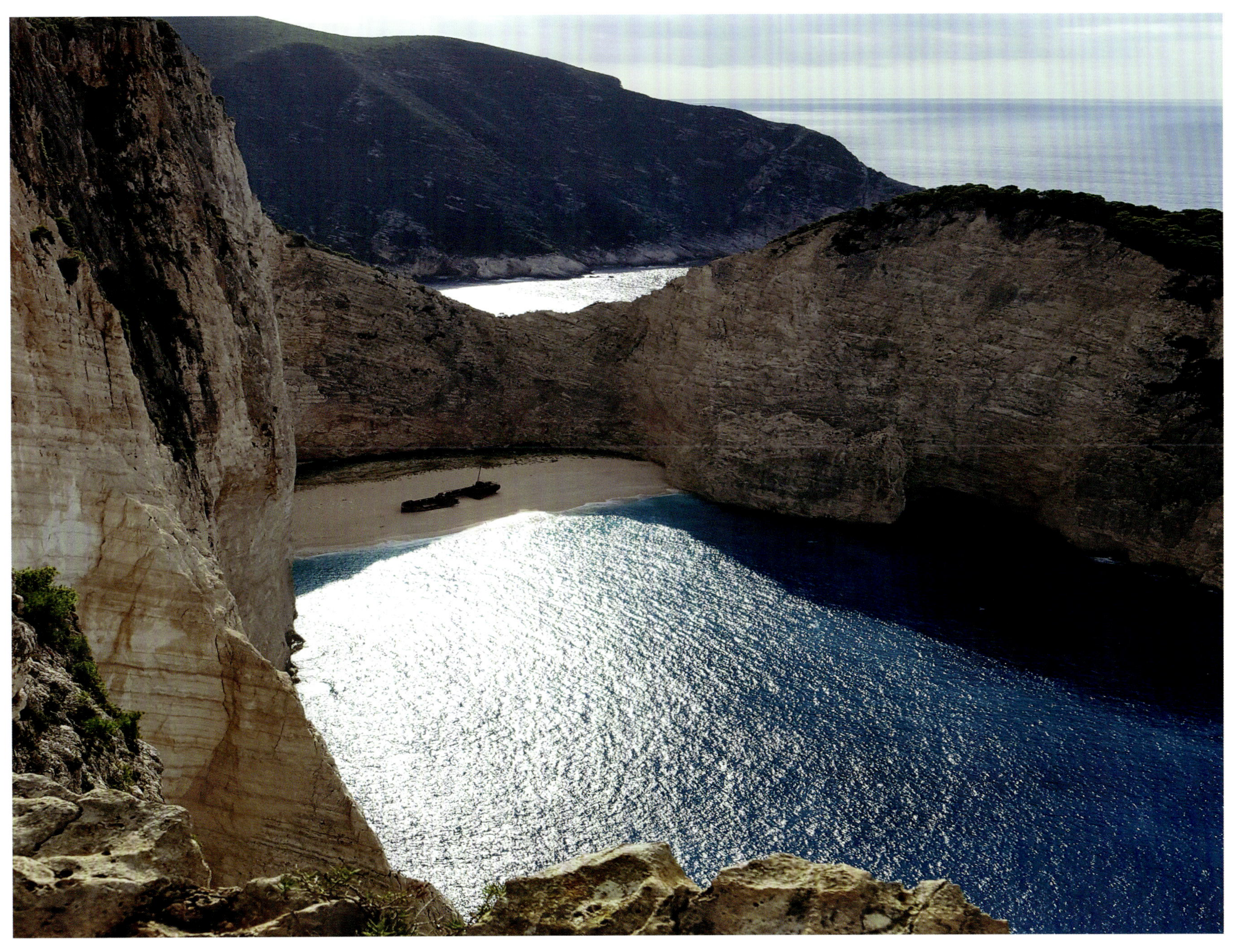

Panagiotis
Navagio Bay, Zákynthos,
Ellinikí Dimokratía, 2016

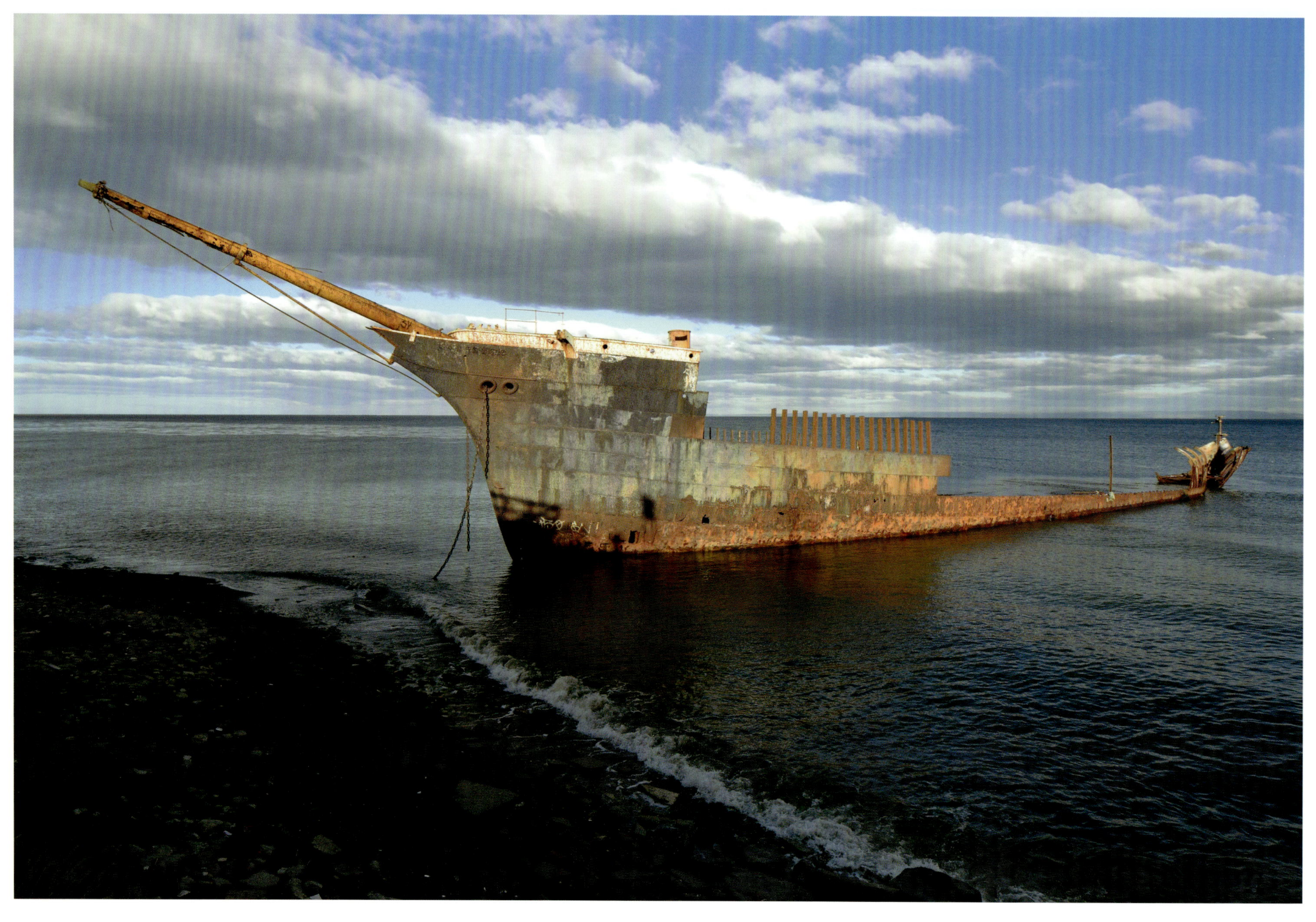

Lord Lonsdale
Punta Arenas, Chile, 2015

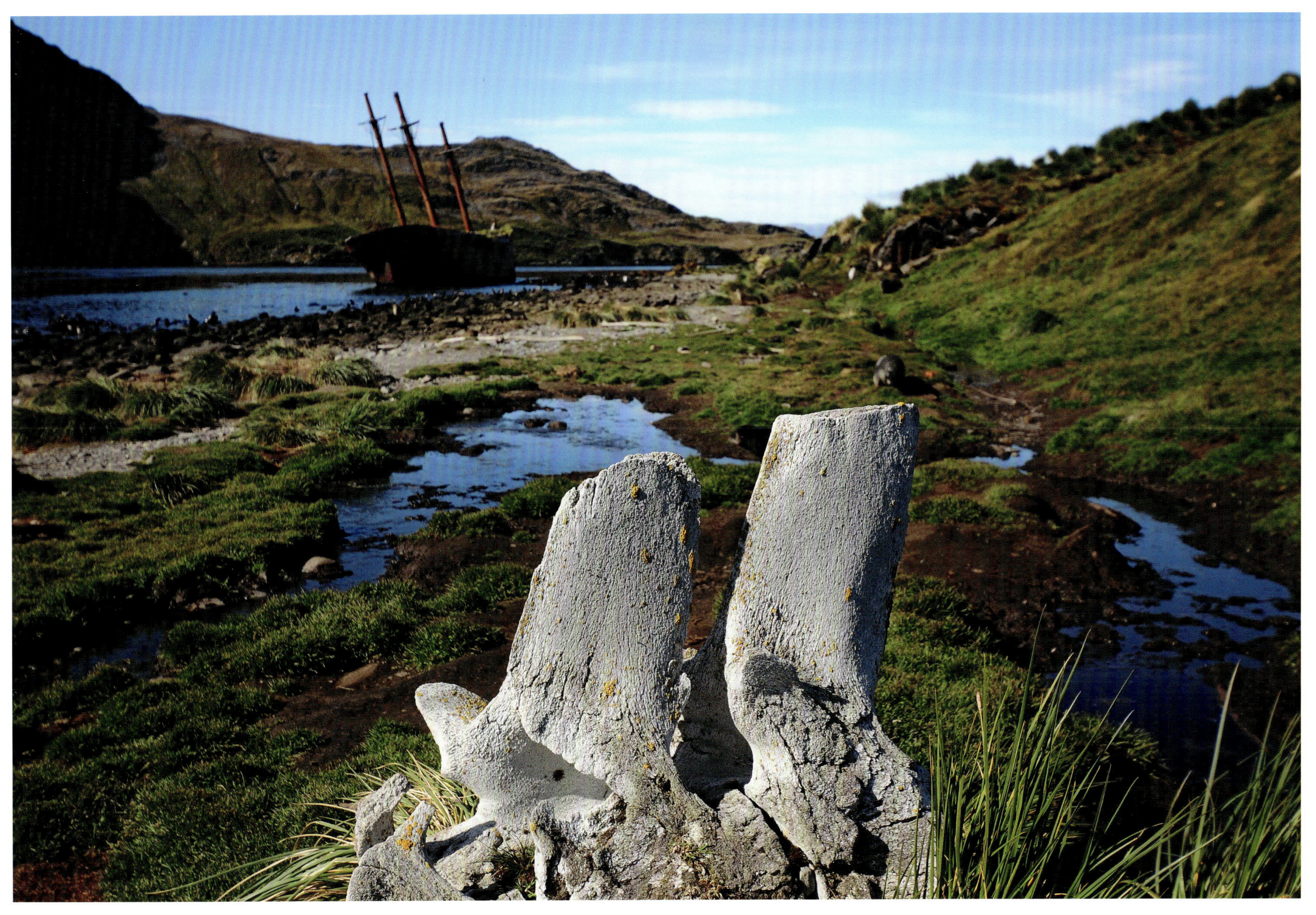

Bayard
Ocean Harbour, South Georgia, 2016

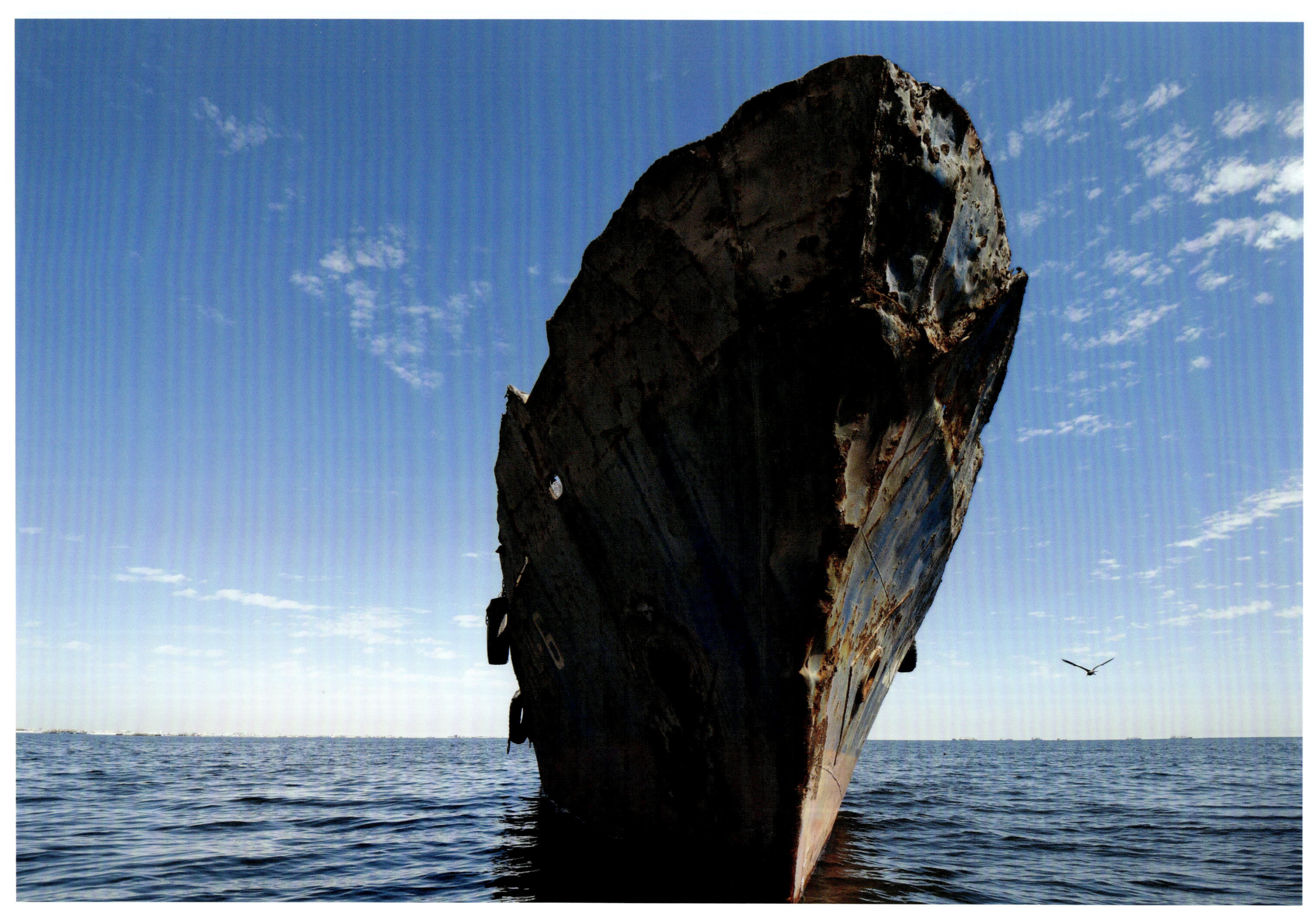

Elkhair
Nouadhibou, Mauritania, 2016

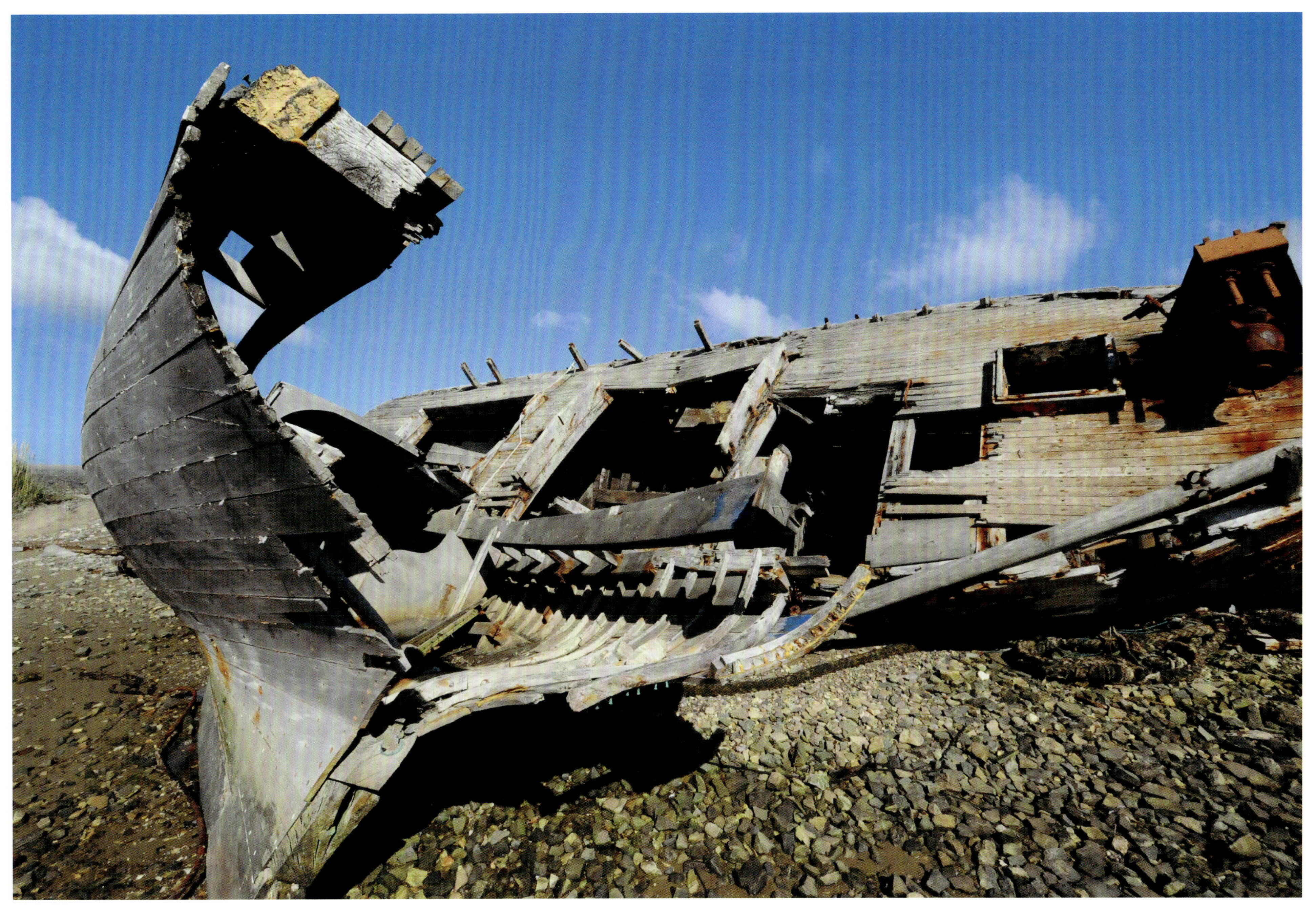

Canache, Falkland Islands, 2016

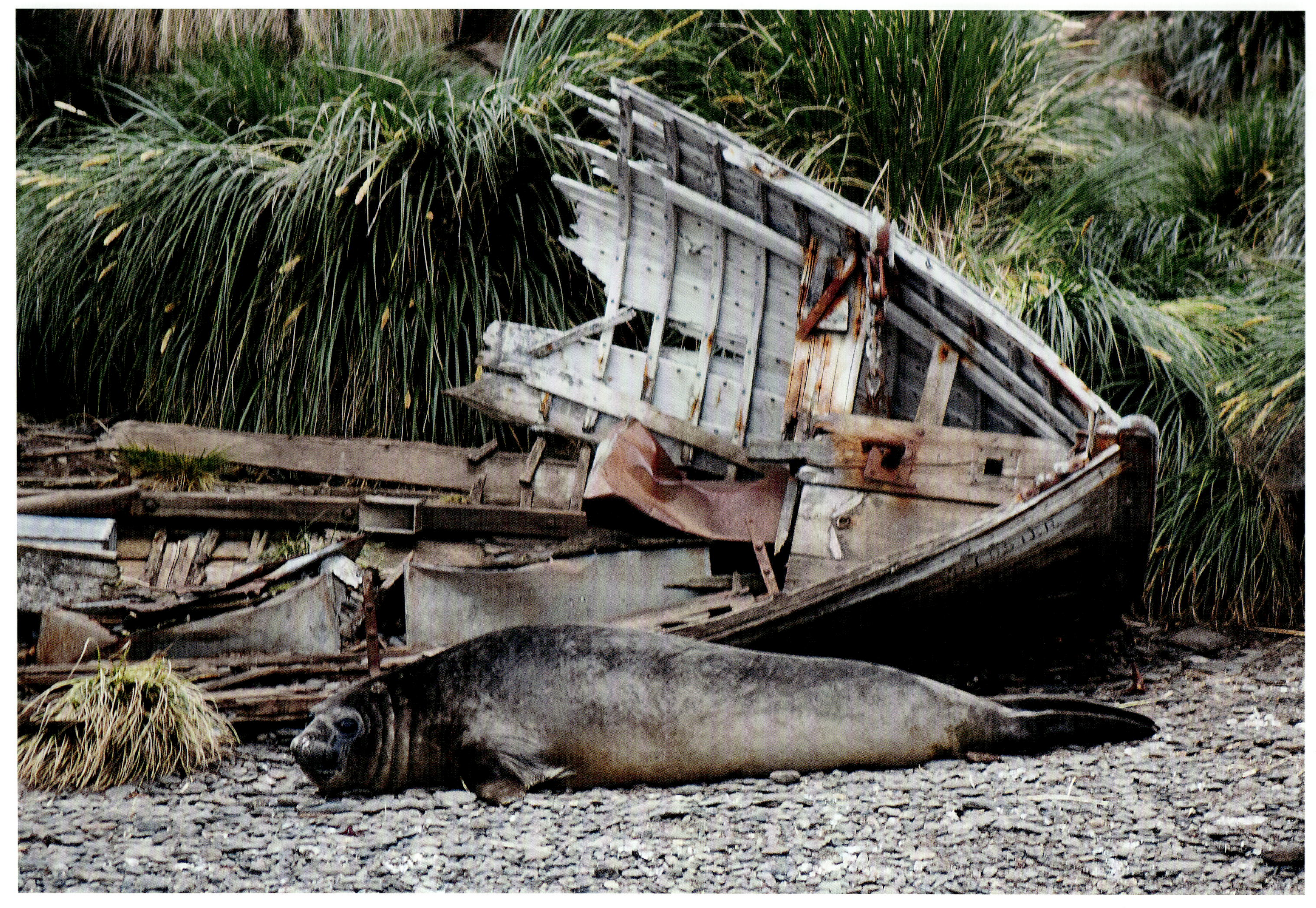

Lifeboat from *Southern Foster*/ Scialuppa
di salvataggio di *Southern Foster*
Jumbo Cove, Stromness Bay, Jason Island,
South Georgia, 2016

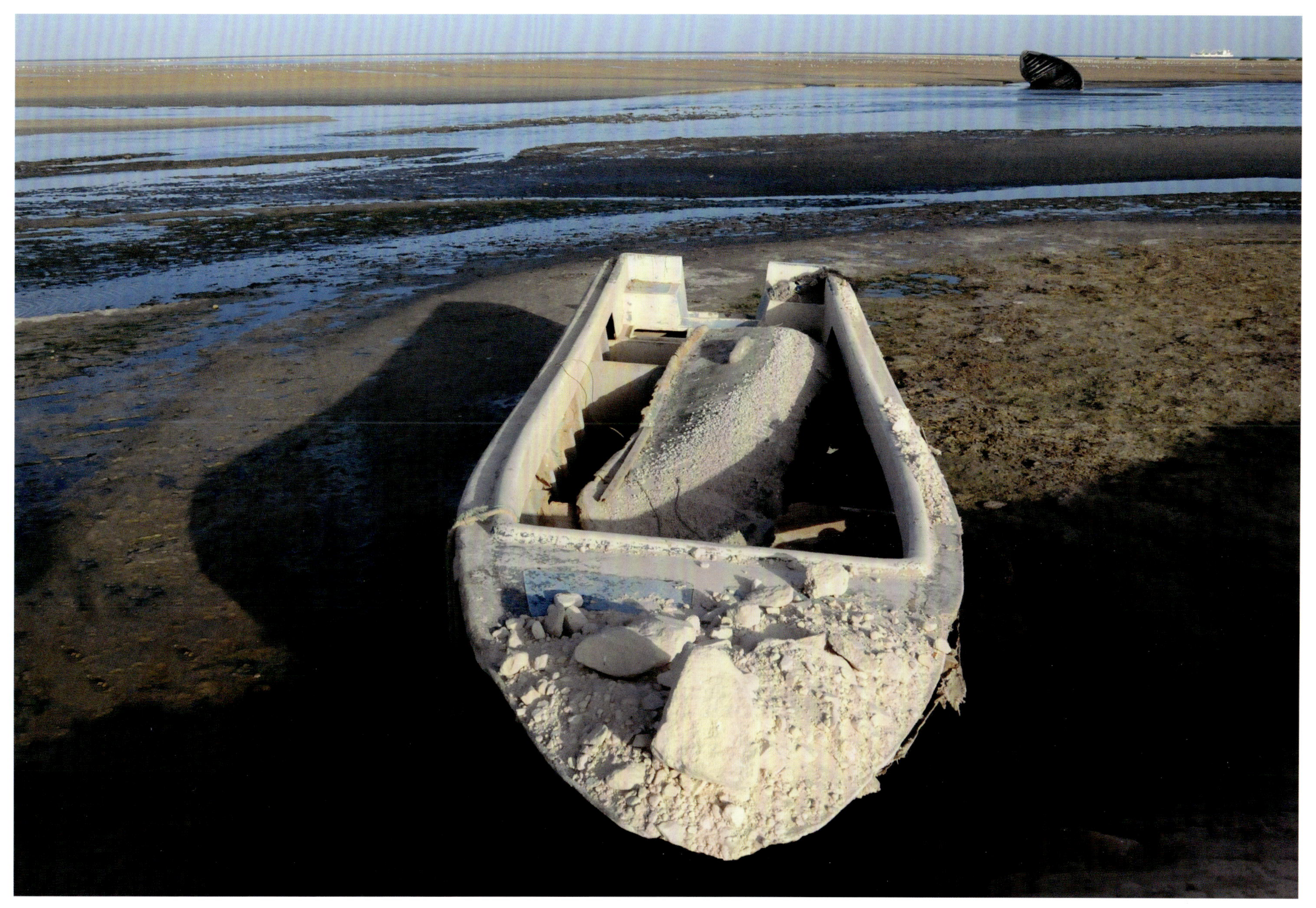

Nouadhibou, Mauritania, 2016

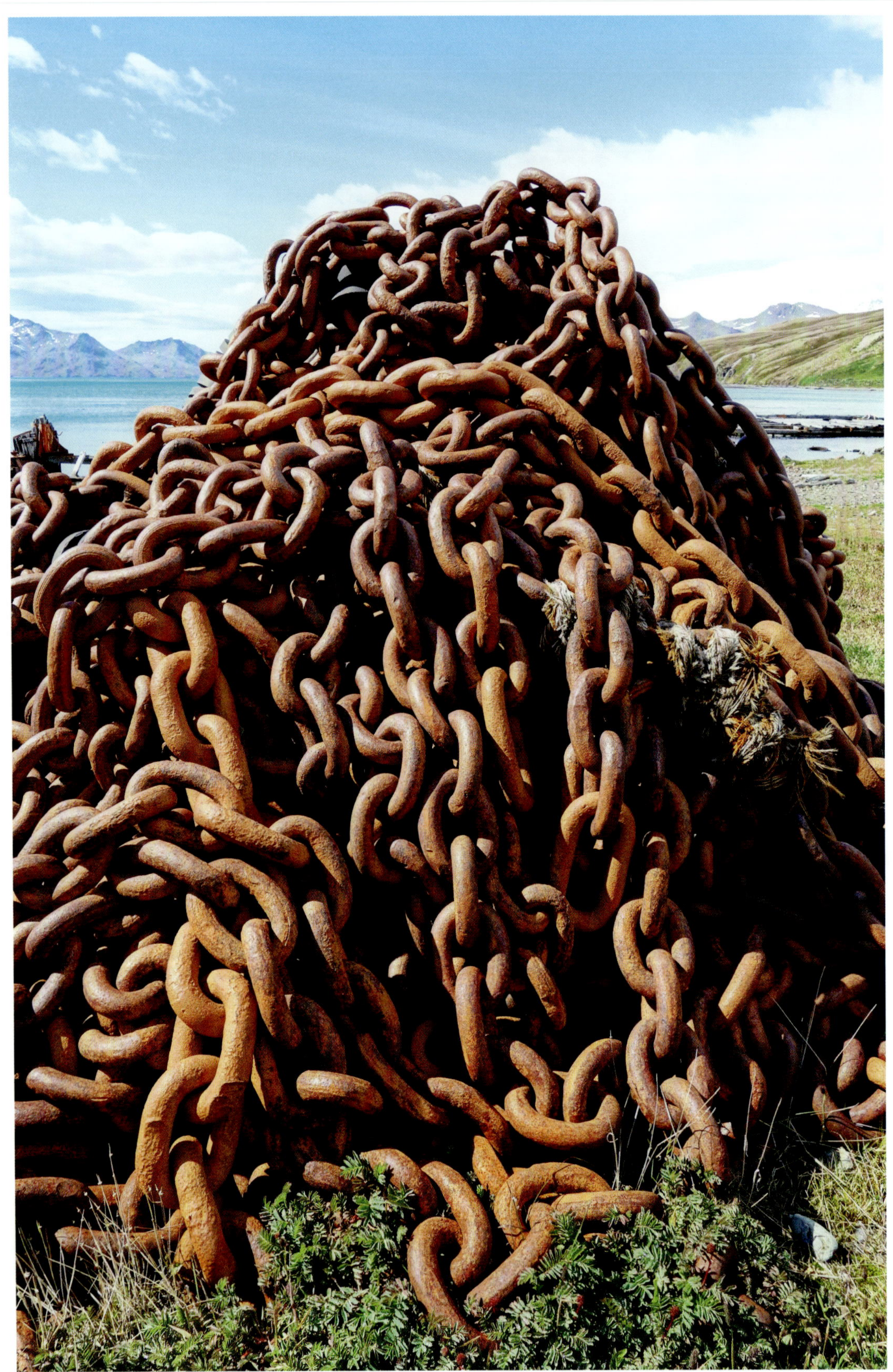

Grytviken, South Georgia, 2016

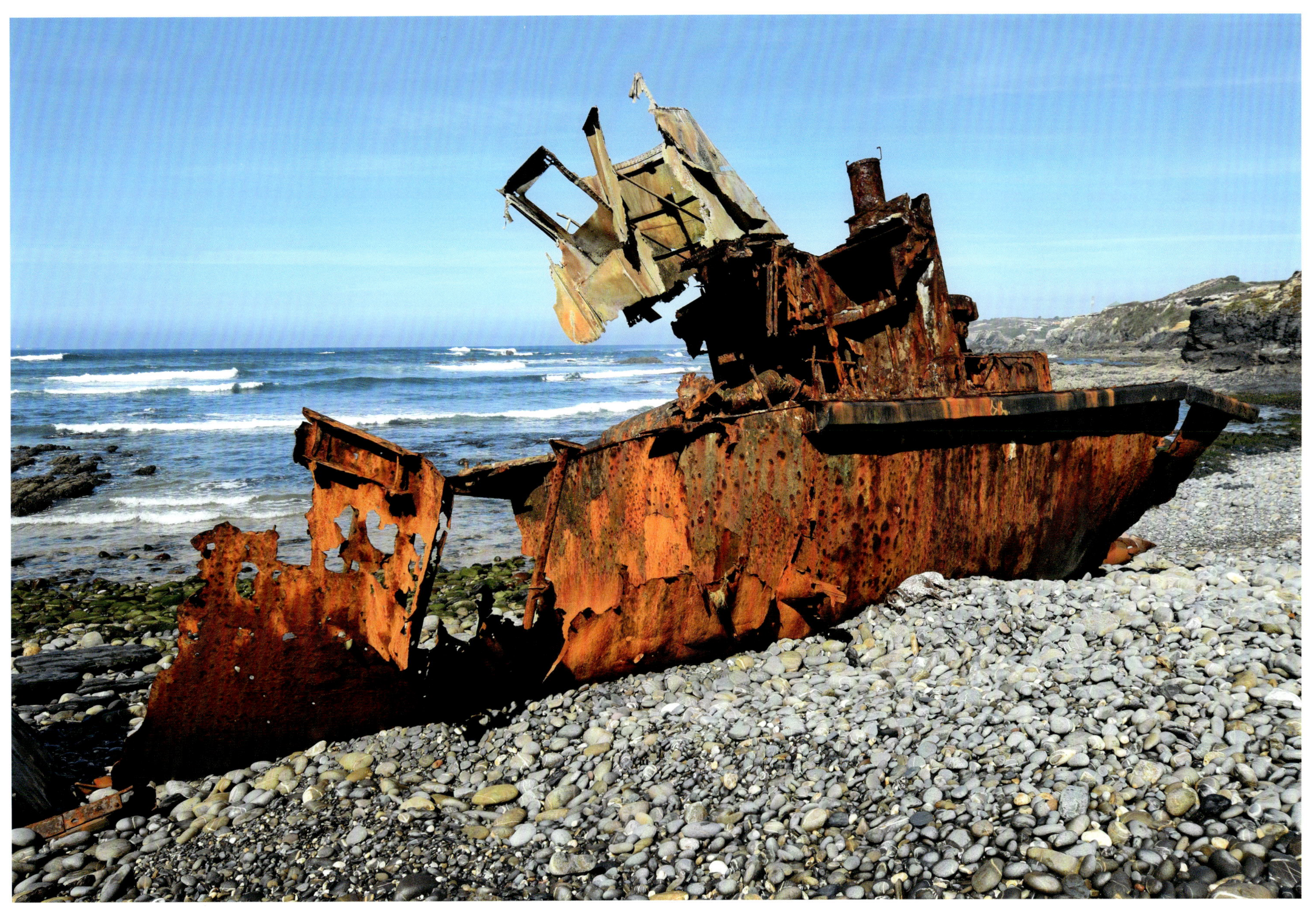

Klemens
Vila Nova de Milfontes, Portugal, 2016

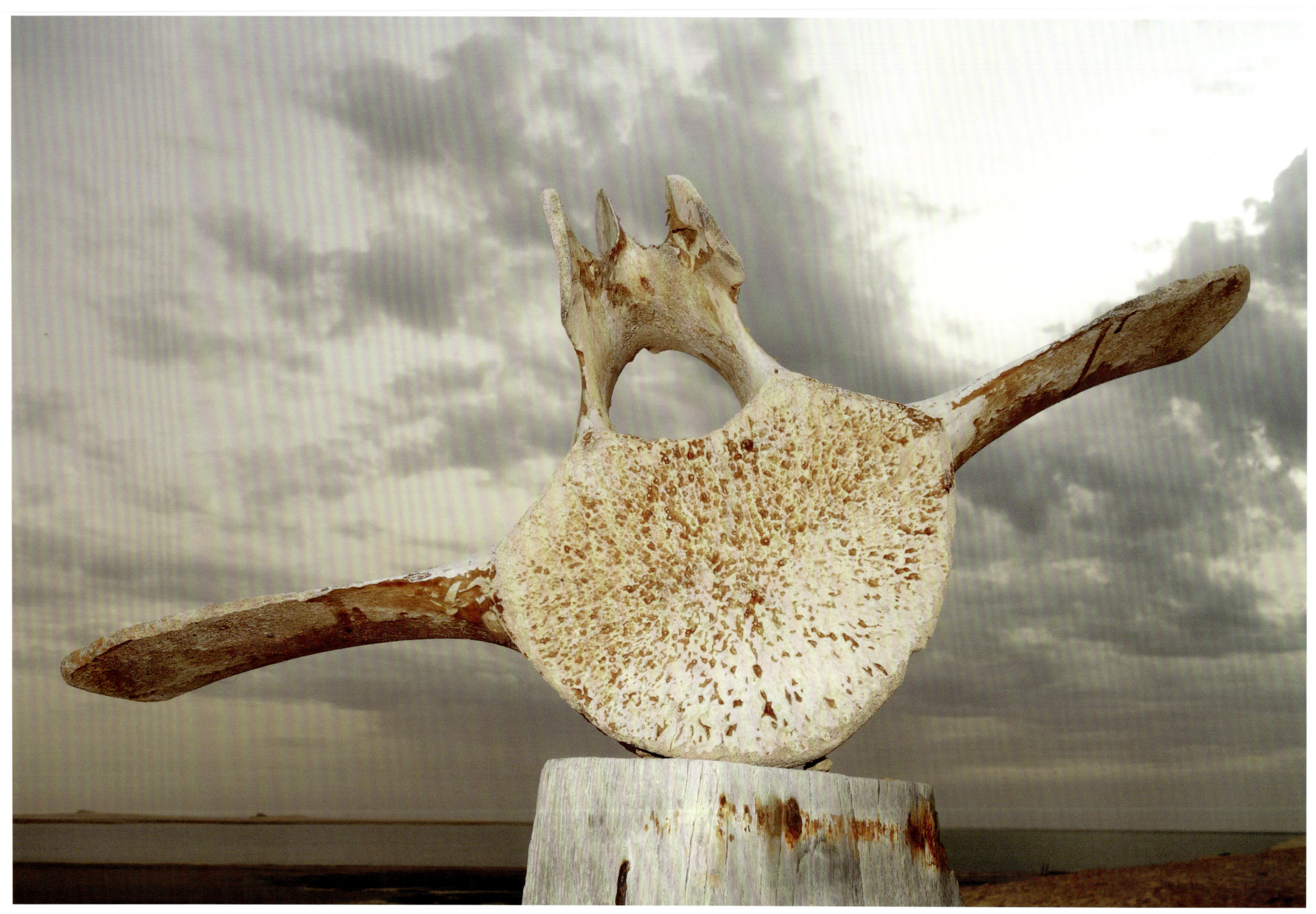

Whale vertebra / Vertebra di balena
Nouadhibou, Mauritania, 2016

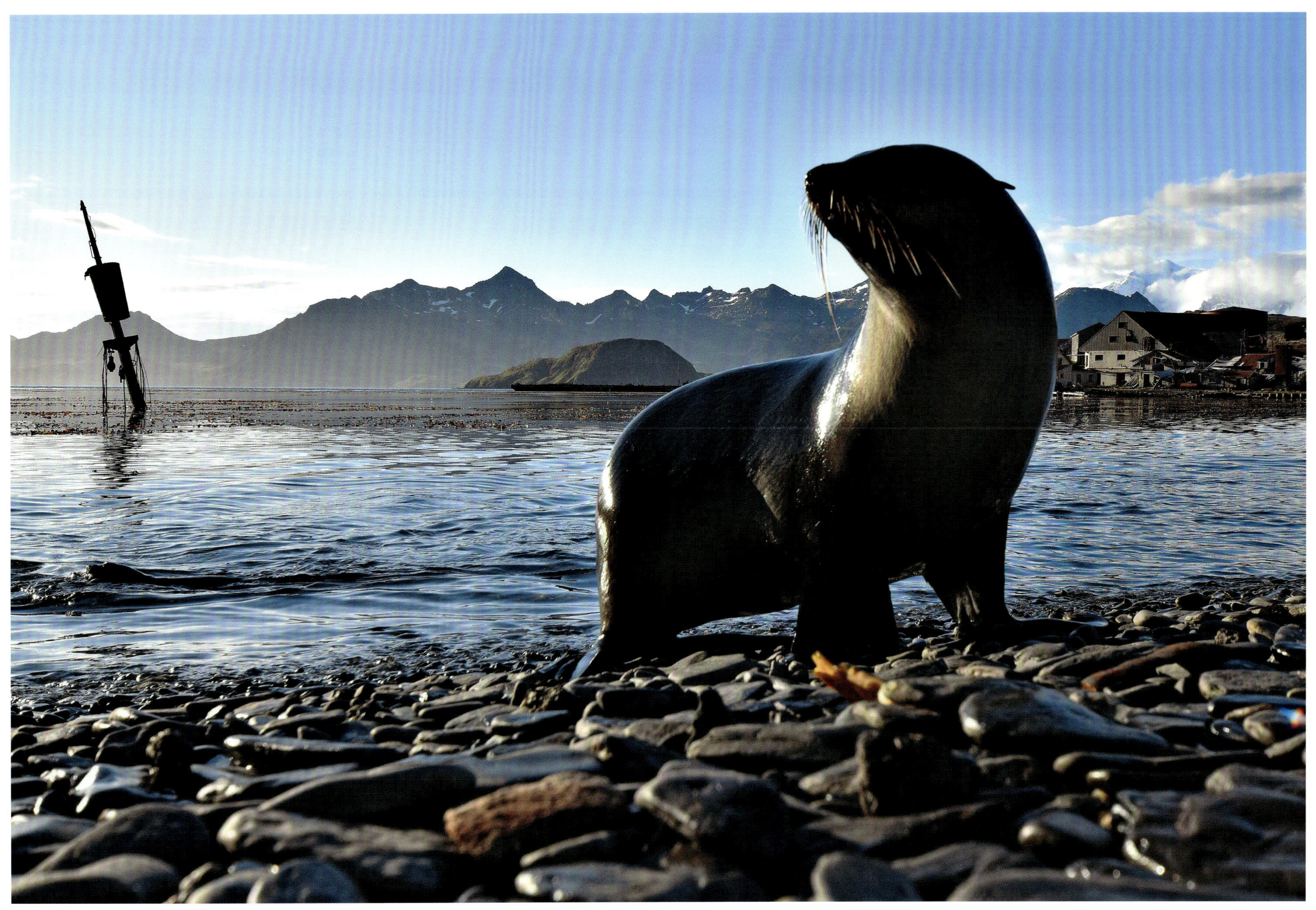

Leith Harbour, South Georgia, 2016

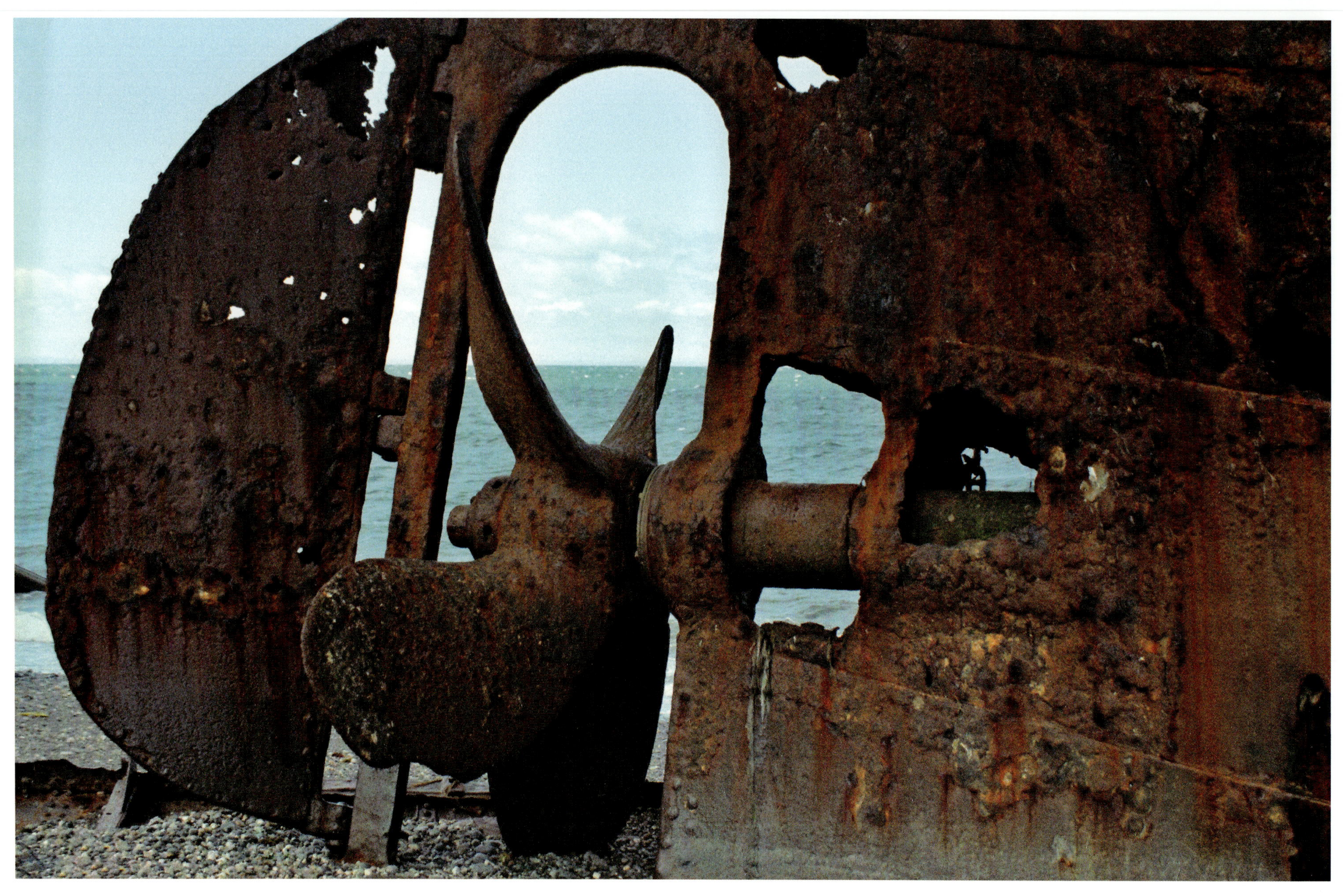

Amadeo
Estancia San Gregorio, Estrecho
de Magallanes, Chile, 1969

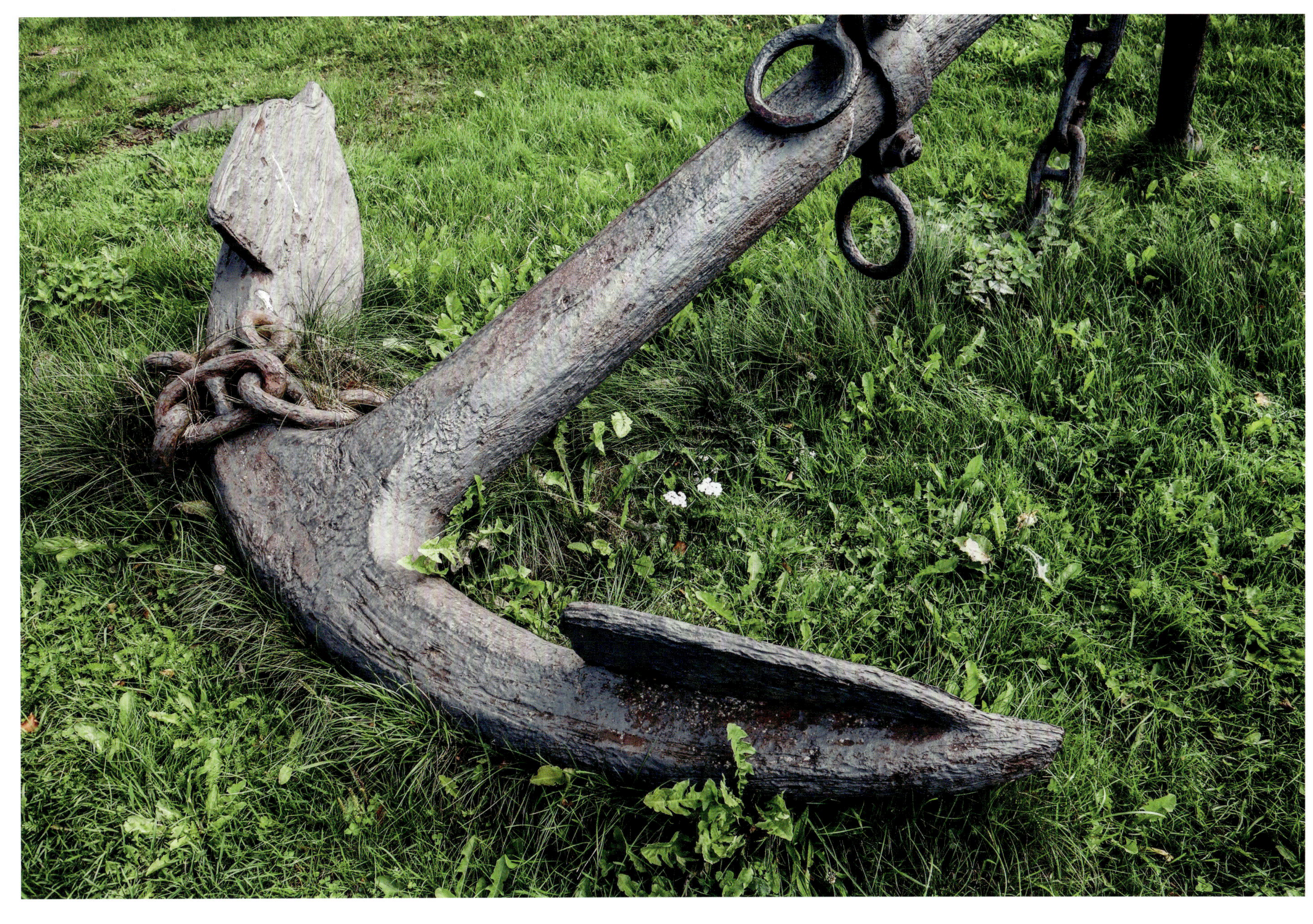

Plus
Mariehamn, Åland, Finland, 2016

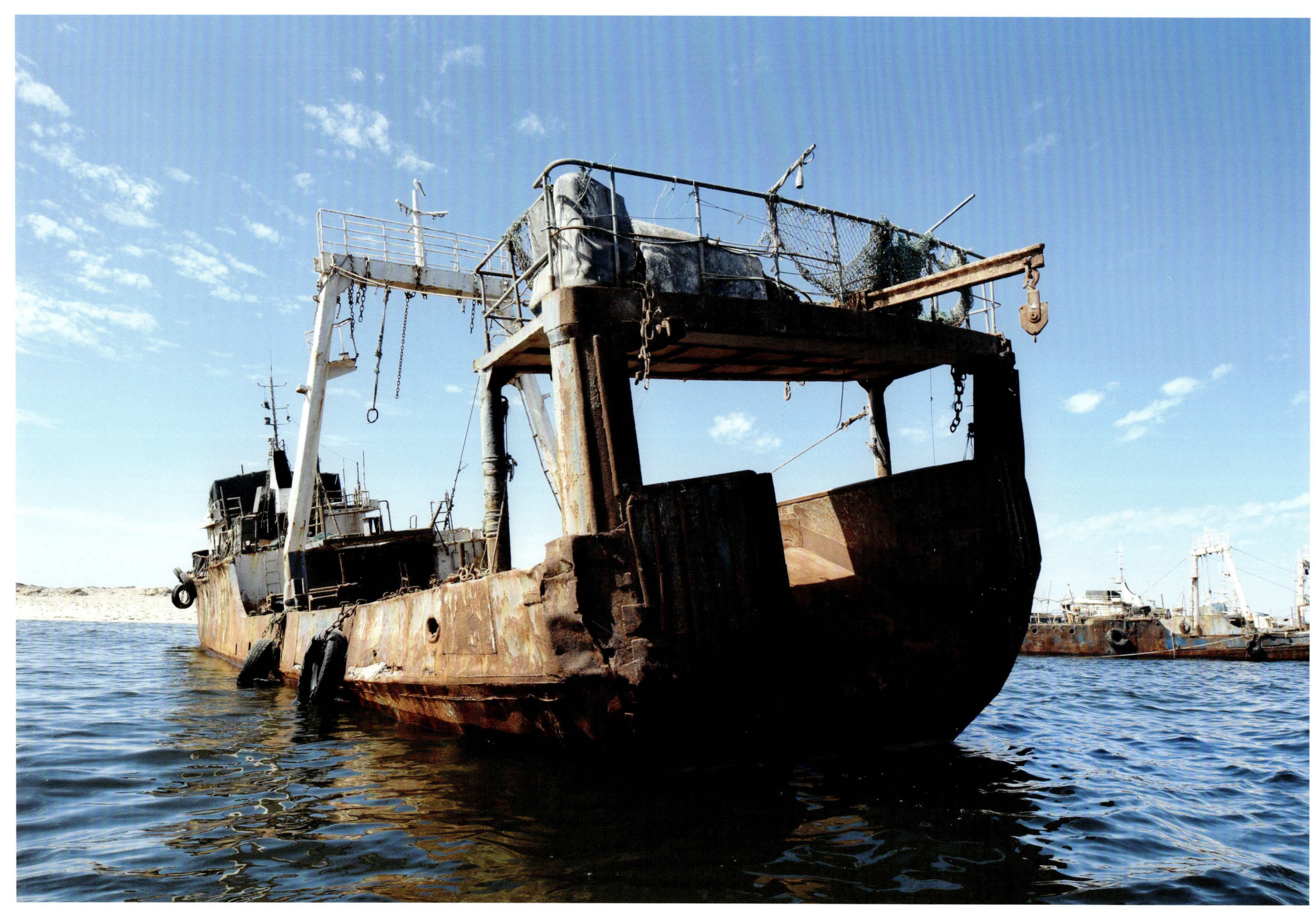

Nouadhibou, Mauritania, 2016

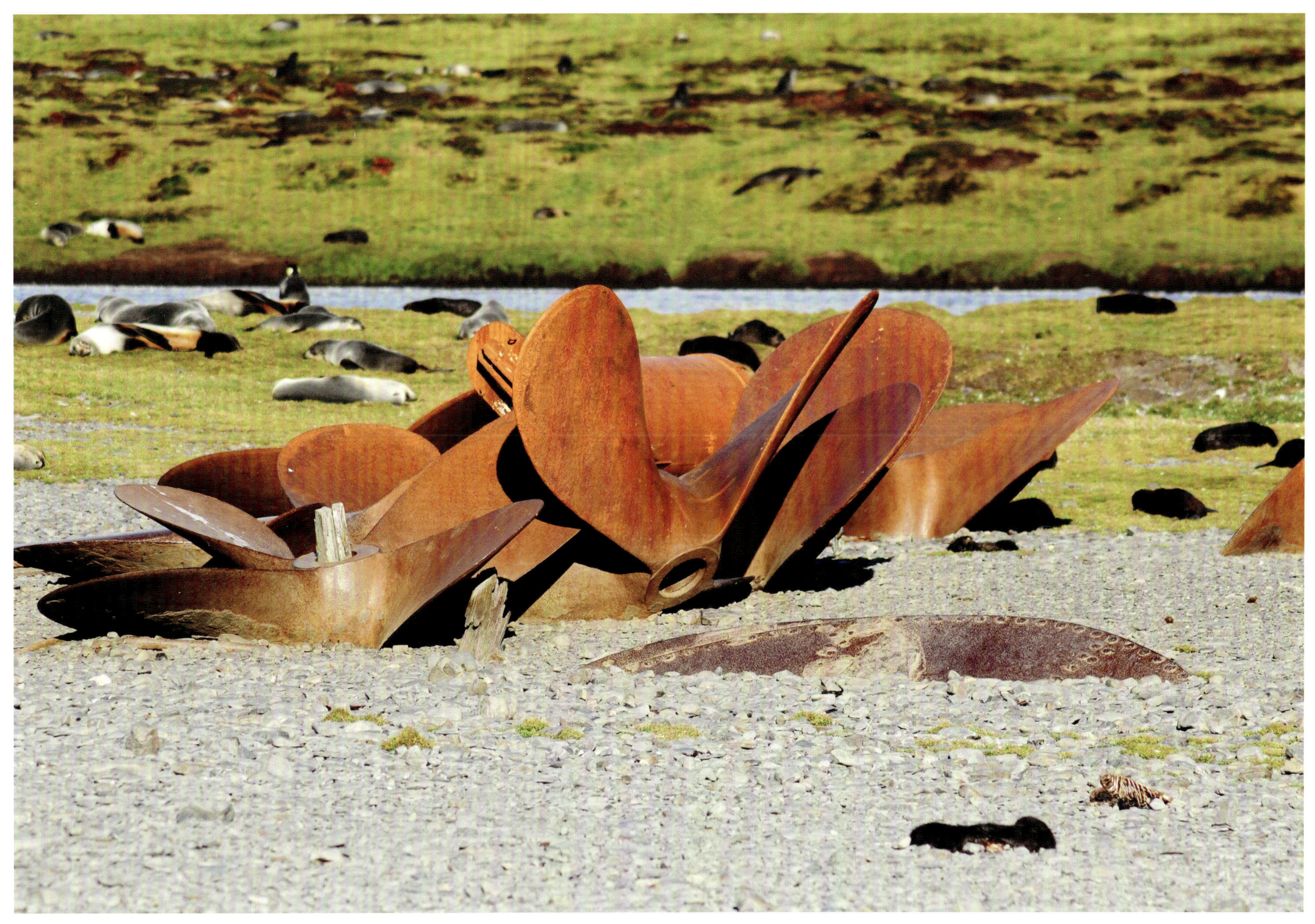

Stromness Bay, South Georgia, 2016

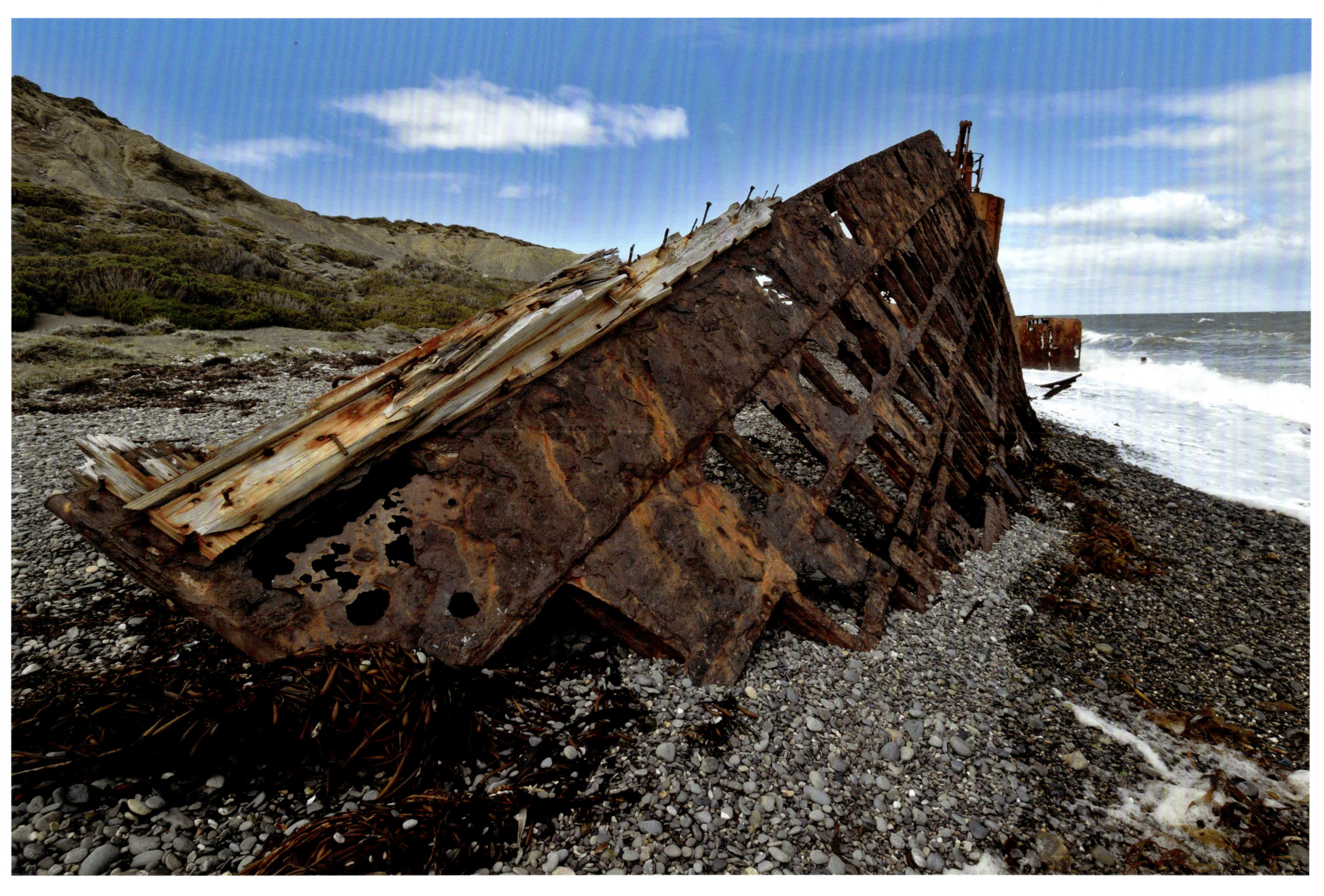

Olympian
Punta Dungeness, Chile, 2015

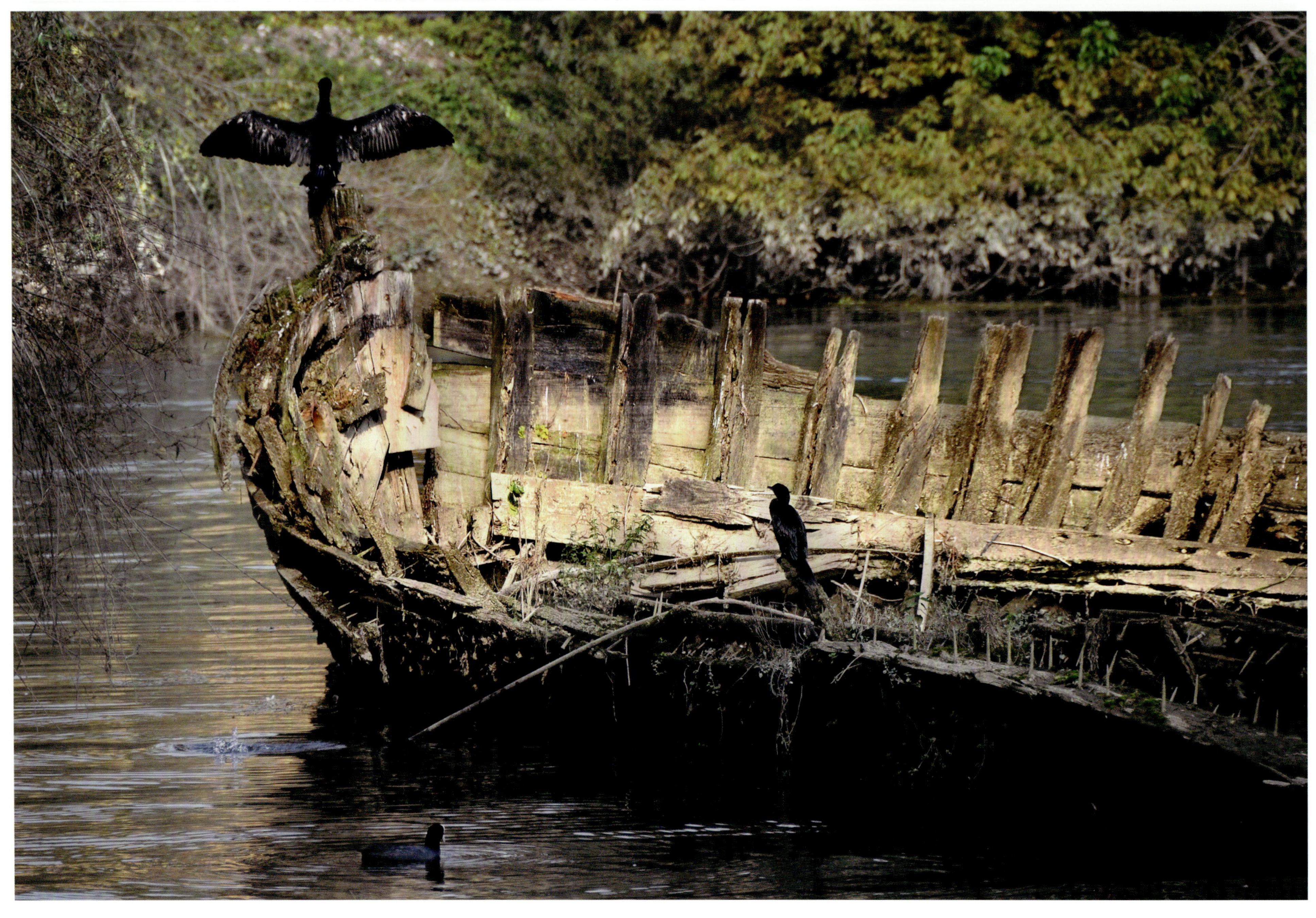

Barges on the River Sile / Burchi sul Sile
Treviso, Italia, 2015

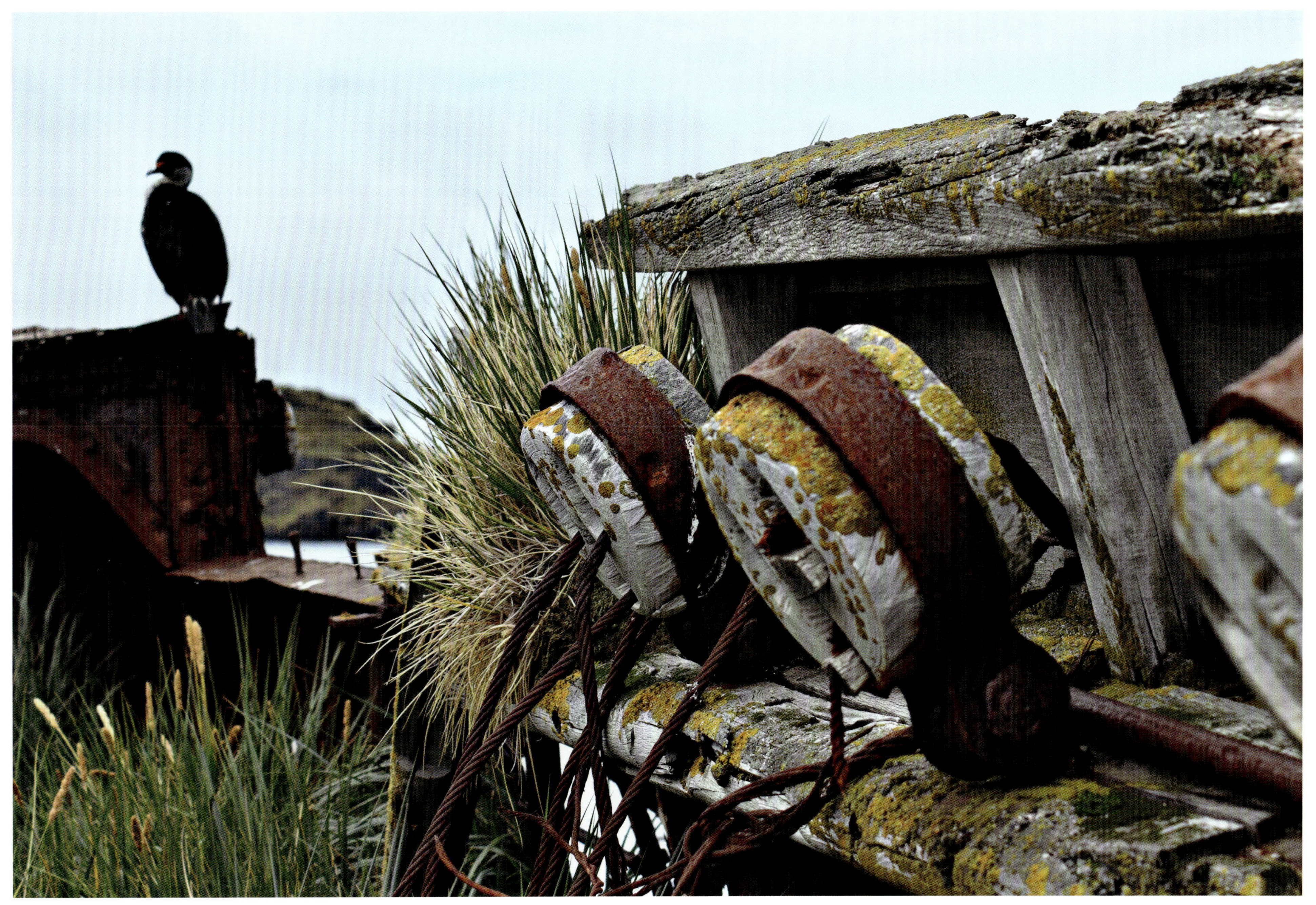

Bayard
Ocean Harbour, South Georgia, 2016

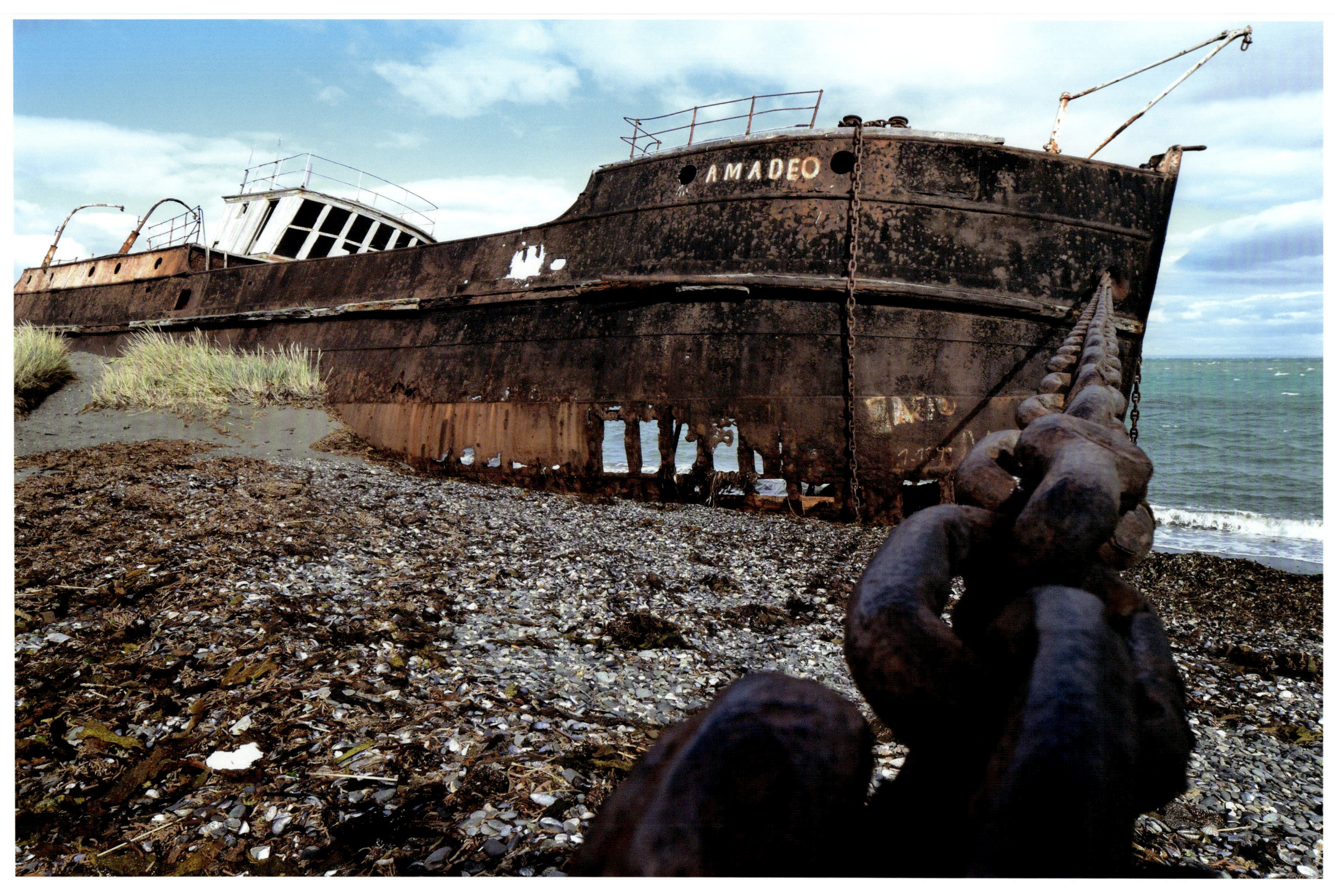

Amadeo
Estancia San Gregorio, Estrecho
de Magallanes, Chile, 2015

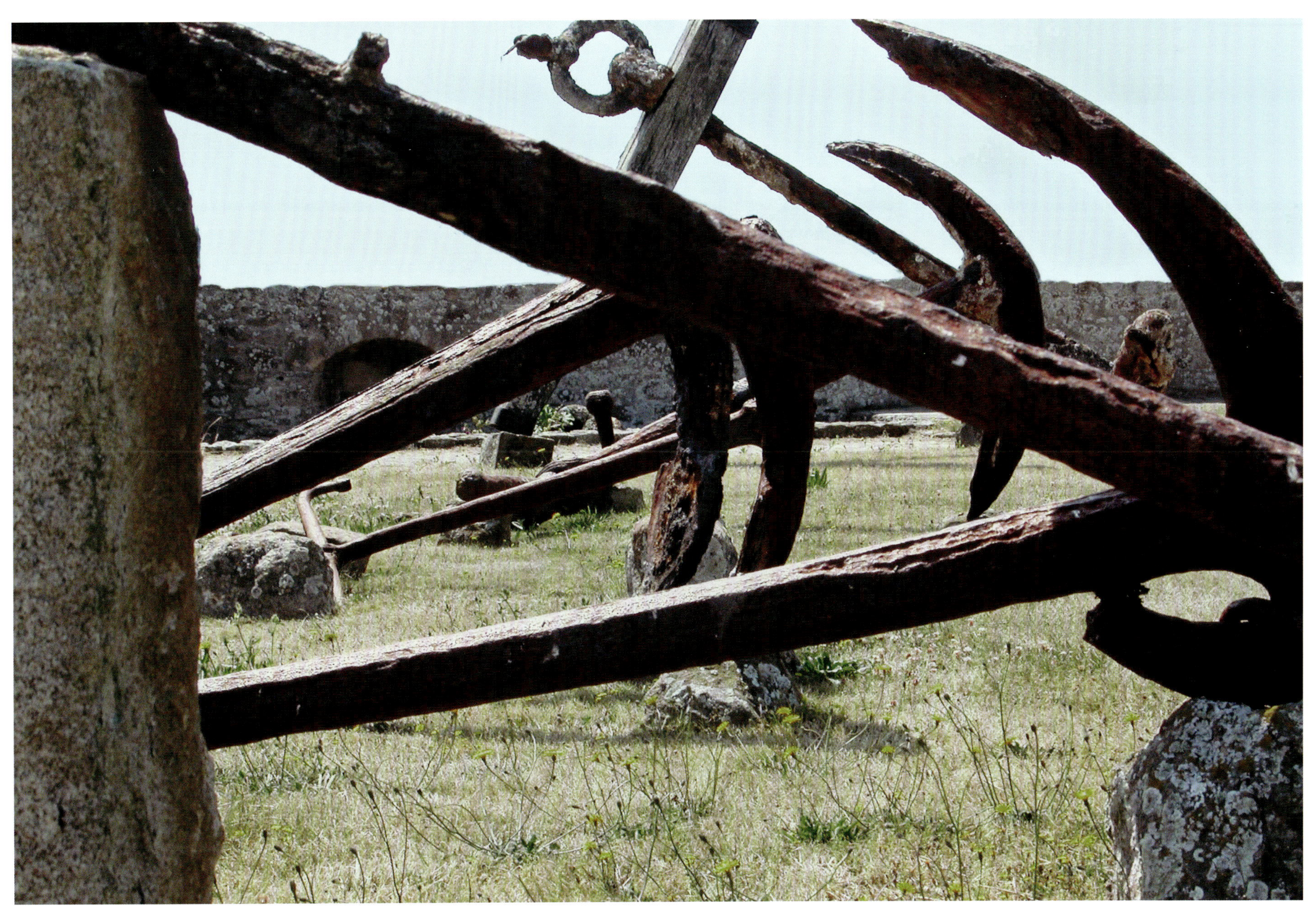

Musée des Cap-Horniers, Saint-Malo,
France, 2005

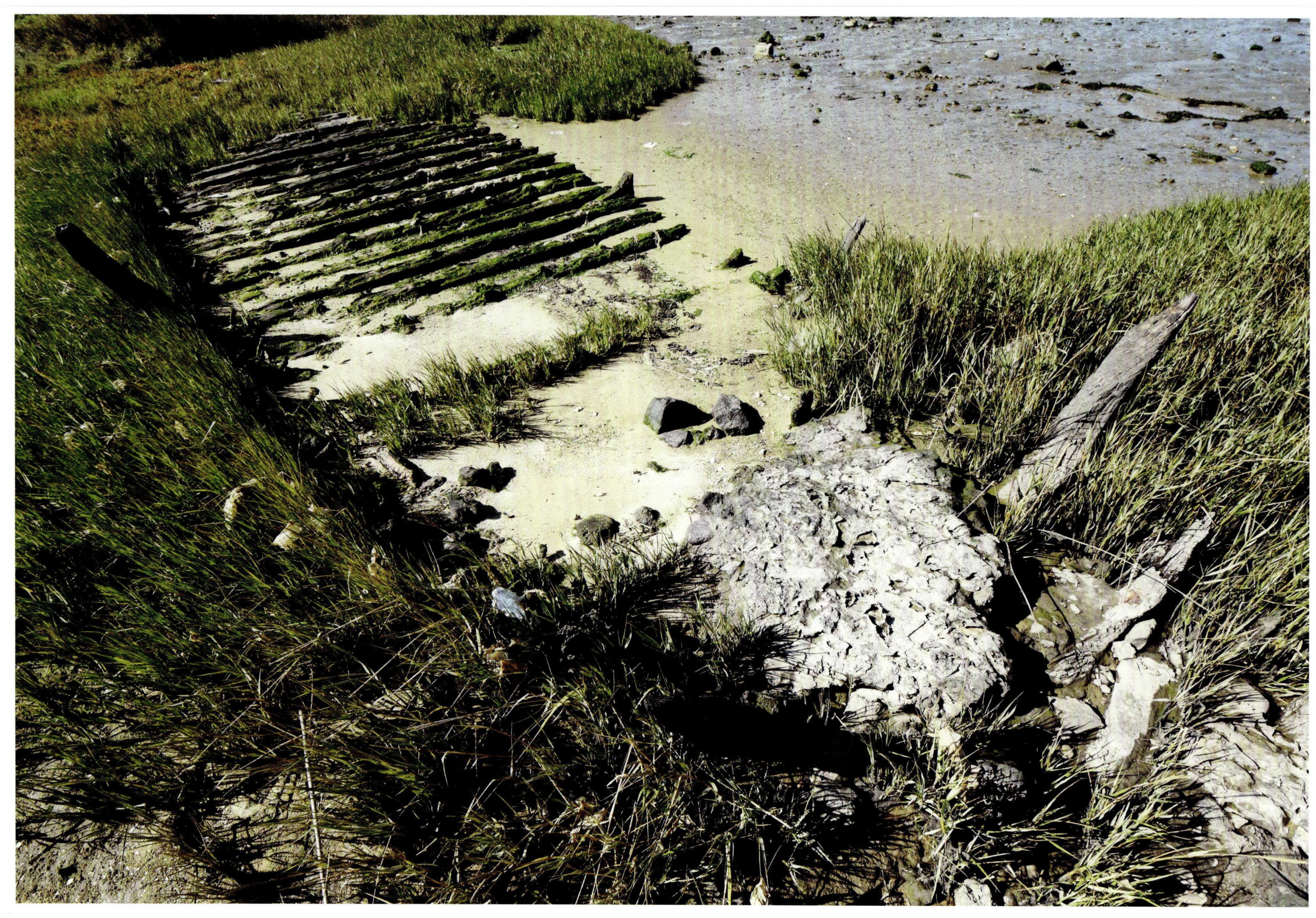

Amora, Portugal, 2016

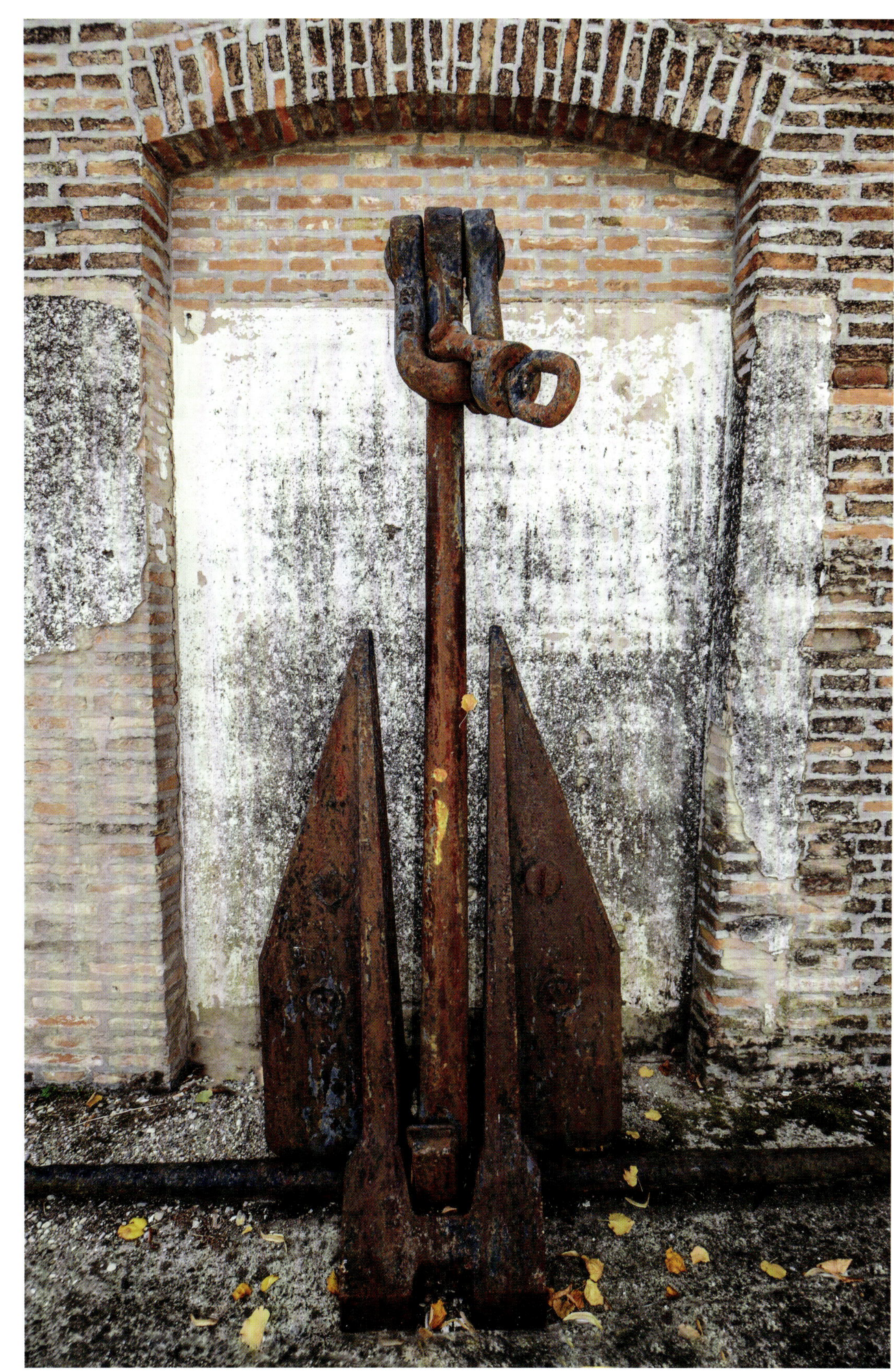

Anchor/Ancora
Museo del Po, Boretto, Italia, 2016

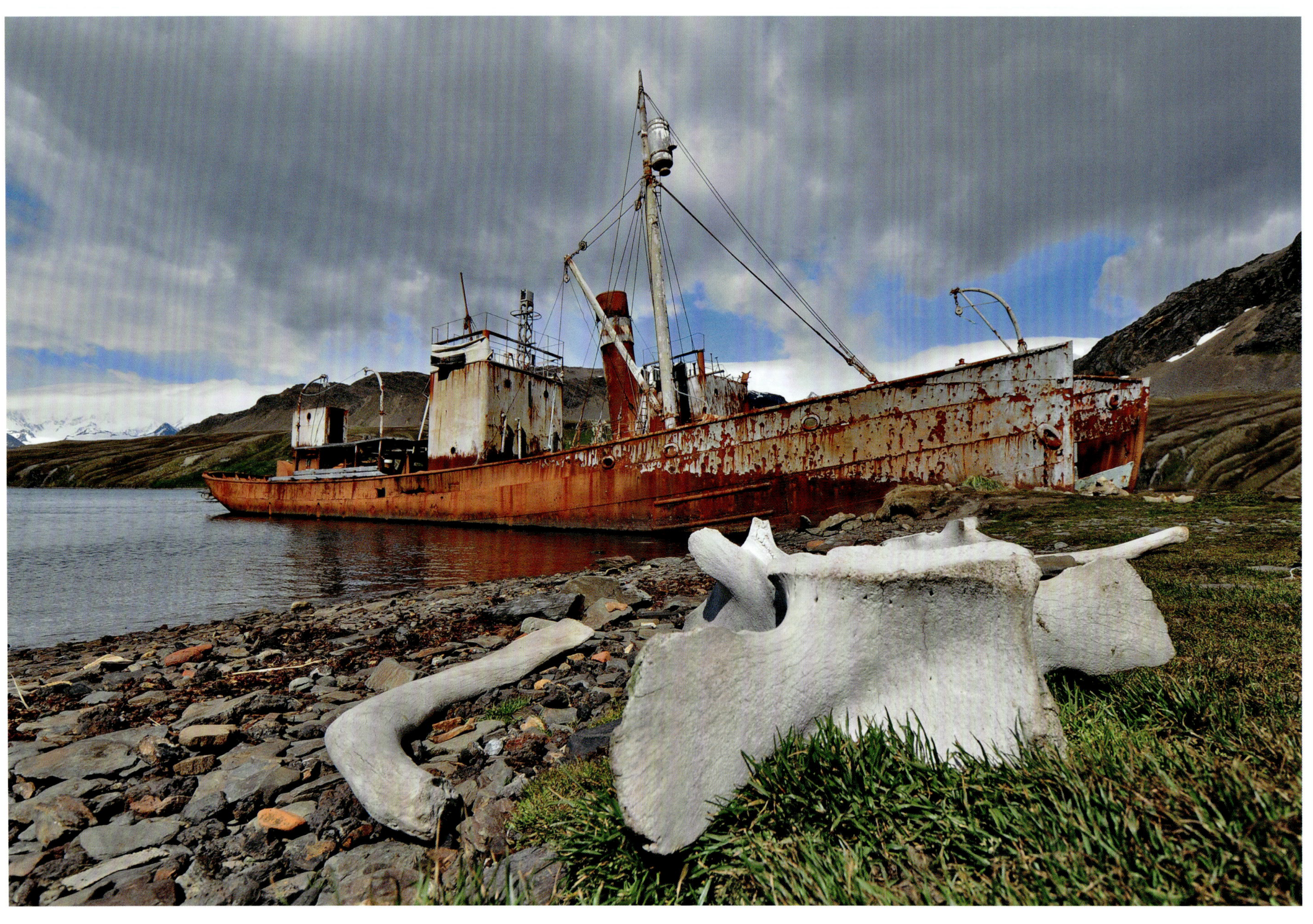

Albatros and/e *Dias*,
Grytviken, South Georgia, 2016

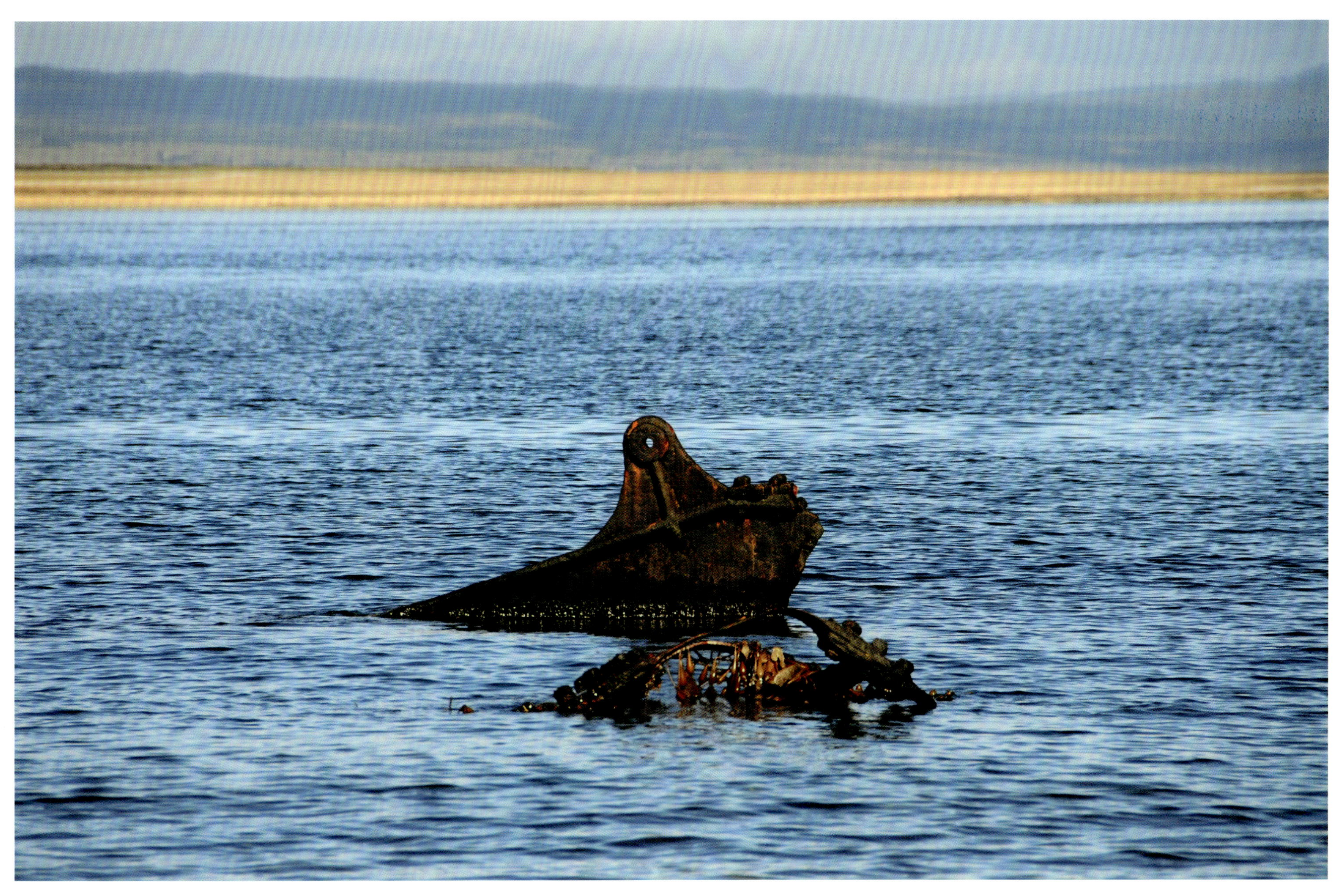

Los Amigos
Río Verde, Chile, 2015

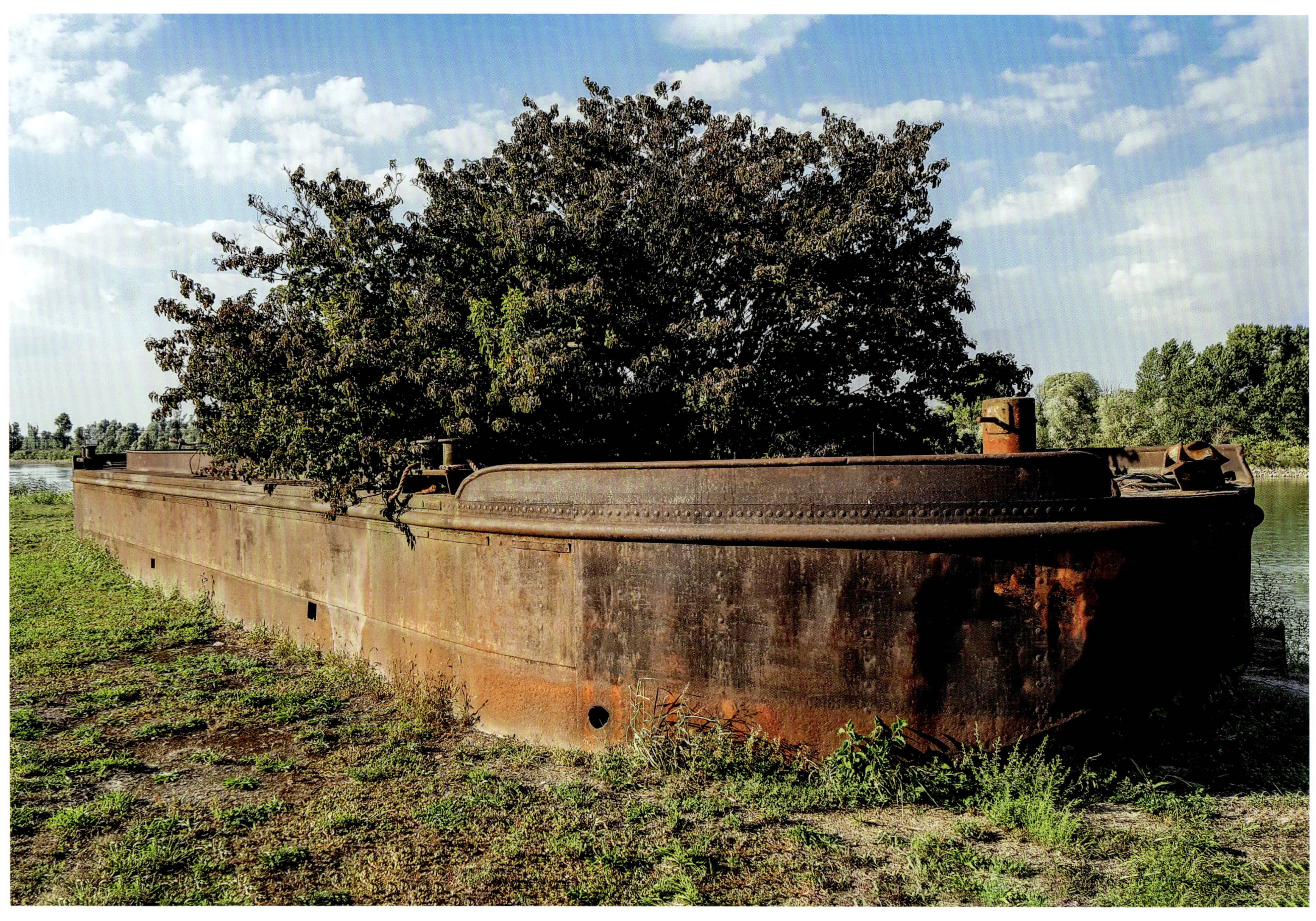

Museo del Po, Boretto, Italia, 2016

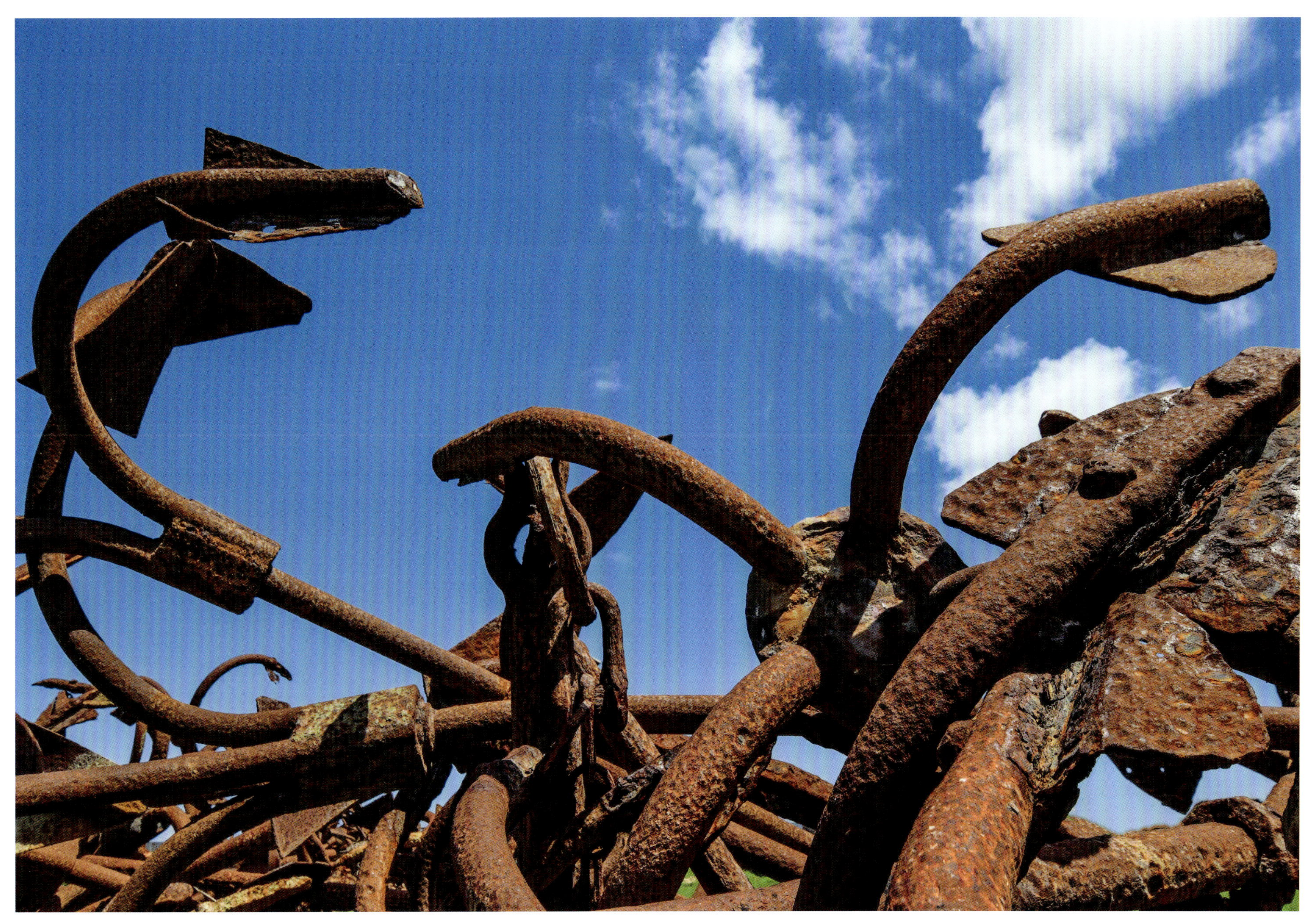

Tuna-fishing Boats of San Cusumano /
Tonnara di San Cusumano, Trapani, Italia, 2016

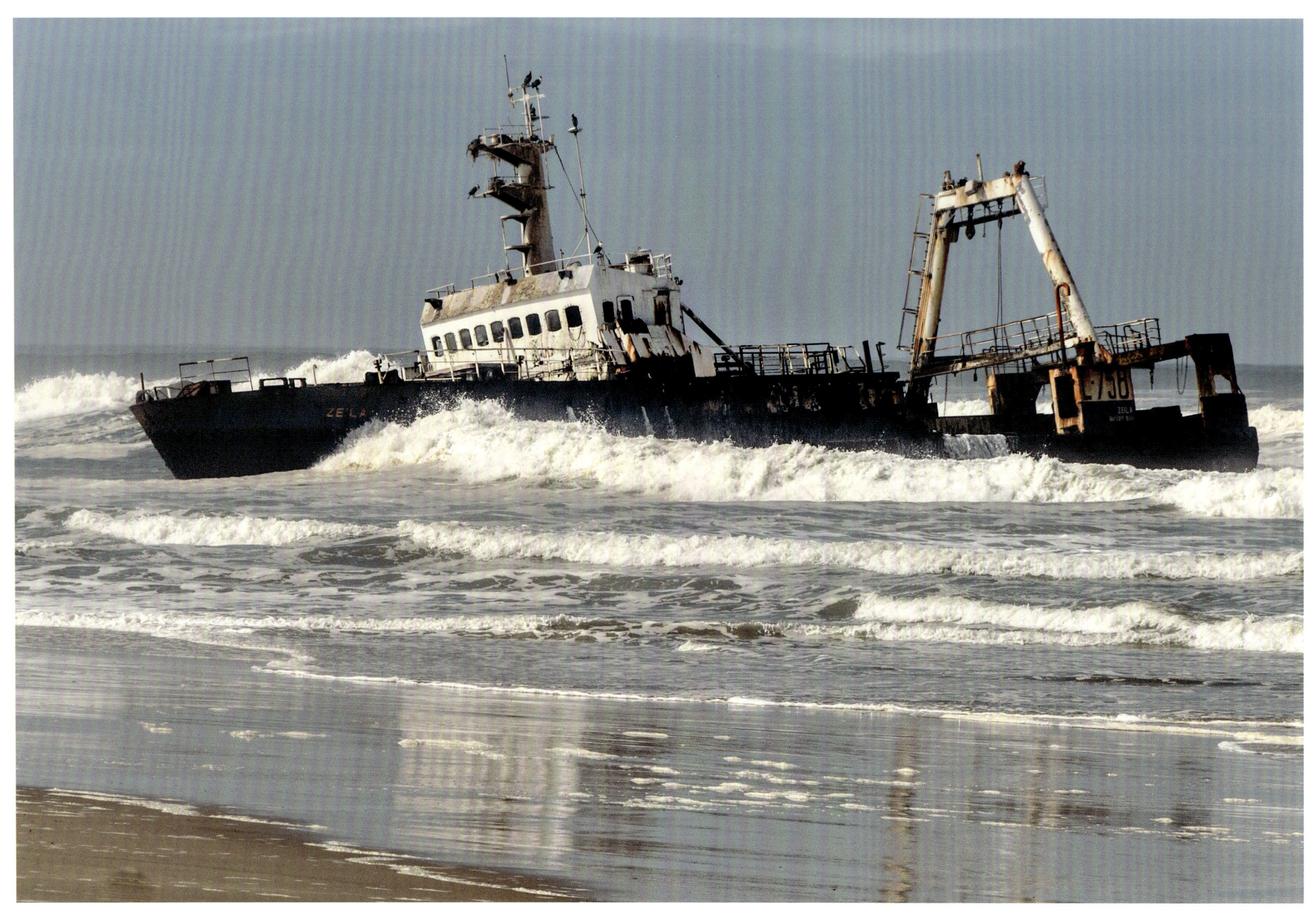

Zeila
Skeleton Coast, Namibia, 2013

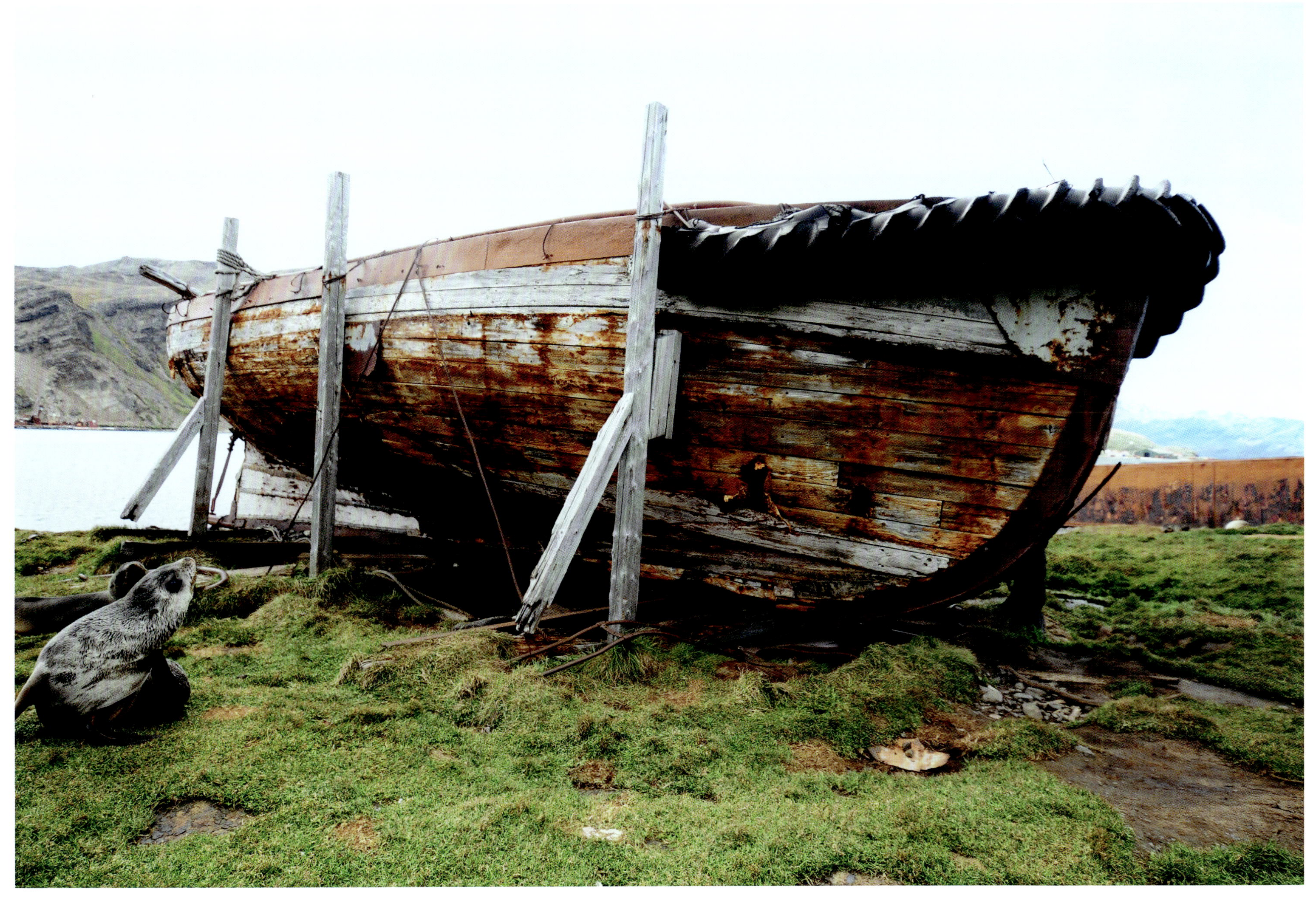

Grytviken, South Georgia, 2016

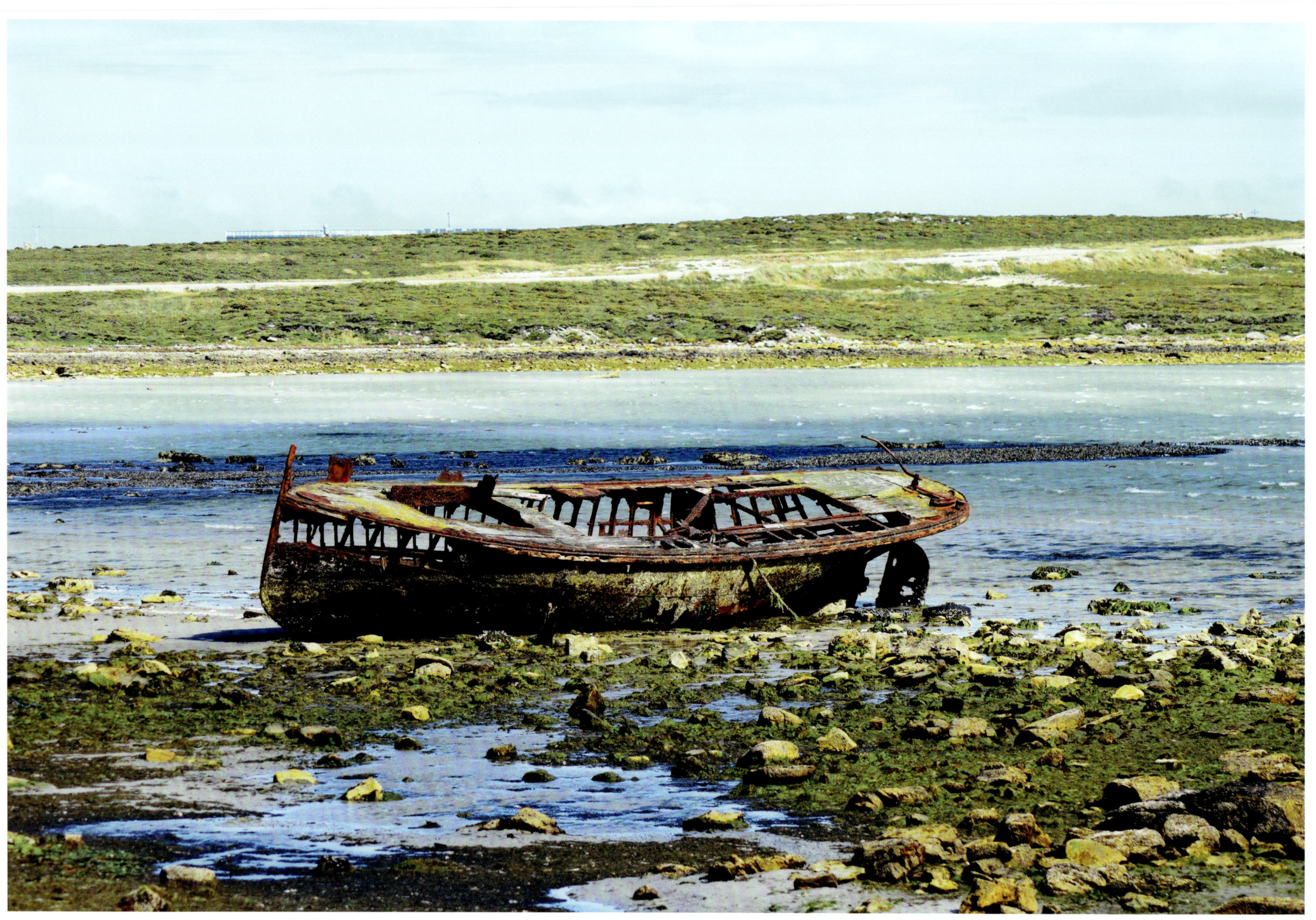

Plym
Falkland Islands, 2016

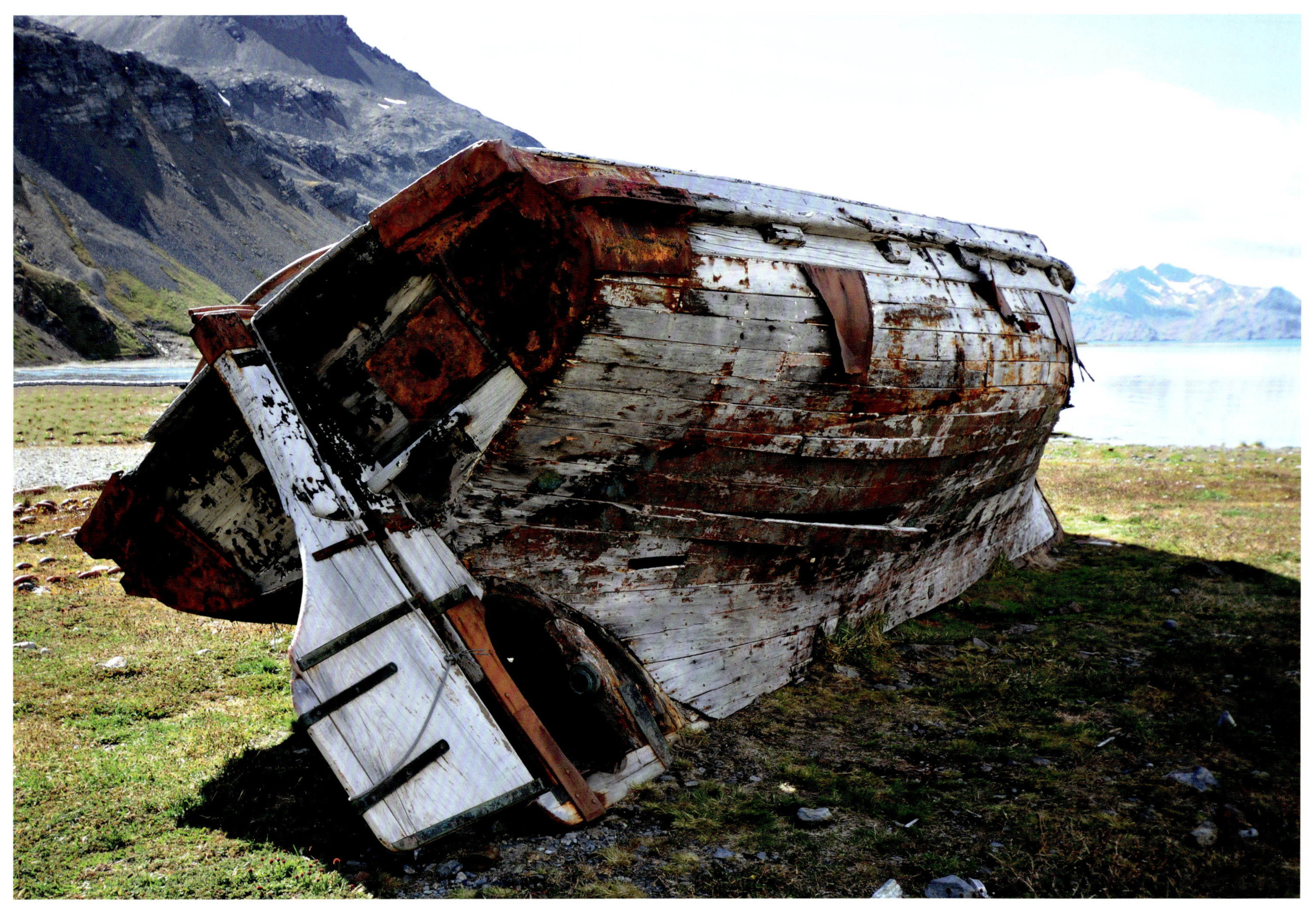

Grytviken, South Georgia, 2016

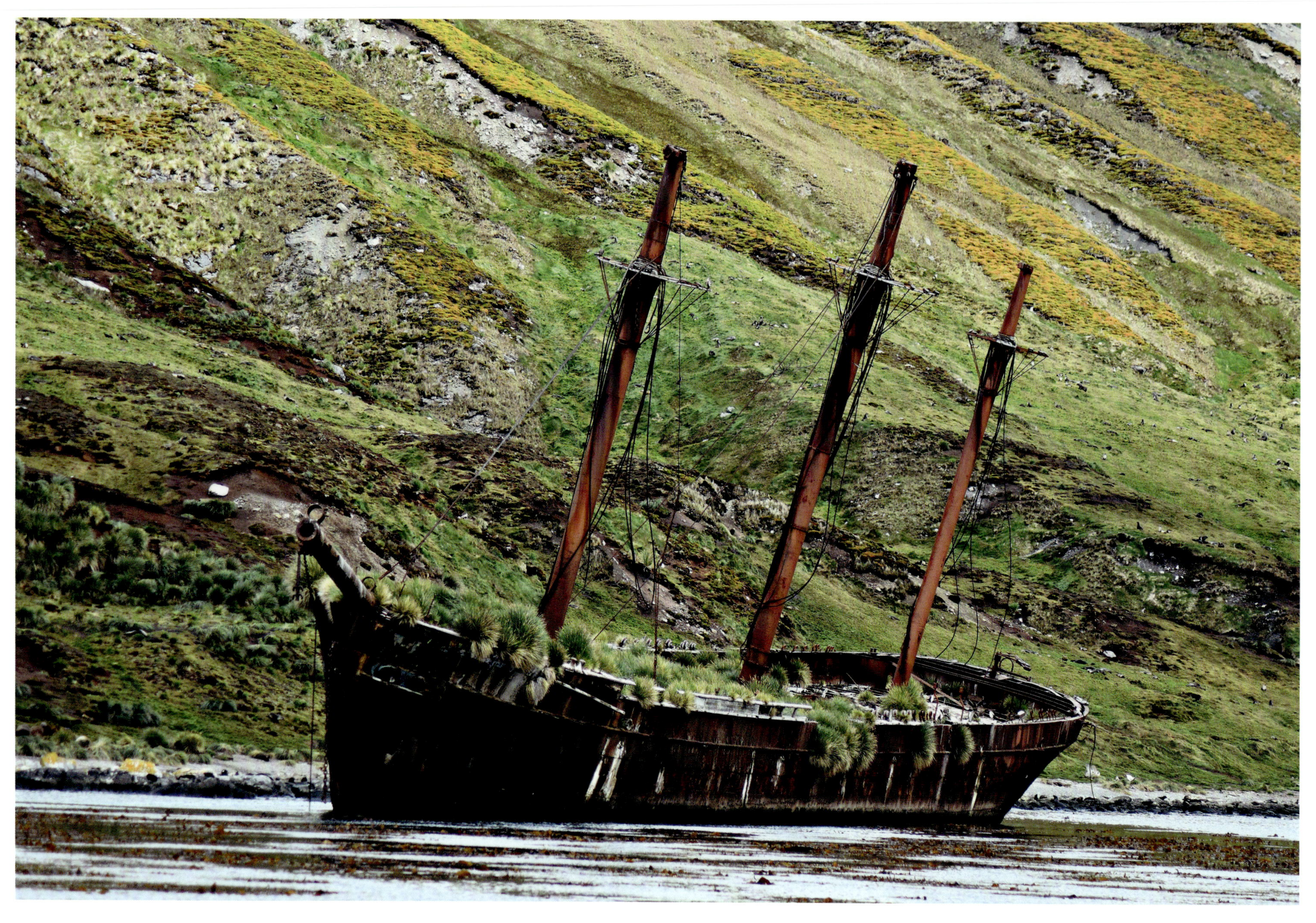

Bayard
Ocean Harbour, South Georgia, 2016

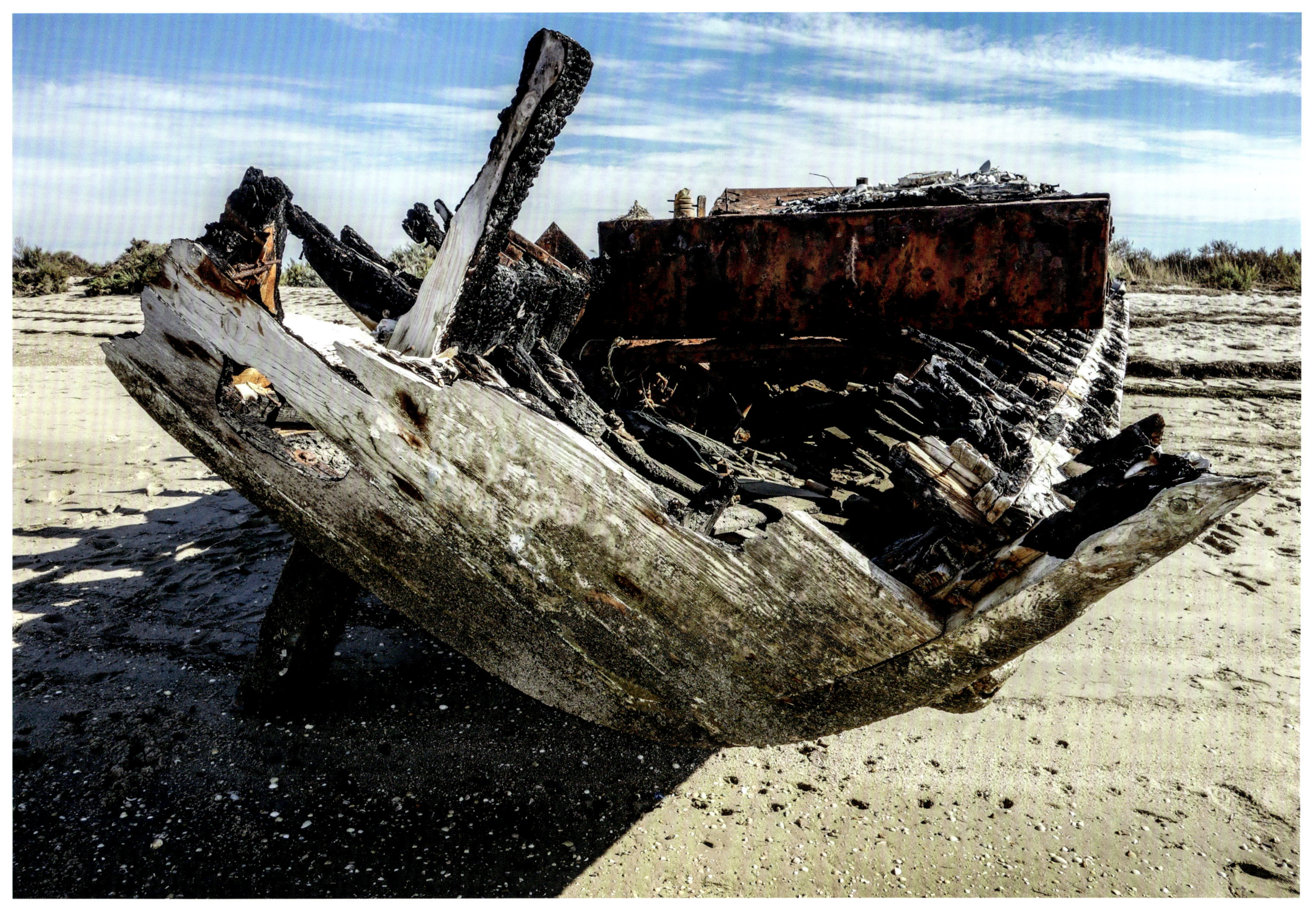

Donax
Armona, Algarve, Portugal, 2016

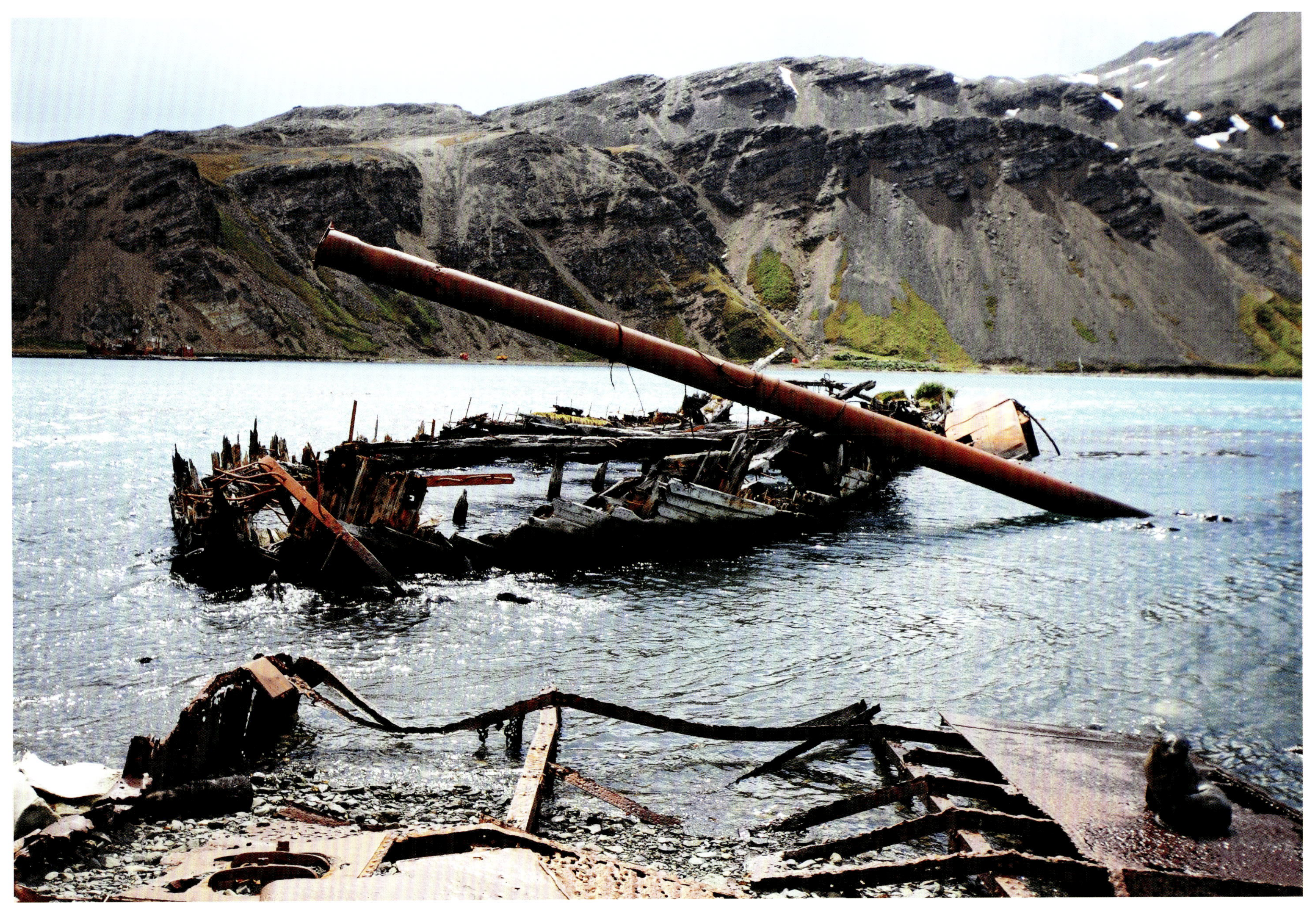

Louise
Grytviken, South Georgia, 2016

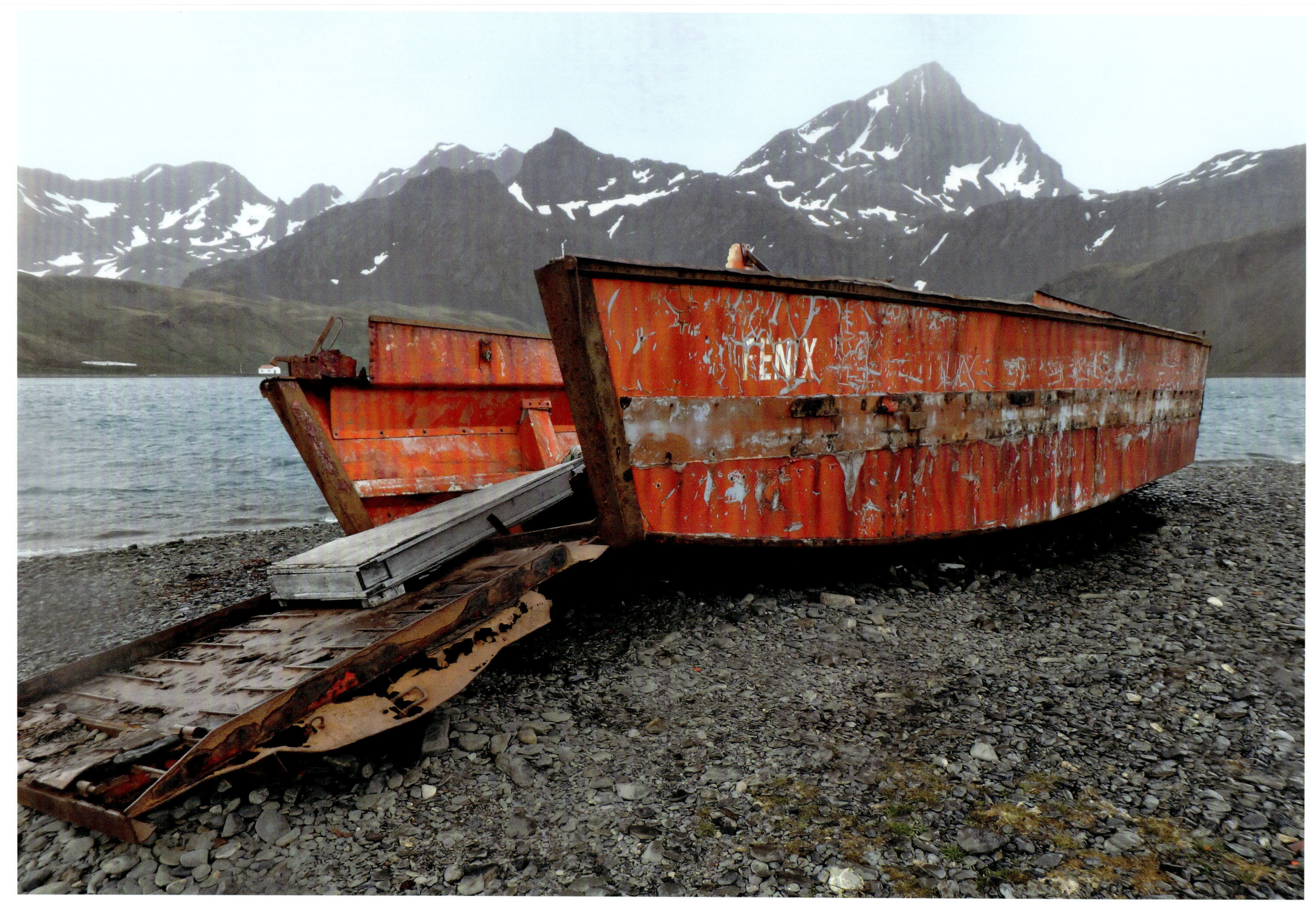

Fenix
King Edward Cove, Grytviken,
South Georgia, 2016

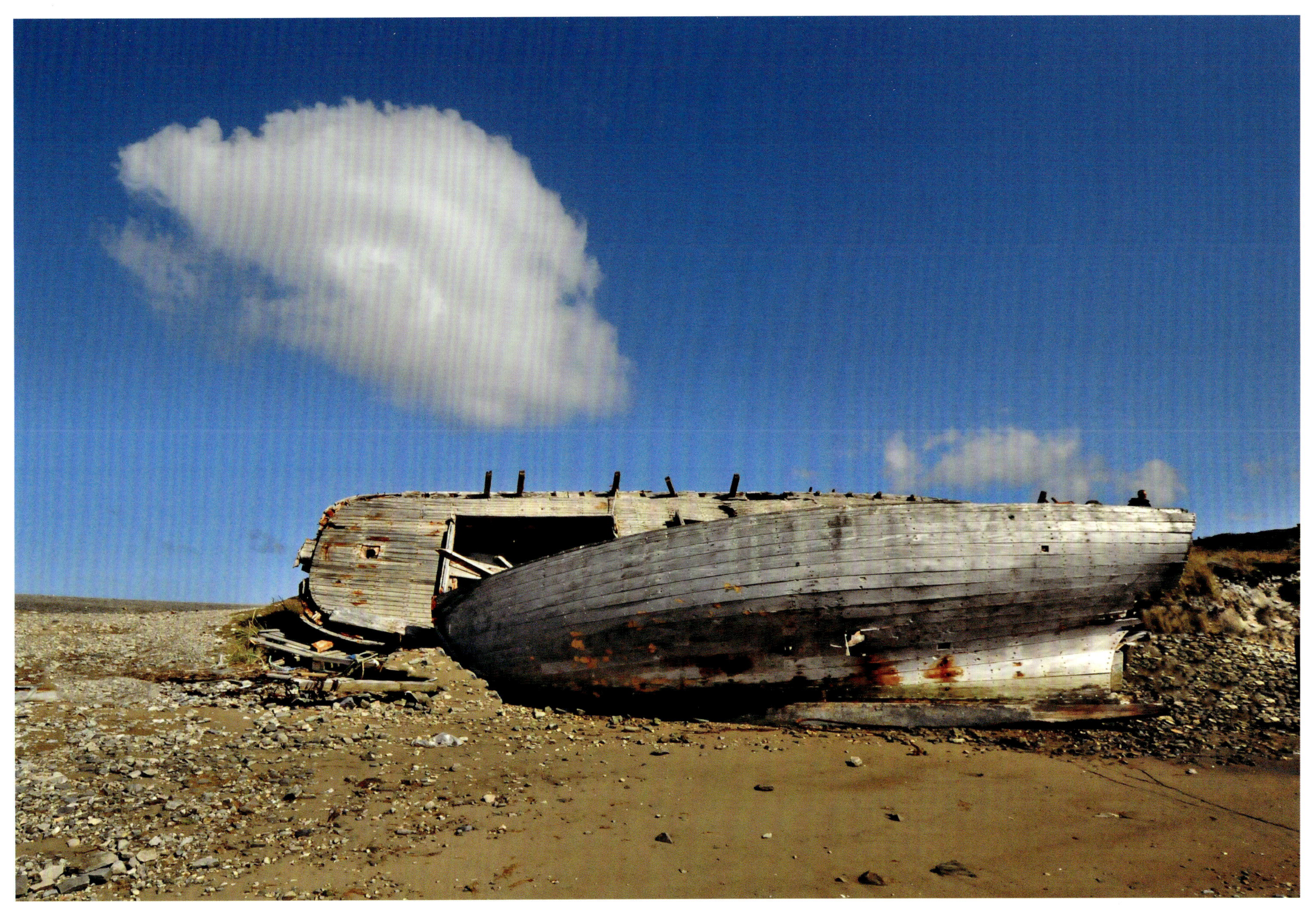

Canache, Falkland Islands, 2016

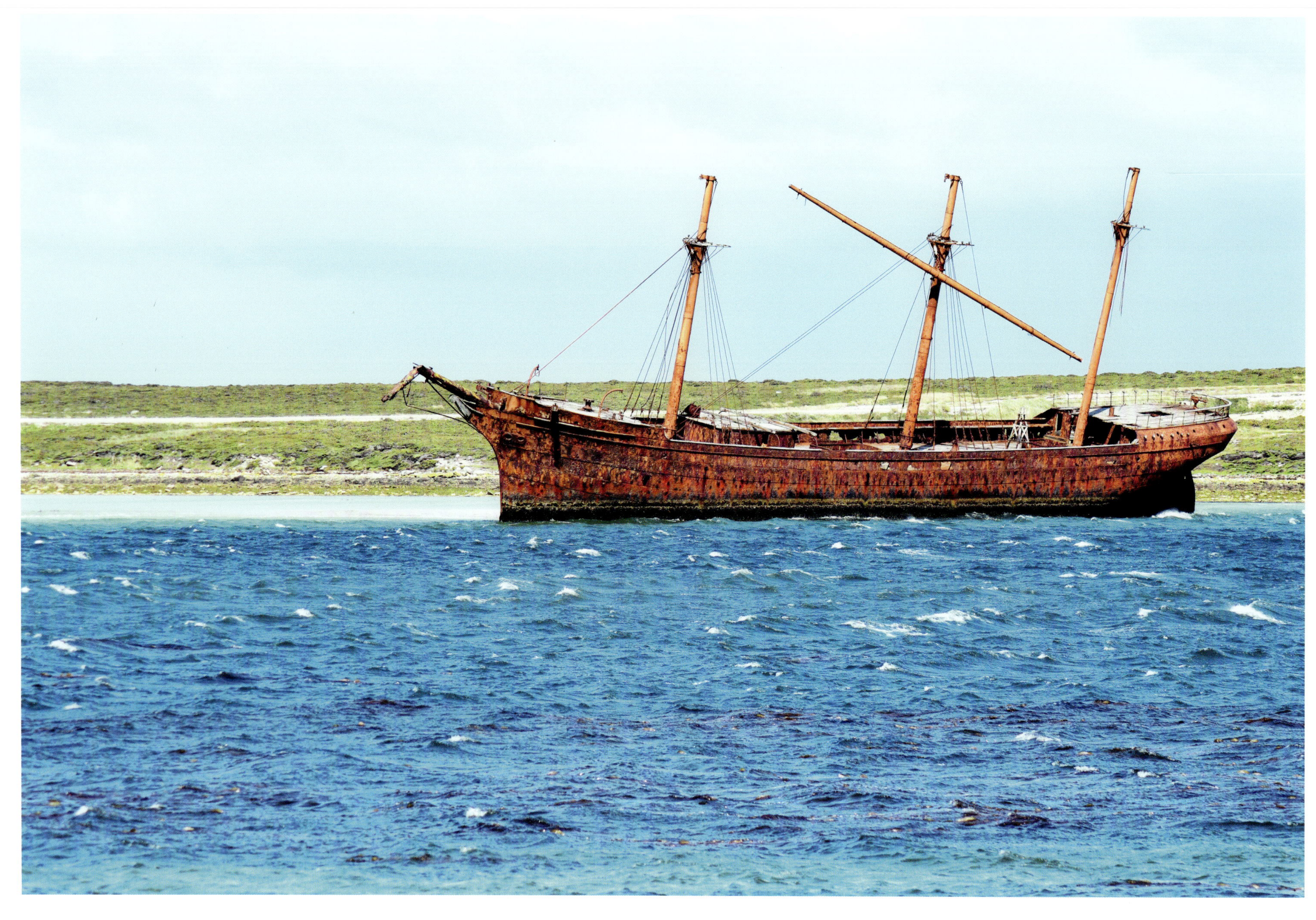

Lady Elizabeth
Falkland Islands, 2016

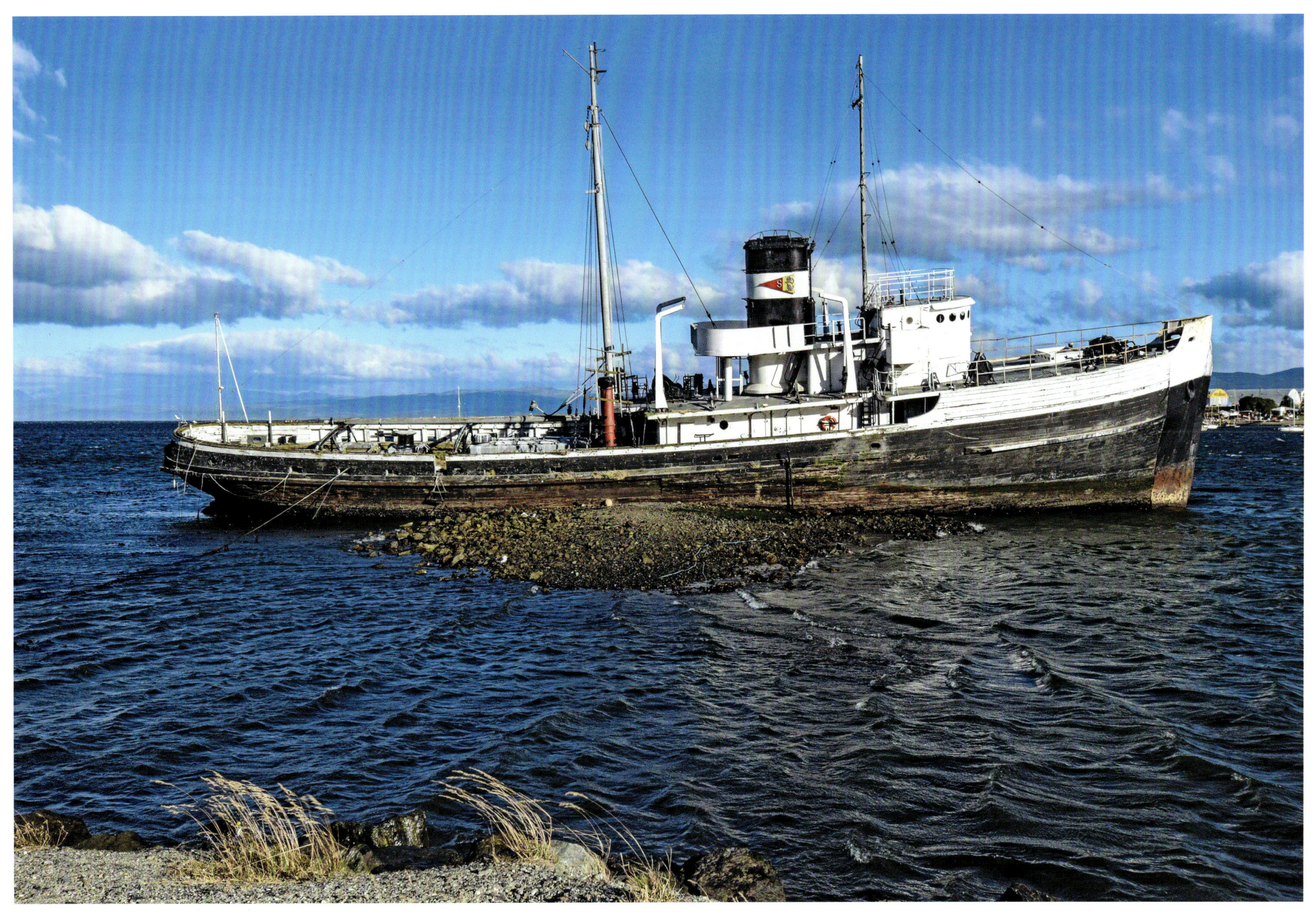

Saint Christopher
Ushuaia, Argentina, 2015

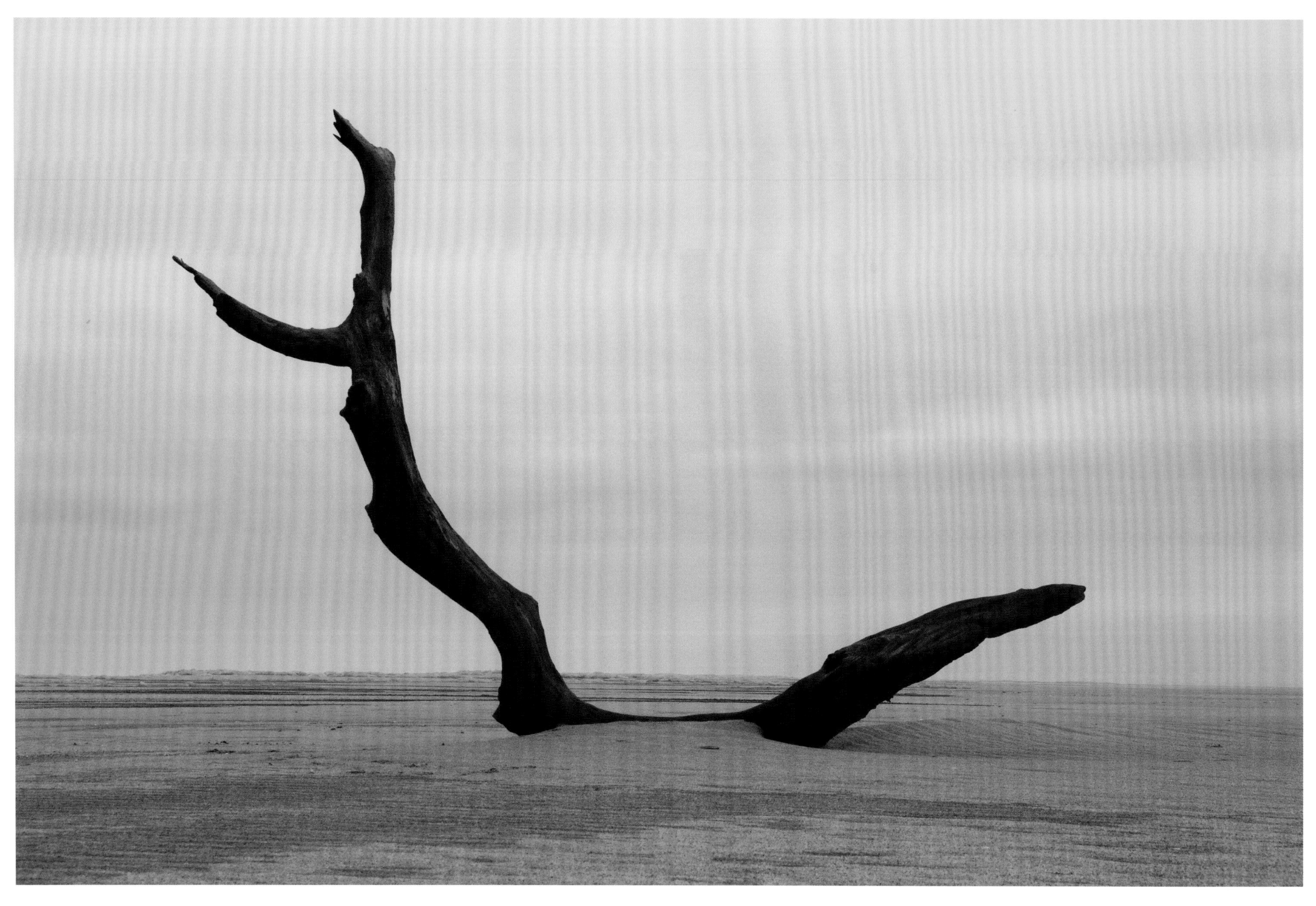

Skeleton Coast, Namibia, 2013

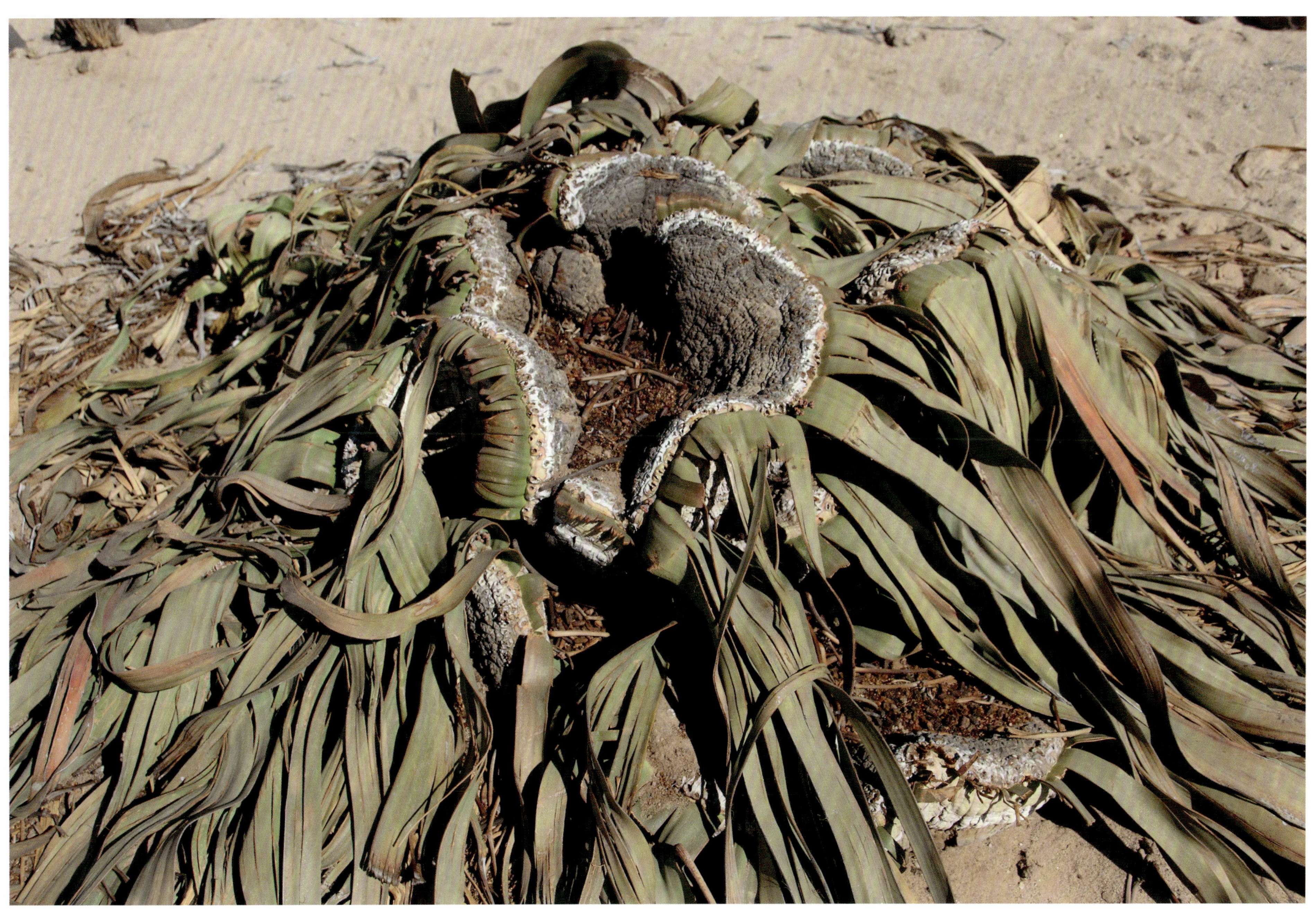

Welwitschia, Skeleton Coast, Namibia, 2015

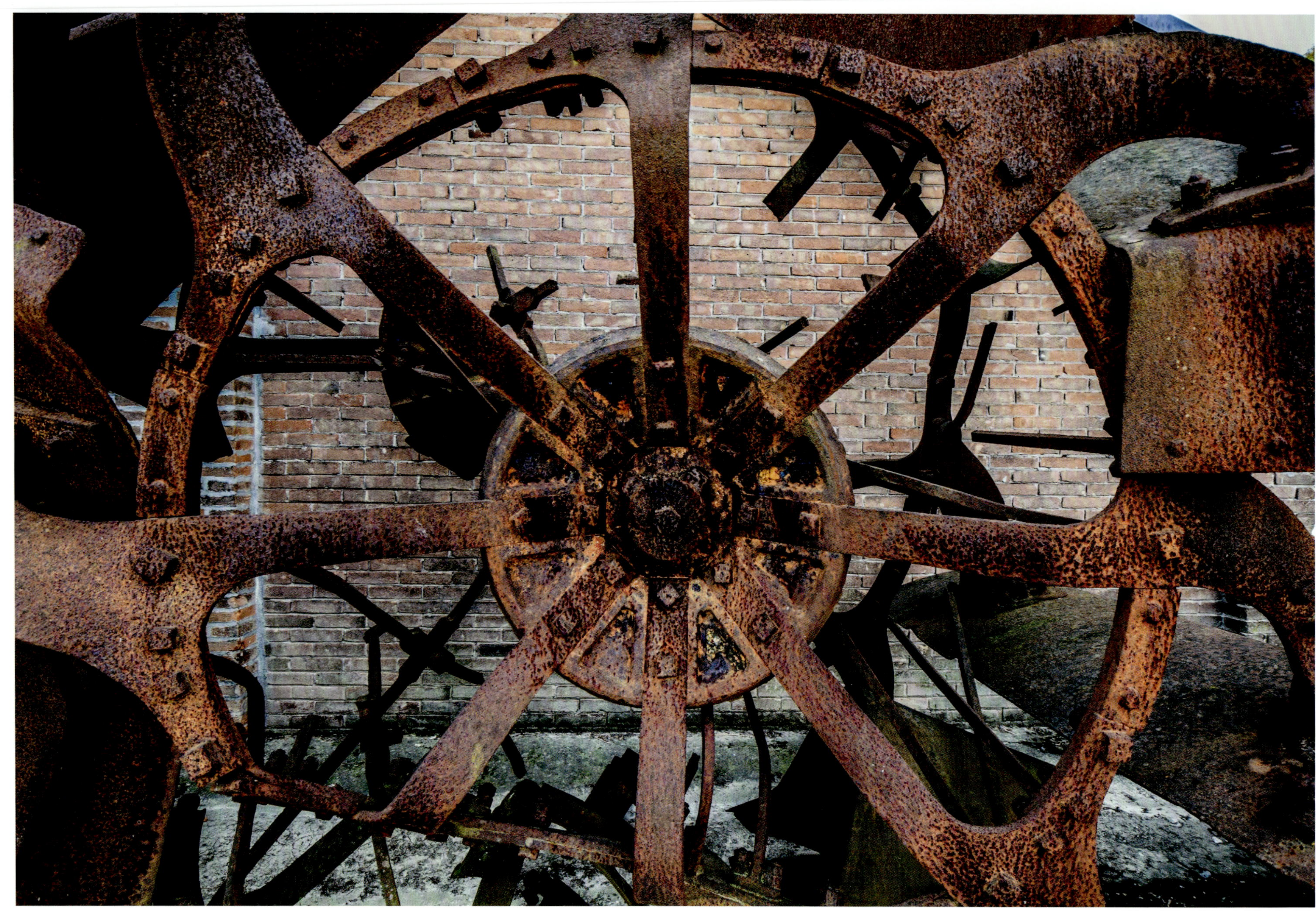

Bucket wheel dredger / Draga a ruota
Museo del Po, Boretto, Italia, 2016

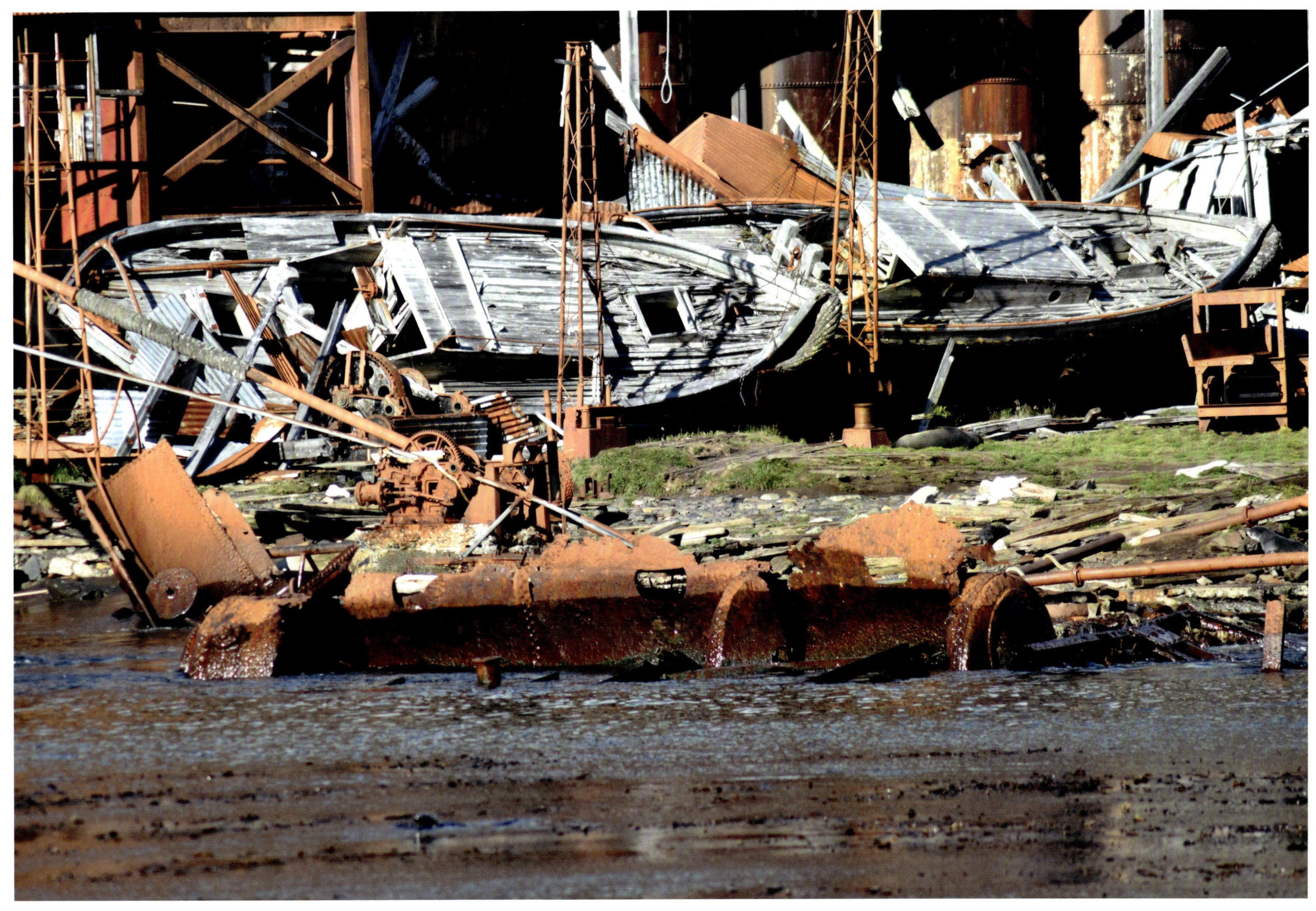

Leith Harbour, South Georgia, 2016

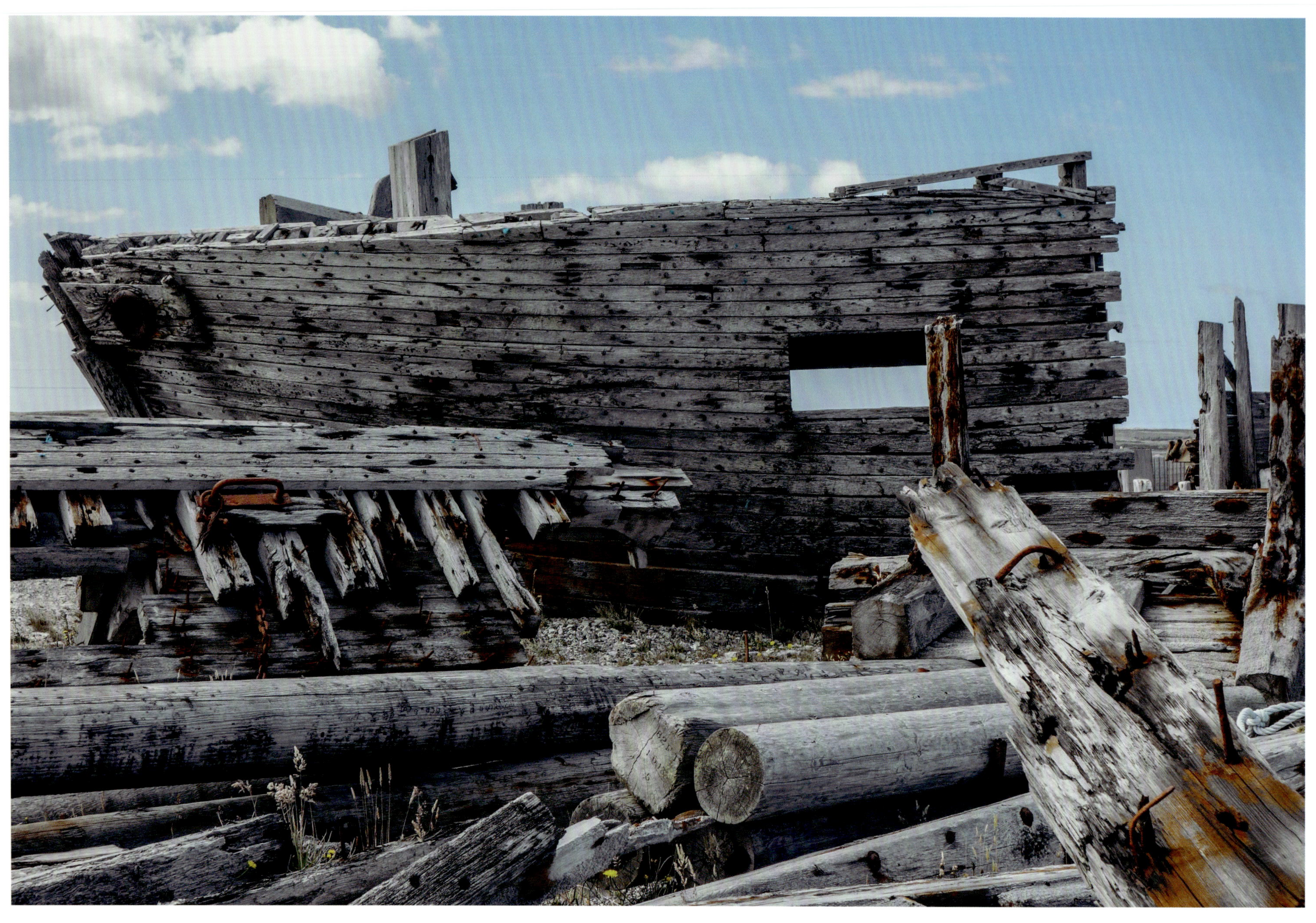

Charles Cooper
Falkland Islands, 2016

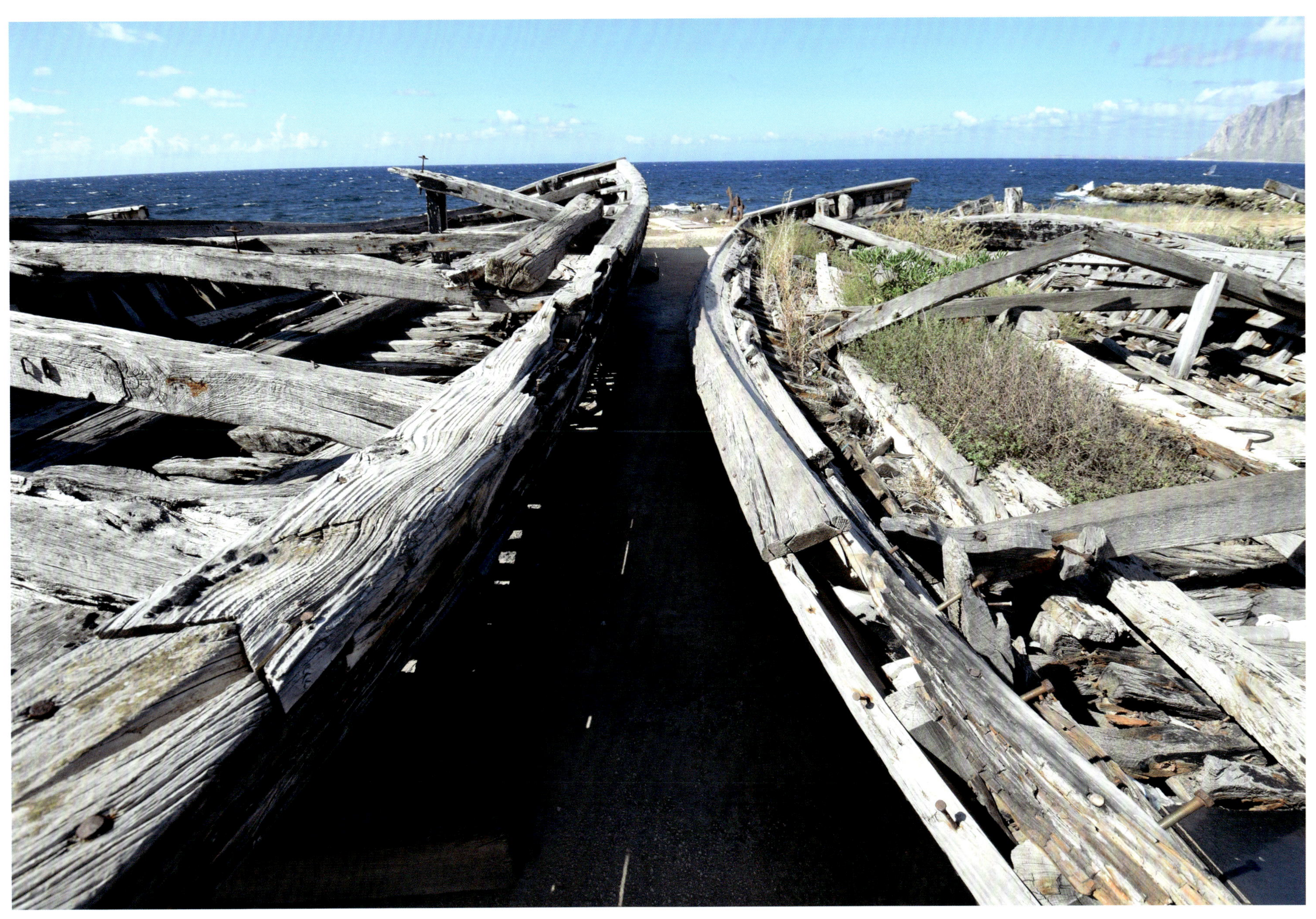

Tuna-fishing Boats of Bonagia /
Tonnara di Bonagia, Trapani, Italia, 2016

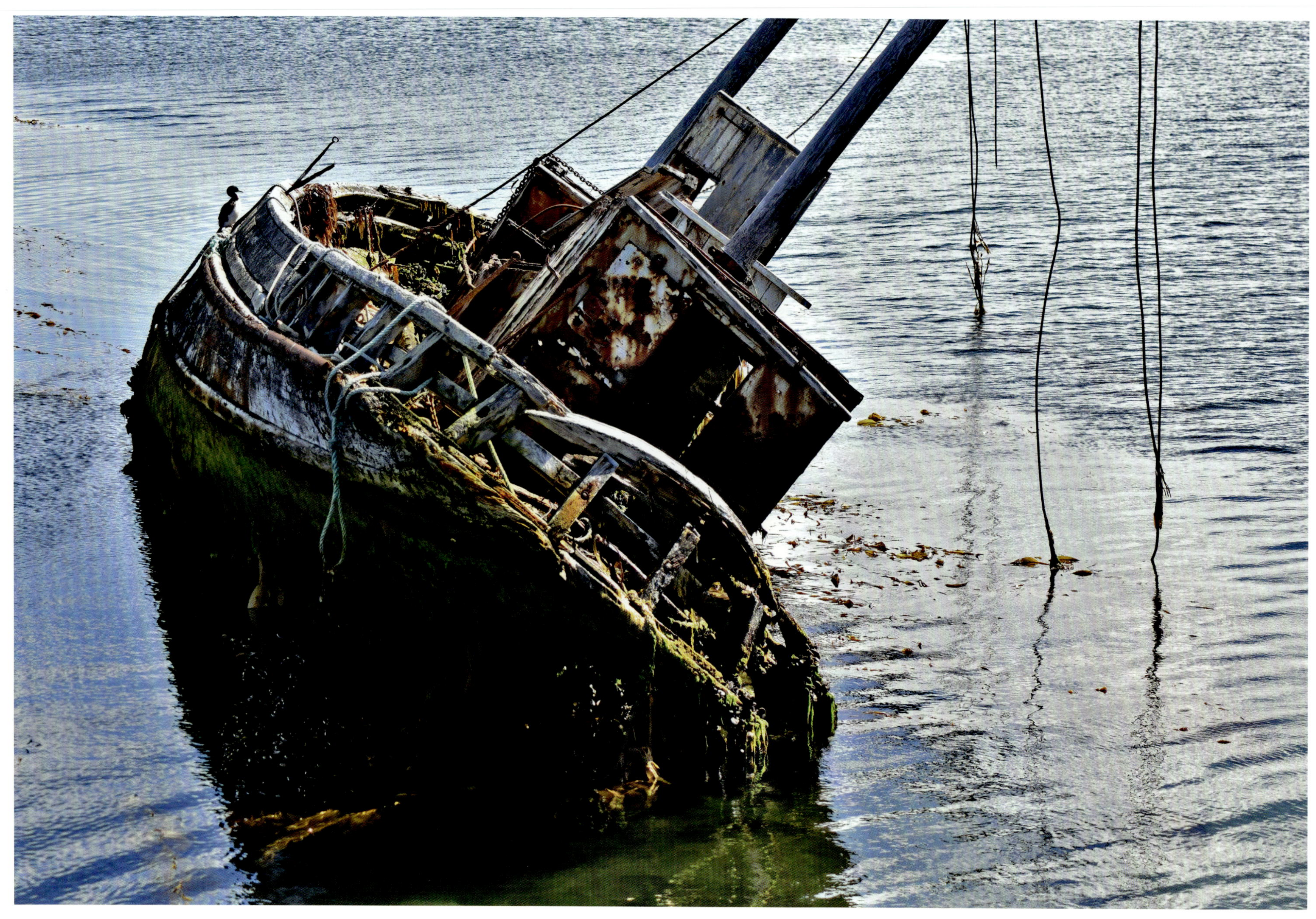

Golden Chance
Falkland Islands, 2016

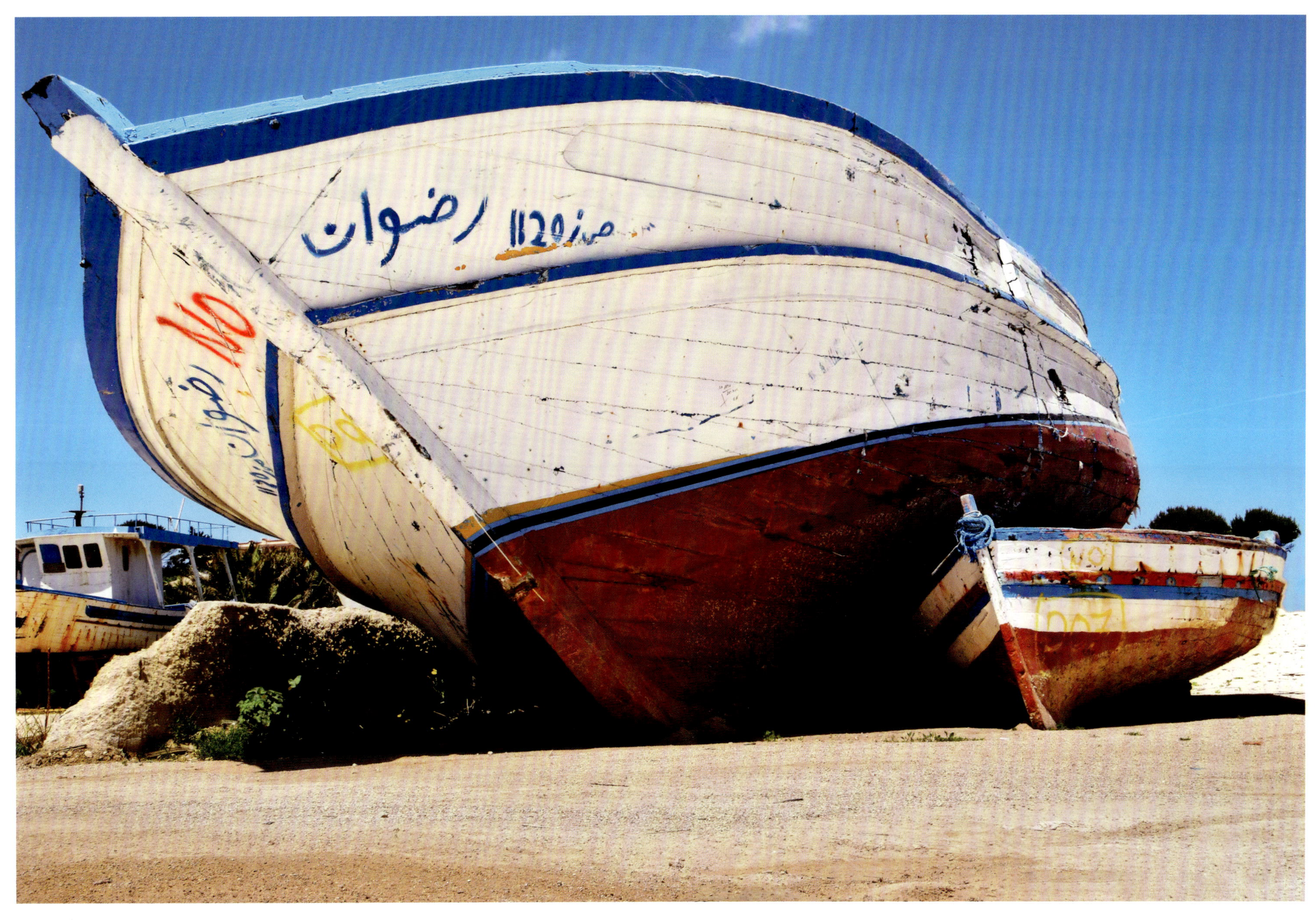

Radhouan
Lampedusa, Italia, 2015

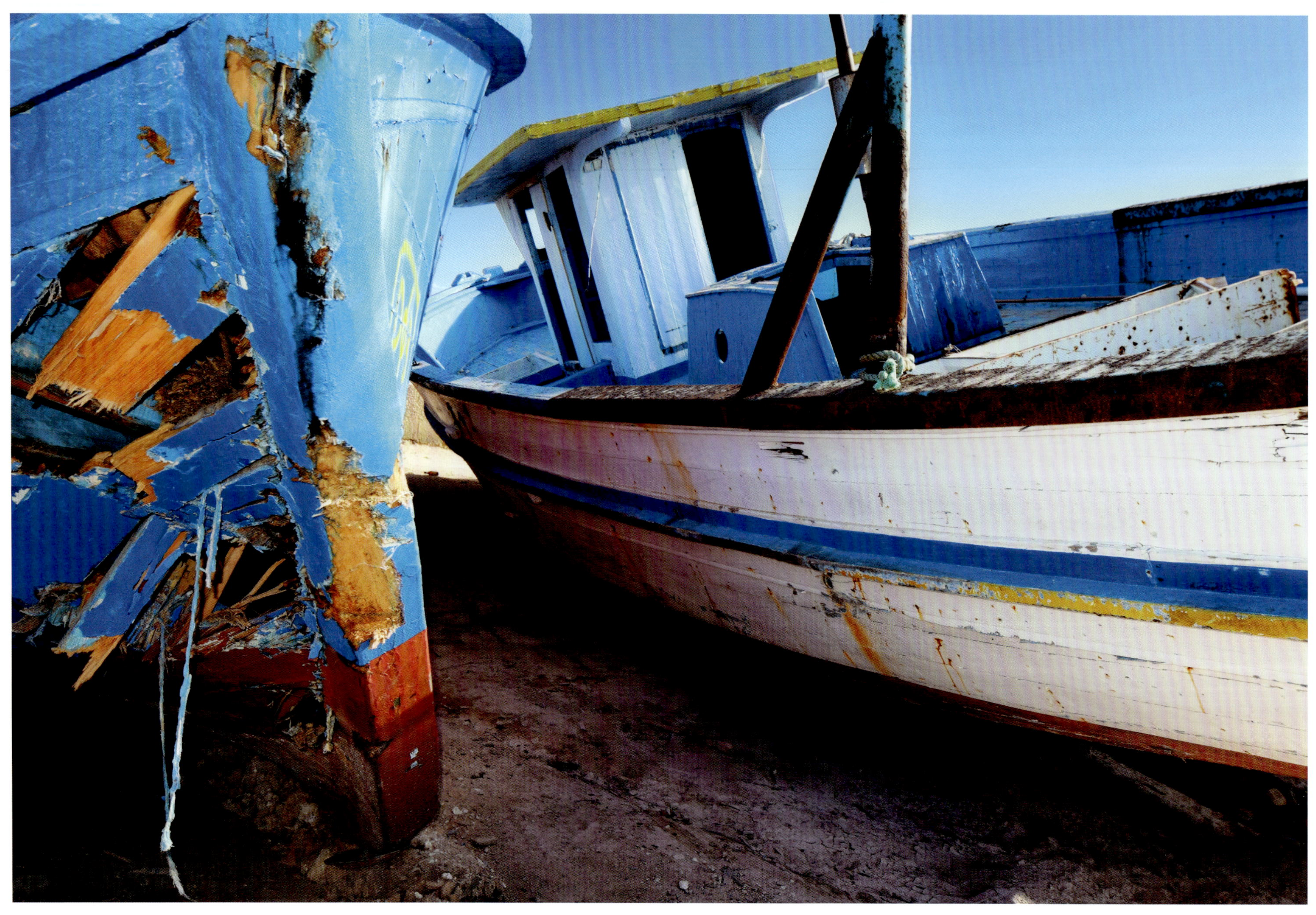

Lampedusa, Italia, 2015

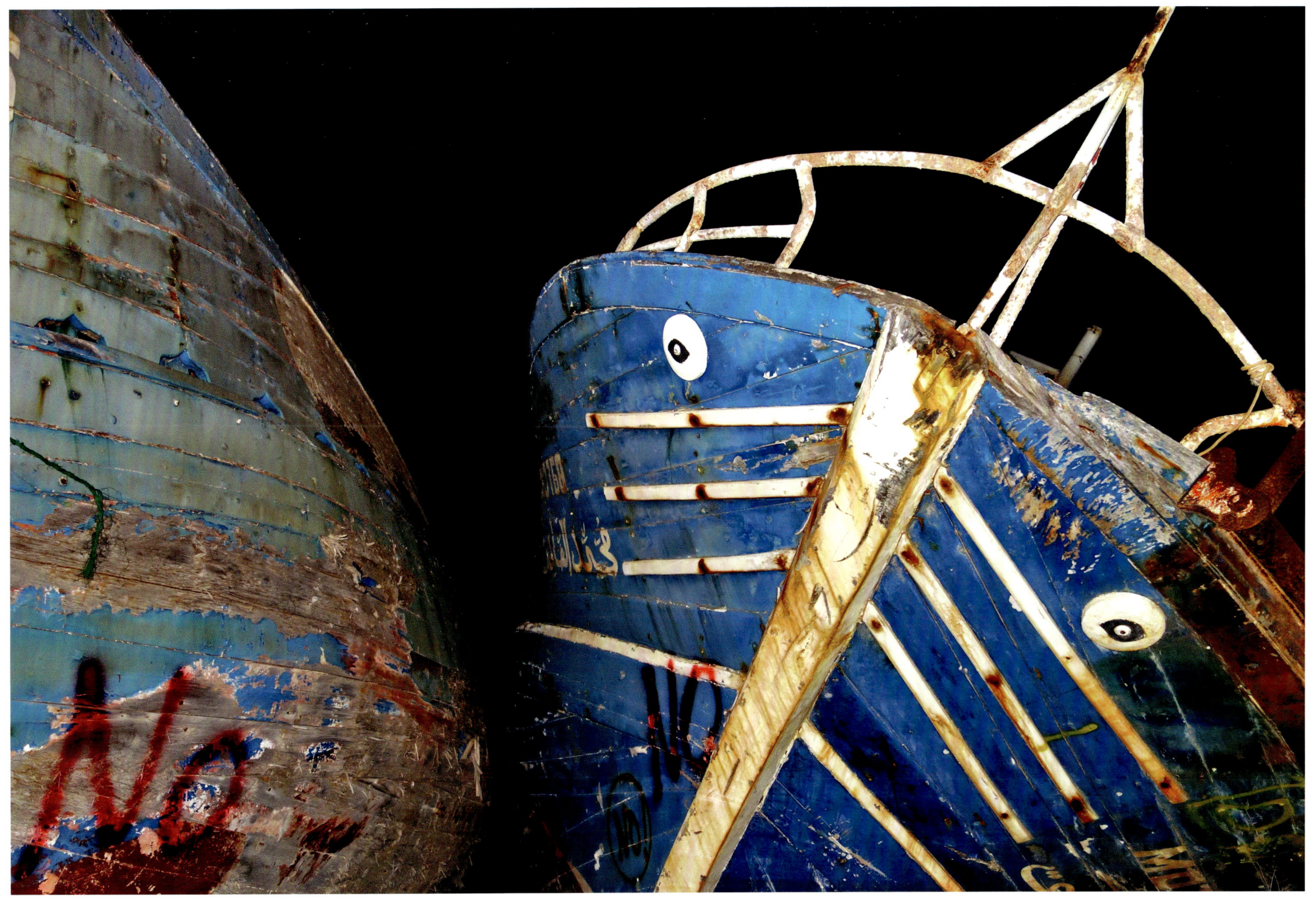

Lampedusa, Italia, 2015

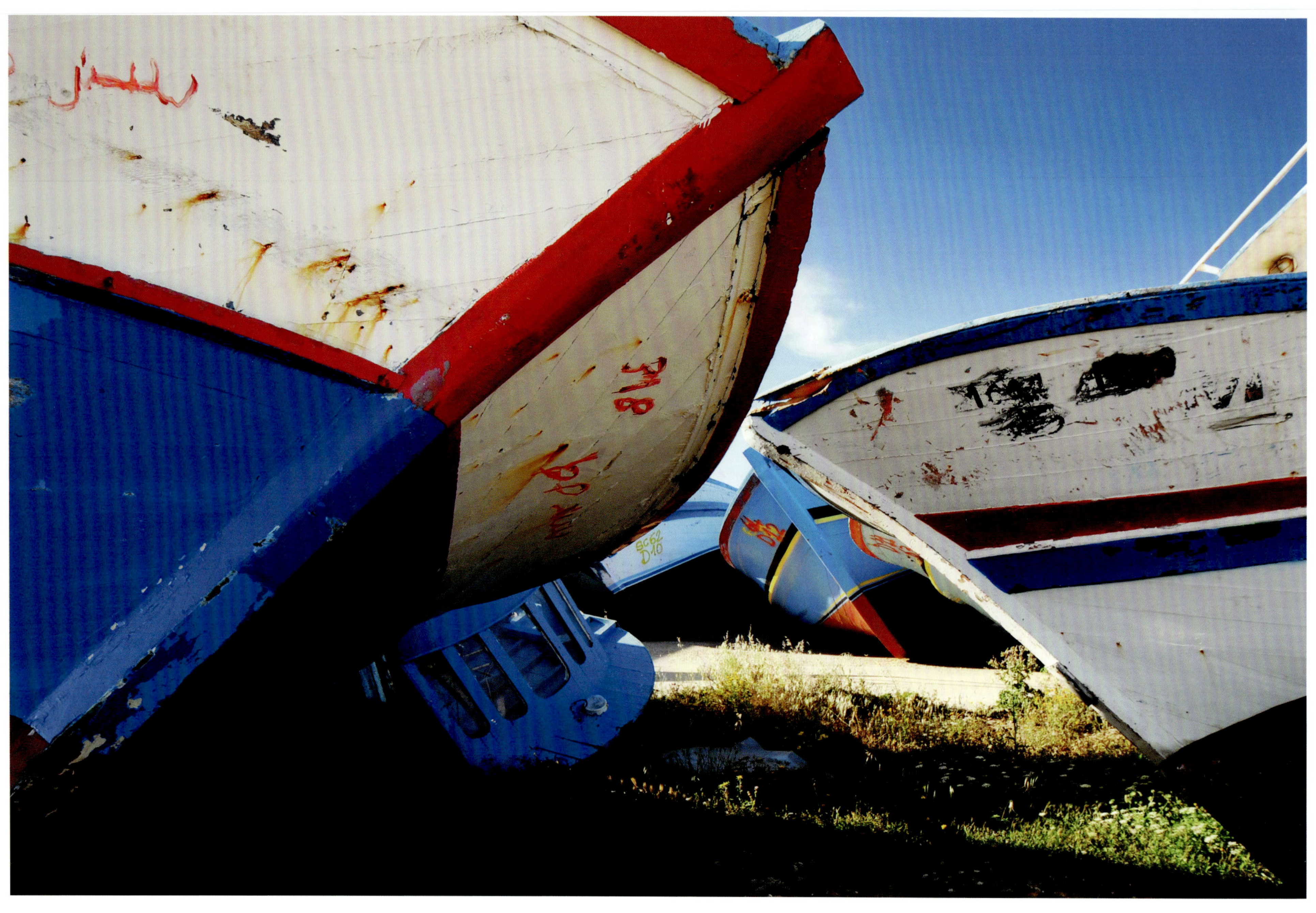

Lampedusa, Italia, 2015

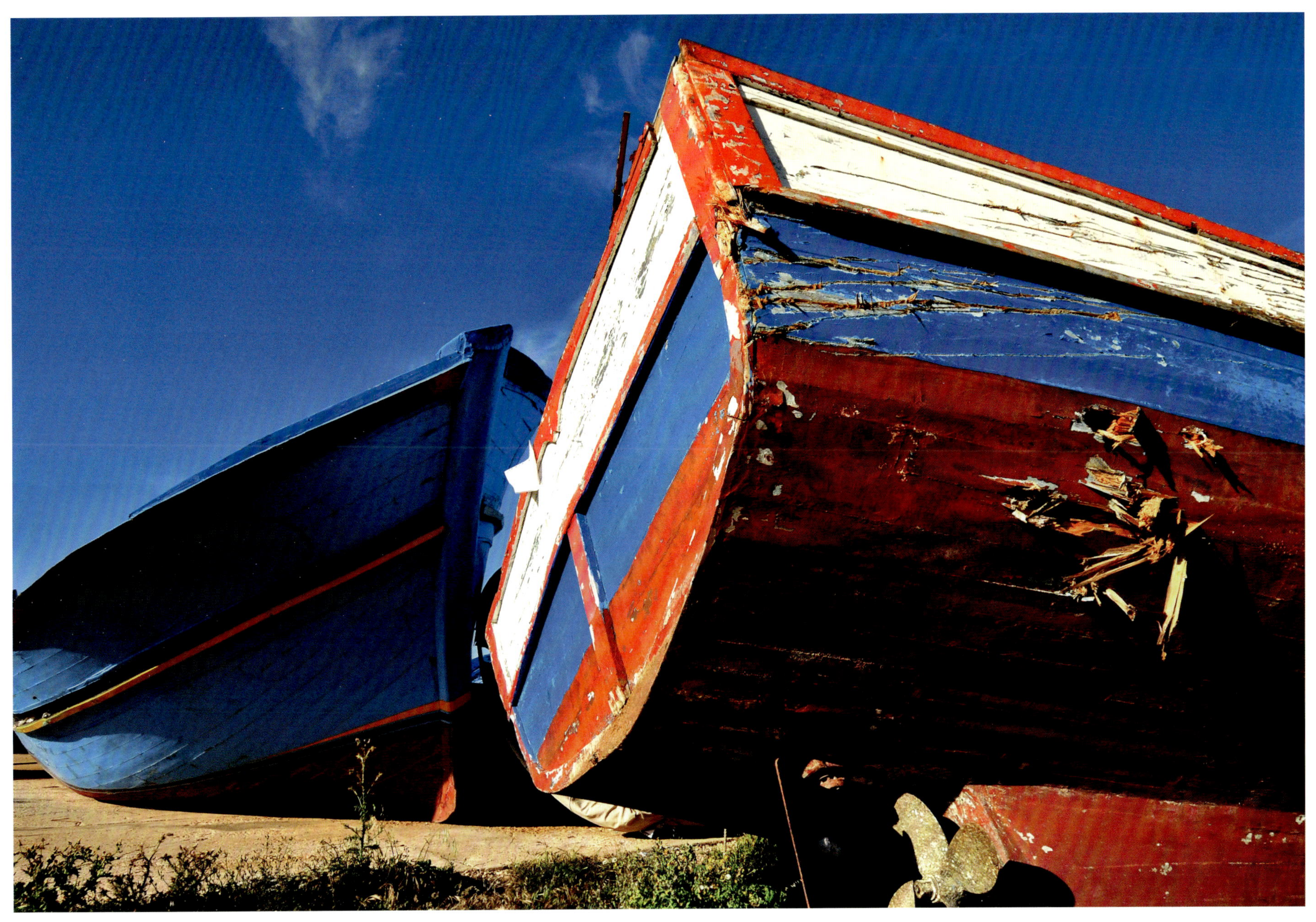

Lampedusa, Italia, 2015

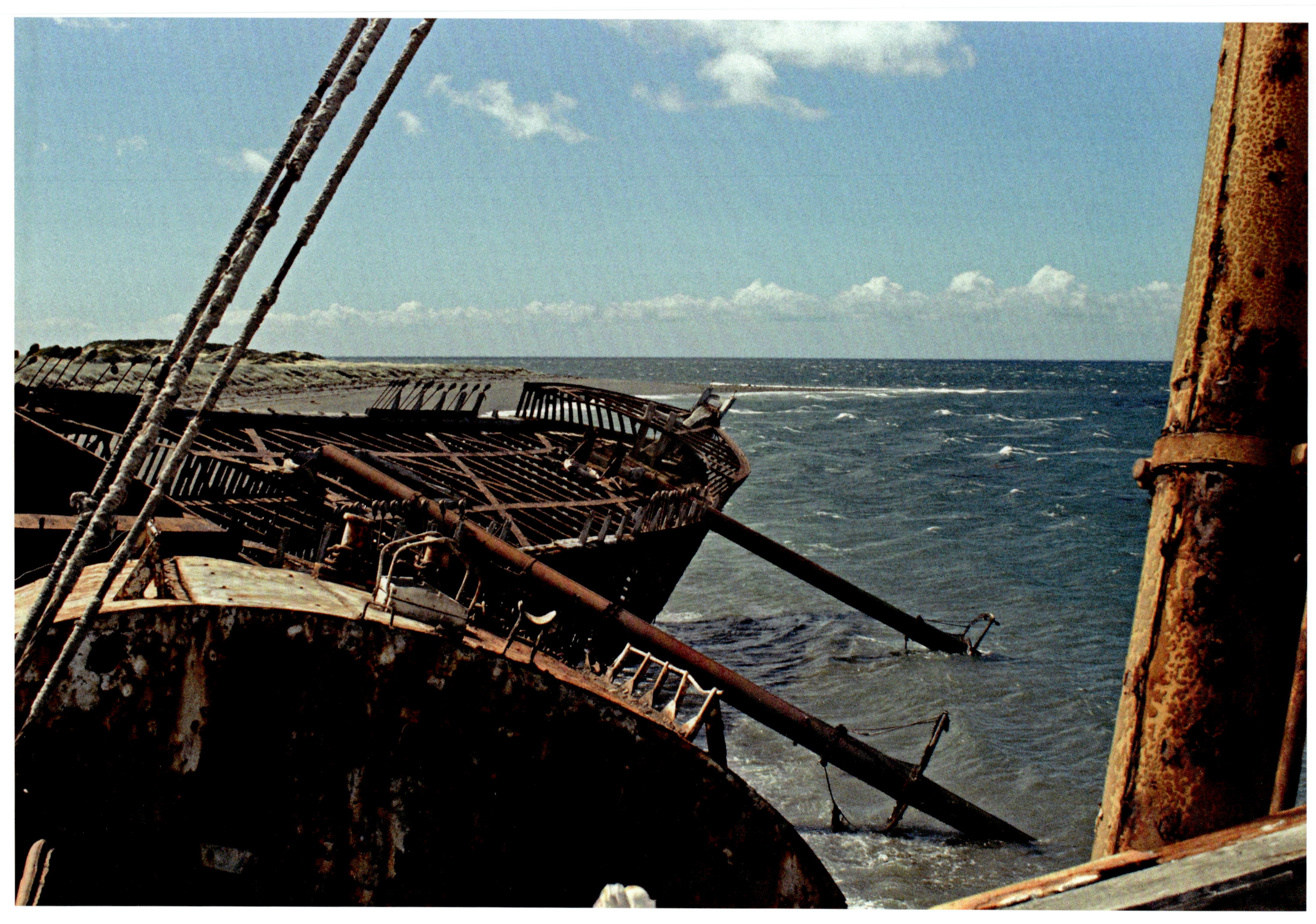

Ambassador and/e *Amadeo*
Estancia San Gregorio, Estrecho
de Magallanes, Chile, 1969

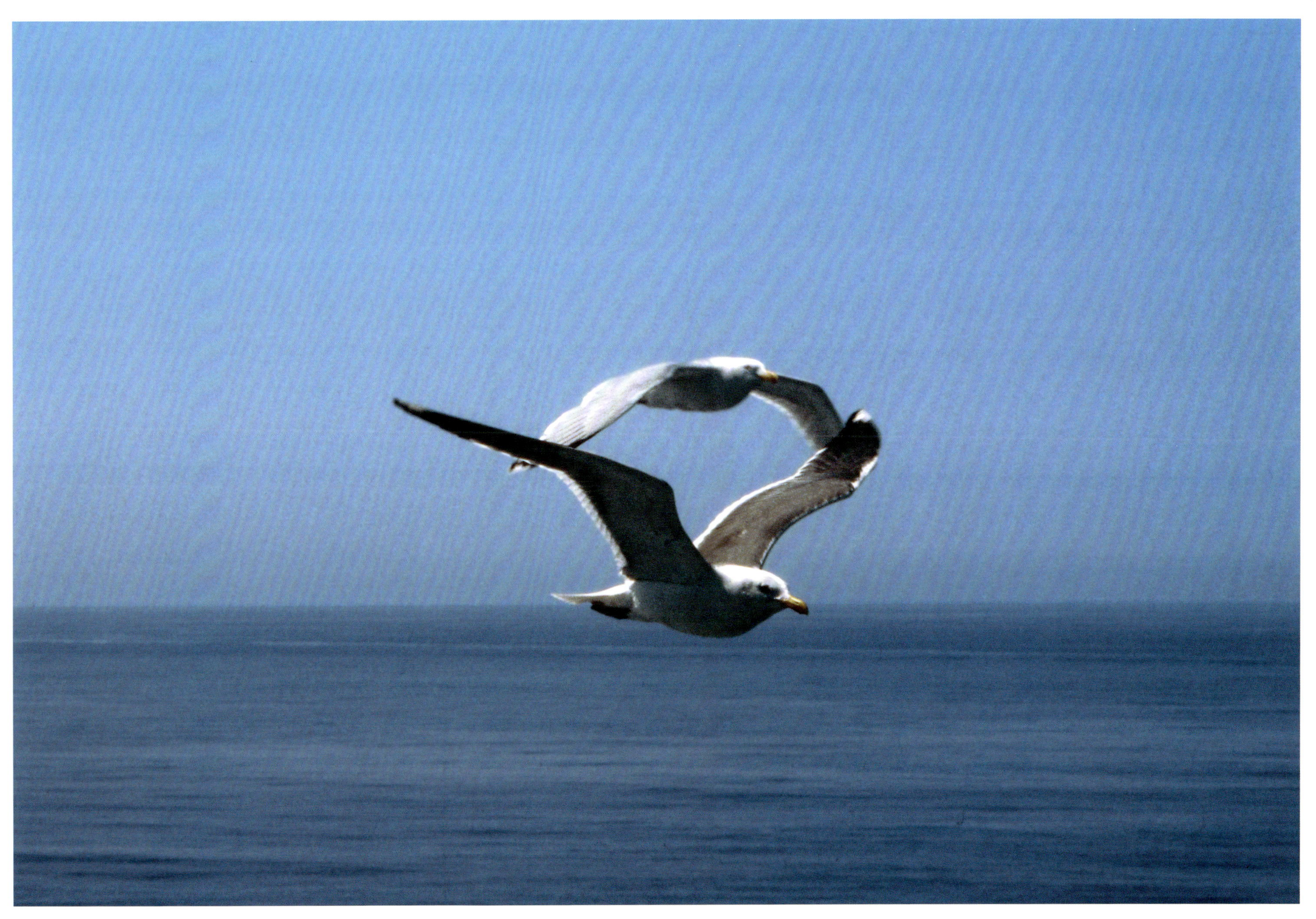

Irish Sea, 1979

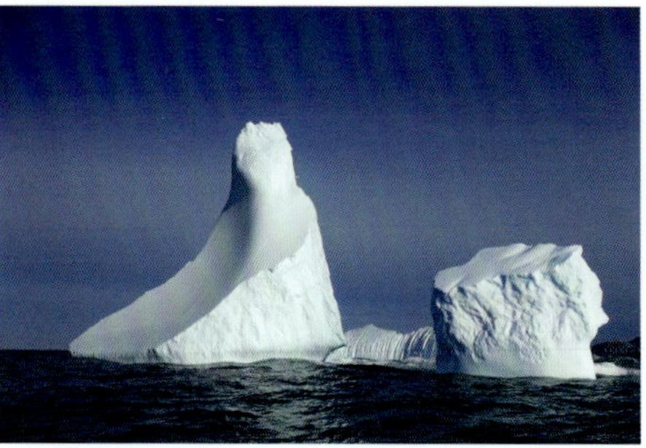

South Atlantic, 2016 (p. 33)

The largest iceberg ever recorded was in Antarctica in 2000. It measured 295 km long and 37 km wide and had an initial area of 11,000 km^2 and an estimated weight of 3 billion tonnes. The internal temperature of an iceberg is between -15° and -20°C. 90% of the volume of an iceberg lies below the surface of the sea. Monitoring of icebergs by the International Ice Patrol began in 1914, after the *Titanic* tragedy.

Il più grande iceberg mai registrato nell'Antartico, nel 2000, era lungo 295 km e largo 37, con una superficie iniziale di 11.000 km^2, e una massa stimata di circa 3 miliardi di tonnellate. La temperatura interna degli iceberg è dai -15 ai -20°C. Il 90% del volume di un iceberg rimane sotto la superficie marina. Il monitoraggio degli iceberg è iniziato nel 1914, con la International Ice Patrol, dopo la tragedia del *Titanic*.

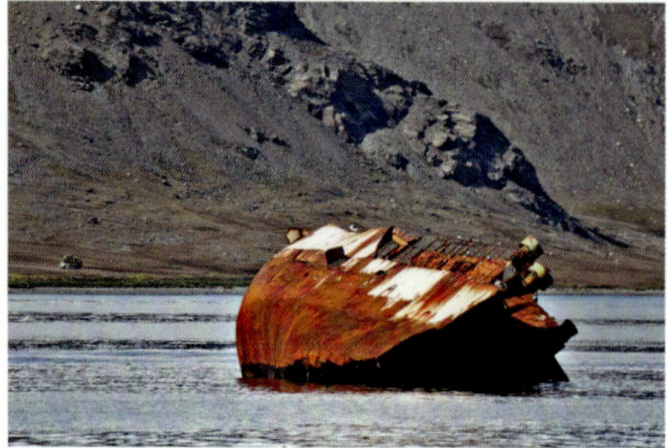

***Moresko 1**, Moraine Fjord, Cumberland Bay, South Georgia, 2016 (p. 34)*

Deep-sea fishing vessel built in Korea in 1975. Length: 52 metres, 329 tonnes. Like the fishing boat *Lyn*, she broke her moorings during a force 10-12 gale on 30 April 2003 in front of King Edward Cove and was damaged by the rocks at the entrance to Moraine Fjord. The crew was rescued, as was much of the fuel and fishing equipment.

Peschereccio d'altura costruito in Corea nel 1975. Lungo 52 metri, 329 tonnellate. Ruppe gli ormeggi durante una tempesta di forza 10-12 il 30 aprile 2003 davanti a King Edward Cove, come il peschereccio *Lyn*, e fu danneggiato dagli scogli all'ingresso di Moraine Fjord. L'equipaggio fu salvato, così come buona parte del combustibile e del materiale da pesca.

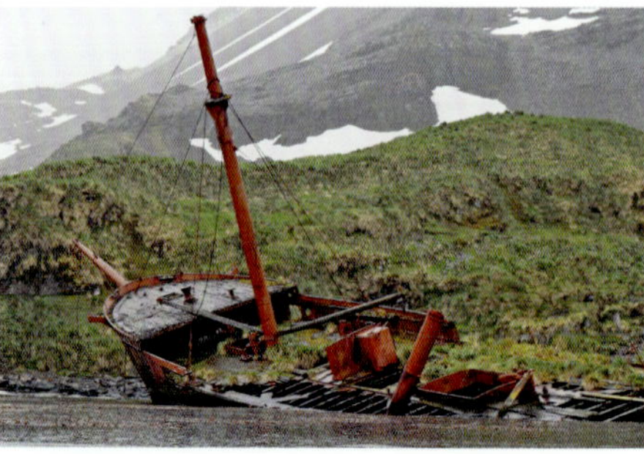

***Brutus**, Pig Point, Prince Olav Harbour, South Georgia, 2016 (p. 35)*

Metal-hulled three-masted ship built in Glasgow in 1883. Length: 75 metres, 1,686 tonnes. She ran aground twice in South Africa, in 1889 and in 1902. She was then used as storage for coal, oil and whale oil. In 1934 she broke her moorings and ran aground for the third and final time at Pig Point. Brutus Island takes its name from the ship.

Nave a tre alberi con scafo metallico costruita nel 1883 a Glasgow. Lunga 75 metri, 1686 tonnellate. Si arenò due volte, nel 1889 e nel 1902, in Sud Africa. Venne quindi utilizzata come deposito di carbone, petrolio e olio di balena. Nel 1934 ruppe gli ormeggi e si arenò – per la terza volta nella sua vita e definitivamente – a Pig Point. L'isola Brutus Island prende il suo nome dalla nave.

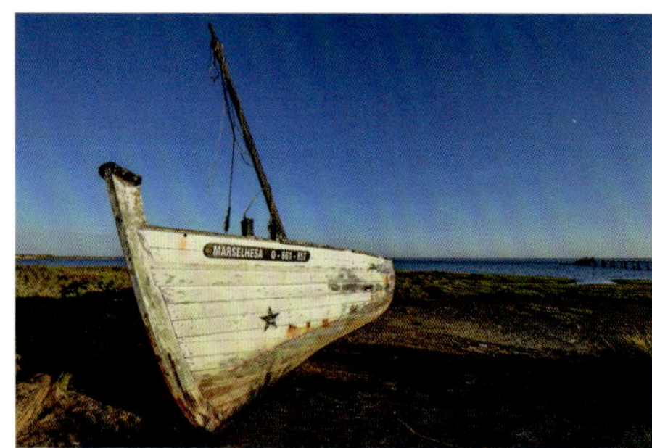

***Marselhesa**, Olhão, Algarve, Portugal, 2016 (p. 36)*

Abandoned fishing vessel.

Barcone da pesca abbandonato.

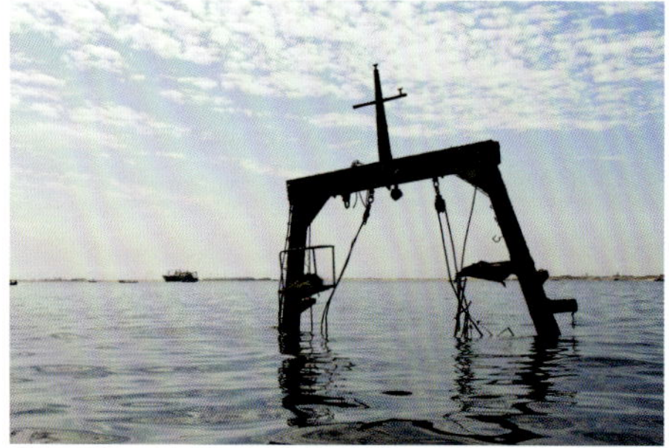

Nouadhibou, Mauritania, 2016 (p. 37)

The loading portal of this fishing boat reminds us of the hundreds of ships and fishing boats abandoned over the decades in Nouadhibou Bay, Mauritania. Most were recently dismantled. What remains, however, is still enough to evoke the work of sailors and fishermen.

Il portale di carico di questo peschereccio ricorda le centinaia di navi e pescherecci abbandonati nel corso dei decenni nella Baia di Nouadhibou, in Mauritania. La maggior parte è stata recentemente smantellata. Ma quanto rimane è sufficientemente evocativo del lavoro dei marinai e dei pescatori.

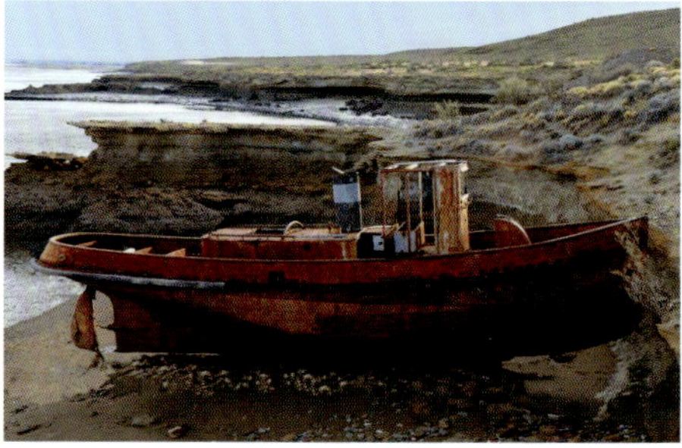

El Frigorífico Swift, Puerto San Julián, Argentina, 2015 (p. 38)

The Frigorifico Swift factory, one of the most important in Argentina for the slaughter of cattle and meat canning. It was built in 1909 and abandoned in 1963. In 1943 alone, it slaughtered 240,000 animals. The tug was used to facilitate the docking of cargo ships. According to Pigafetta, Magellan landed at Port San Julián in 1520.

Presso lo stabilimento Frigorifico Swift, uno dei più attivi in Argentina nella macellazione del bestiame e nel relativo inscatolamento, costruito nel 1909 e abbandonato nel 1963; nel solo 1943 vi furono macellati 240.000 capi. Il rimorchiatore era utilizzato per facilitare l'attracco delle navi da carico. Magellano sbarcò nel porto di San Julián nel 1520, come narrato da Pigafetta.

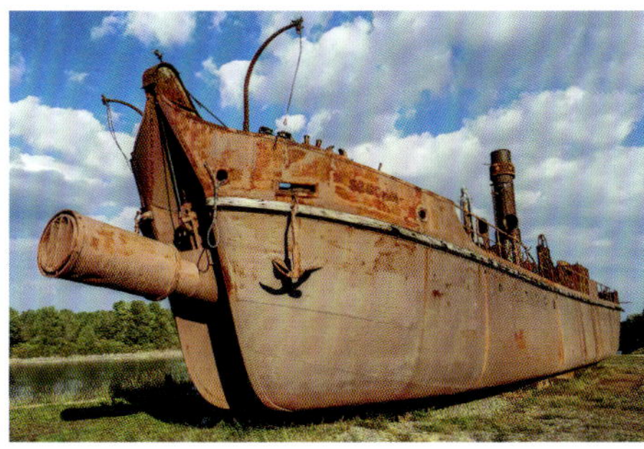

Dredger/Pirodraga *Secchia*, **Museo del Po, Boretto, Italia, 2016 (p. 39)**

The Museum-Shipyard for Navigation and Governance of the River Po is a beautiful example of industrial archaeology. It documents the history of river navigation in Emilia Romagna, shipbuilding, land reclamation and water governance. The dredger *Secchia*, launched in Venice in 1933, is 33 metres long and still retains part of the steel planking attached with individually beaten nails. *Secchia*'s function was to suck up gravel and sand and deposit them elsewhere.

Il Museo-Cantiere della Navigazione e del Governo del fiume Po, bellissimo esempio di archeologia industriale, documenta la storia della navigazione fluviale in Emilia Romagna, della cantieristica, delle bonifiche e del governo delle acque. La pirodraga *Secchia*, varata a Venezia nel 1933, lunga 33 metri, conserva ancora parte del fasciame in acciaio fissato con dei chiodi, battuti uno a uno. La sua funzione era di aspirare la ghiaia e la sabbia e di posizionarle altrove.

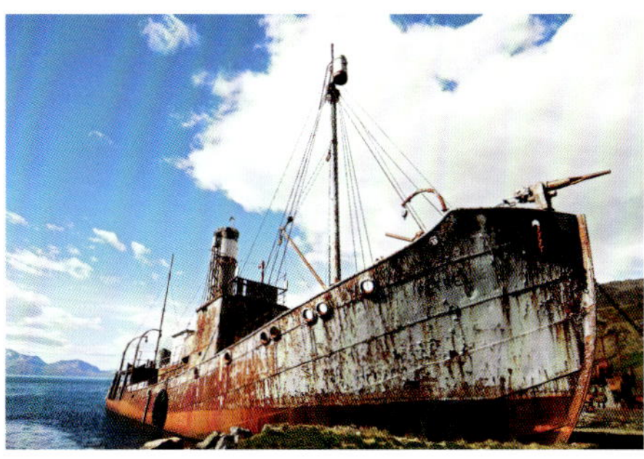

Petrel, **Grytviken, South Georgia, 2016 (p. 40)**

Whaling boat built in 1928 in Oslo. Length: 35 metres, 245 tonnes. In 1947 she sank at Sauodden due to the weight of snow on deck, but was restored and equipped for the seal hunt, which she performed until 1964. She became stranded in her current location in 1983. The gun mounted on the bow does not respect the traditional rules of assembly and, if used, would endanger the gunner.

Baleniera costruita nel 1928 a Oslo. Lunga 35 metri, 245 tonnellate. Nel 1947 affondò a Sauodden a causa del peso della neve in coperta, ma fu recuperata e attrezzata per la caccia alle foche, che esercitò fino al 1964. Arenata nella sua attuale posizione nel 1983. Il cannoncino montato sulla prua non rispetta le norme tradizionali del montaggio e, se usato, metterebbe a rischio il cannoniere.

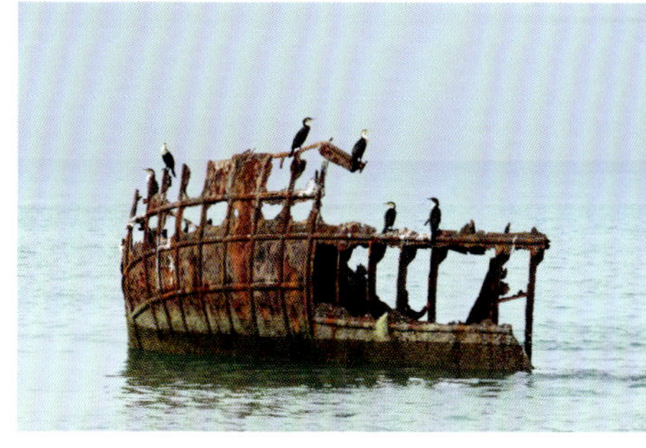

Nouadhibou, Mauritania, 2016 (p. 41)

While Nouadhibou Bay became filled with end-of-life ships, the outer coast of the strip of desert that separates the bay from the Atlantic Ocean is home to only a few unidentified wrecks. This one definitely foundered a long time ago. Another wreck that once lay nearby has since been swallowed by the sea, confirming the need to document them for the future.

Mentre la Baia di Nouadhibou veniva riempita di navi in disarmo, la costa esterna della lingua di deserto che la separa dall'Oceano Atlantico ospita solo pochi relitti, non identificati; questo è sicuramente naufragato molto tempo addietro. Un altro relitto, che si trovava nelle vicinanze, era stato nel frattempo inghiottito dal mare, a conferma dell'esigenza di documentarli a futura memoria.

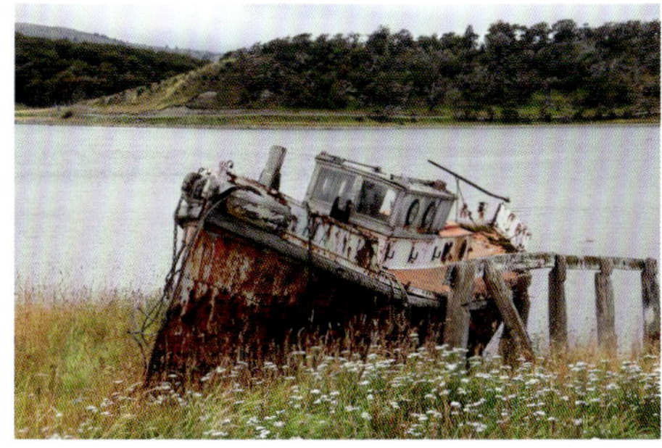

Estancia Harberton, Canal Beagle, Argentina, 2015 (p. 42)

In 1871, two young lay Anglican missionaries, Thomas and Mary Bridges, landed at Tierra del Fuego. Together with the indigenous people, they created encampments and farms; they fished, built houses, made roads, raised animals and compiled the first English-Yaghan dictionary. In 1948, their son Lucas wrote the book *Uttermost Part of the Earth*. Their descendants still live in the Estancia, which has a whale museum.

Nel 1871, due giovani missionari laici anglicani, Thomas e Mary Bridges, sbarcano in Terra del Fuoco. Con le popolazioni indigene creano accampamenti e fattorie, pescano, costruiscono case, tracciano strade, allevano animali, compilano il primo dizionario inglese-yaghan. Il loro figlio Lucas scrive nel 1948 il libro *Ultimo confine del mondo*. I discendenti vivono tuttora nell'Estancia, dove esiste un museo delle balene.

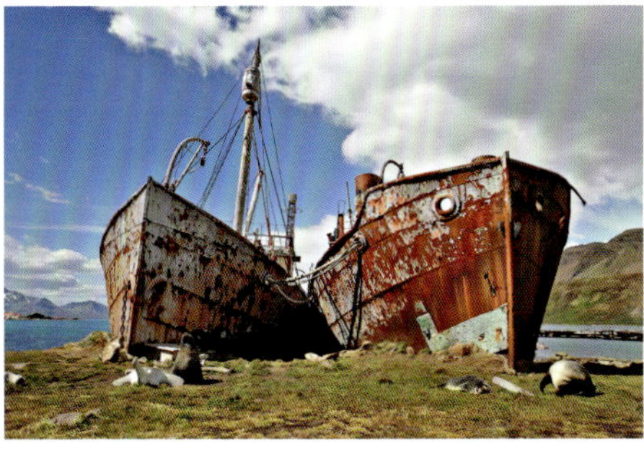

Albatros **and/e** *Dias*, **Grytviken, South Georgia, 2016 (p. 43)**

Albatros: whaling ship built in 1921 in Norway. Length: 32 metres, 210 tonnes. Adapted in 1935 for the seal hunt. In 1965 she was abandoned at Grytviken and is bound forever to the *Dias*.
Dias: seal hunting vessel built in 1906 in Hull (UK). Length: 33 metres, 167 tonnes. Initially she worked as a fishing boat off the British coast. In 1914 she was requisitioned by the Royal Navy and in 1918 returned to her owners. In 1923 she was remodelled as a whaler, operating off the coast of Gabon. In 1927, she was modified again for the seal hunt. Abandoned in 1965, she is bound forever to the *Albatros*. Diaz Cove takes its name from the ship.

Albatros: baleniera costruita nel 1921 in Norvegia. Lunga 32 metri, 210 tonnellate. Trasformata nel 1935 per la caccia alle foche. Nel 1965 fu abbandonata a Grytviken ed è legata per sempre alla *Dias*.
Dias: nave per la caccia alle foche costruita nel 1906 a Hull (UK). Lunga 33 metri, 167 tonnellate. Inizialmente operò come peschereccio al largo della Gran Bretagna. Nel 1914 requisita dalla Royal Navy, nel 1918 restituita ai proprietari, nel 1923 trasformata in baleniera: opera al largo del Gabon. Nel 1927 venne trasformata per la caccia alle foche. Abbandonata nel 1965, è legata per sempre alla *Albatros*. Diaz Cove prende il suo nome dalla nave.

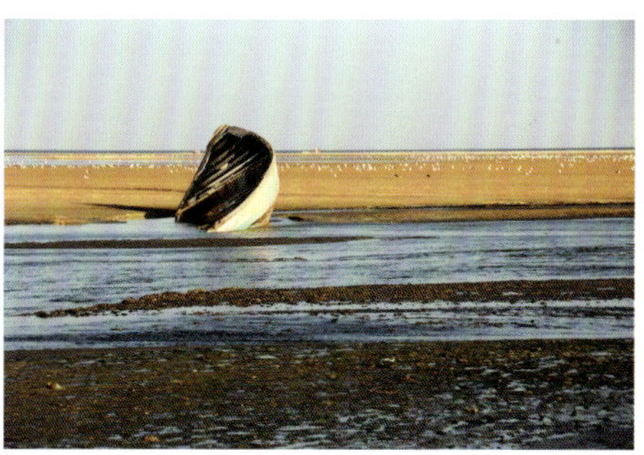

Nouadhibou, Mauritania, 2016 (p. 46)

A half-buried dinghy on the beach in the bay.

Una scialuppa interrata a metà, sulla spiaggia della baia.

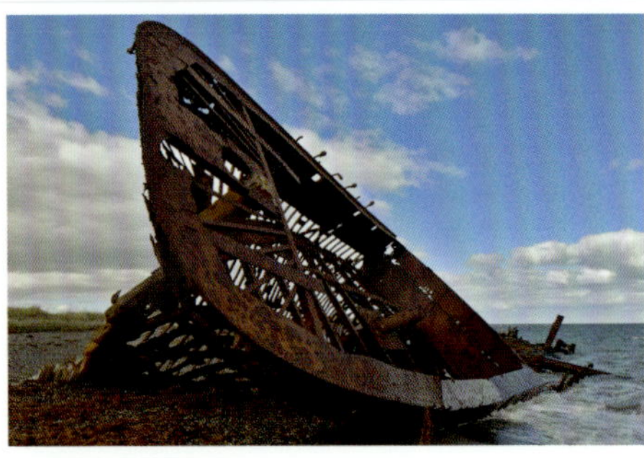

Ambassador, Estancia San Gregorio, Estrecho de Magallanes, Chile, 2015 (p. 45)

A three-masted ship built in 1869 in Rotherhithe (UK). Length: 53 metres, 692 tonnes. One of the few extant hulls built using the "composite" technique of a metal frame and wooden planking (like the *Cutty Sark*). She is also one of two surviving tea clippers (the *Cutty Sark* is the other). The figurehead depicted an eighteenth-century British diplomat. In her early years she was used for the Tea Race between Britain and China. In 1895, sailing from Florida to Honolulu, she was forced to take shelter at the Falkland Islands because of damage she incurred in an attempt to round Cape Horn. She was then transferred to Punta Arenas (Chile) and used as a barge for storing wool. In 1937, she was hauled to Estancia San Gregorio, close to the *Amadeo*.

Nave a tre alberi costruita nel 1869 a Rotherhithe (UK). Lunga 53 metri, 692 tonnellate. Uno dei pochi scafi tuttora esistenti costruiti con la tecnica "composita": struttura metallica e fasciame in legno (come il *Cutty Sark*). È inoltre uno dei due *tea clippers* esistenti (come il *Cutty Sark*). La polena raffigurava un diplomatico inglese del XVIII secolo. All'inizio della sua carriera fu utilizzata per la "Corsa del tè", fra la Gran Bretagna e la Cina. Nel 1895, durante un viaggio dalla Florida a Honolulu, dovette riparare alle Isole Falkland a causa delle avarie in cui incorse in un tentativo di passaggio di Capo Horn. Fu quindi trasferita a Punta Arenas (Cile) e utilizzata come chiatta per conservare la lana. Nel 1937 fu trainata all'Estancia San Gregorio, vicino alla nave *Amadeo*.

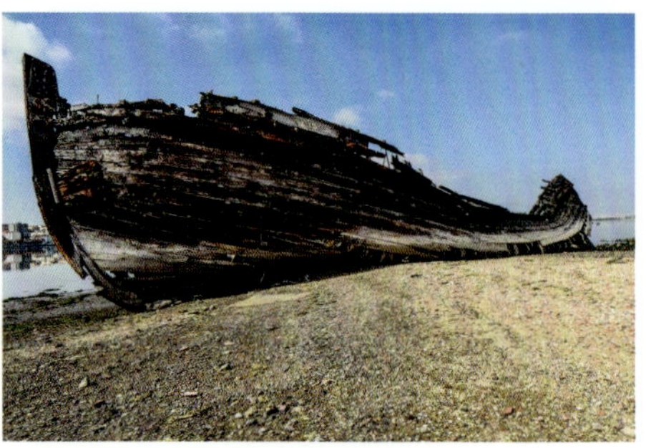

Cravidão, Seixal, Portugal, 2016 (p. 47)

Cargo barge used in the Tagus estuary, probably built in the early twentieth century. In 1965 she was given the name *Venus Segundo*, and later, *Agapito*. She took her current name in 1975. She was bought in 1981 by the Municipality of Seixal.

Barcone per trasporto merci utilizzato nell'estuario del Tago, probabilmente costruito all'inizio del XX secolo. Nel 1965 fu battezzato *Venus Segundo*, successivamente *Agapito*, e nel 1975 assunse il suo nome attuale. Venne acquistato nel 1981 dal Comune di Seixal.

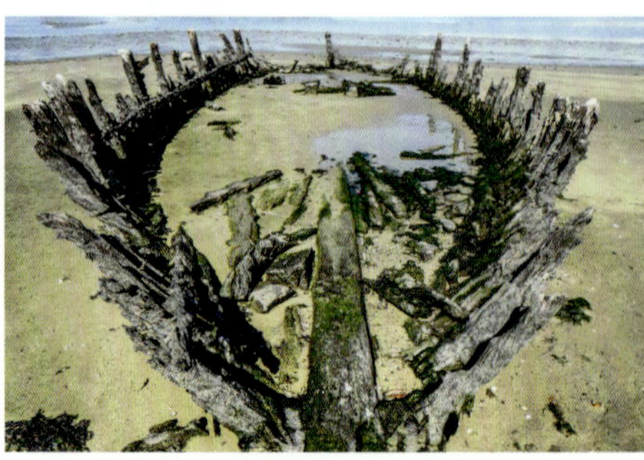

Amora, Portugal, 2016 (p. 51)

In the Tagus estuary, a careful search at low tide and with the river low in summer brings to light the remains of some transport barges buried in the mud. Not even specialists know their names or origin. They are probably barges from the early twentieth century. The duty of memory requires them to be photographed. Generations of sailors and perhaps fishermen once worked aboard them.

Nell'estuario del Tago, un'attenta ricerca (a bassa marea e con il fiume in regime estivo) permette di individuare i resti di alcuni barconi da trasporto, sepolti nel fango, di cui neppure gli specialisti sanno indicare il nome o l'origine. Si tratta probabilmente di barconi dell'inizio del Novecento. Il dovere di memoria impone di fissarne le immagini. Generazioni di marinai e forse di pescatori vi hanno lavorato.

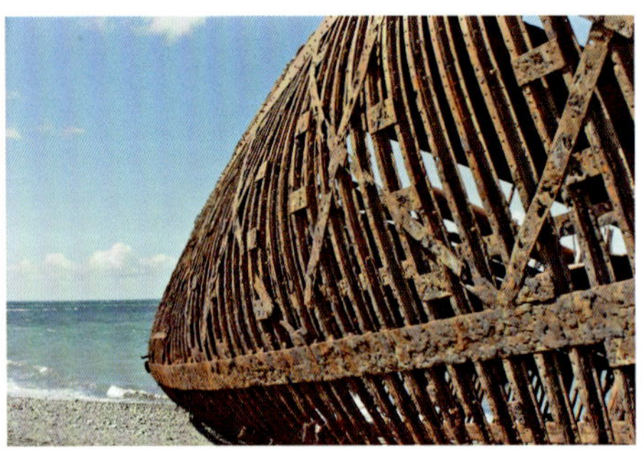

Ambassador, Estancia San Gregorio, Estrecho de Magallanes, Chile, 1969 (p. 48)

One of the first pictures taken by the Author (*nomen omen*?): the hull of the *Ambassador* – launched in 1869 and grounded in 1937 – clearly shows the "composite" technique that makes her similar to the *Cutty Sark*. But it is not only because of this, or the fact that she is one of only two remaining tea clippers, that the emotion felt standing beside the hull is the same as when touching the keel of the *Cutty Sark* in Greenwich... with the same smell too. The *Ambassador* sailed for only a few years, but she was blessed: Cape Horn couldn't sink her, and the Falkland Islands were providential in letting her catch her breath. The years spent ignominiously as a wool storing barge are forgotten. It's not true that wrecks always die alone: the *Amadeo* is beached not far away.

Una delle prime foto scattate dall'Autore (*nomen omen*?), lo scafo di *Ambassador* – varato nel 1869, spiaggiato nel 1937 – mostra bene la tecnica "composita" che lo rende simile al *Cutty Sark*. Non solo per questo – o per il fatto che è uno dei due *tea clippers* rimasti – l'emozione che si prova avvicinandosi allo scafo è la stessa che si sente accarezzando la chiglia del *Cutty Sark* a Greenwich, con lo stesso profumo. *Ambassador* ha navigato pochi anni, ma è stata privilegiata: il Capo Horn non è riuscito a farla affondare, e le Isole Falkland sono state provvidenziali per permetterle di riprendere fiato. E gli anni ignominiosamente trascorsi come chiatta per conservare la lana vengono dimenticati. Non è vero che i relitti muoiono sempre soli: *Amadeo* è spiaggiato non lontano.

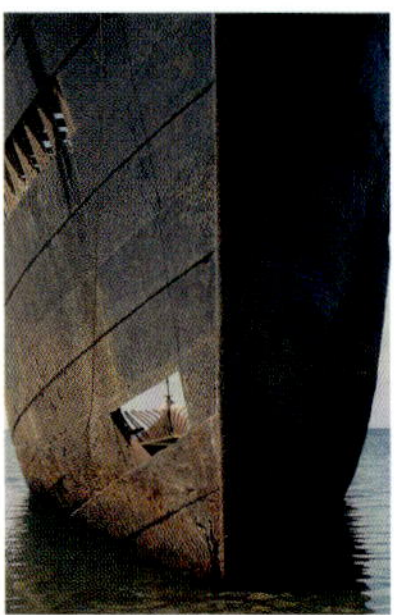

Lord Lonsdale, Punta Arenas, Chile, 1969 (p. 49)

One of the Author's first photos, taken in Chile in 1969. The looming and seemingly gloomy image of the bow is softened by the frames and ribs of the stern glimpsed through a gap in the sheet metal hull. A three-masted steel ship built in 1889 in Londonderry, Ireland. Length: 69 metres, 1,756 tonnes. In 1909, during a trip from Hamburg to Mazatlán (Mexico), she caught fire in Stanley Harbour (Falkland Islands) and was sunk to extinguish the flames. She was recovered and used for storing wool. She has been declared a Chilean historical monument.

Una delle prime foto dell'Autore, in Cile, nel 1969. L'immagine incombente e apparentemente lugubre della prua è attenuata dalla luminosa visione, attraverso un'apertura nelle lamiere, delle ordinate e dell'ossatura della poppa. Nave a tre alberi in acciaio costruita nel 1889 a Londonderry, Irlanda. Lunga 69 metri, 1756 tonnellate. Nel 1909, nel corso di un viaggio da Amburgo a Mazatlán (Messico), si incendiò a Stanley Harbour (Isole Falkland) e fu affondata per spegnere l'incendio. Recuperata, fu utilizzata come chiatta per conservare la lana. Dichiarata monumento storico cileno.

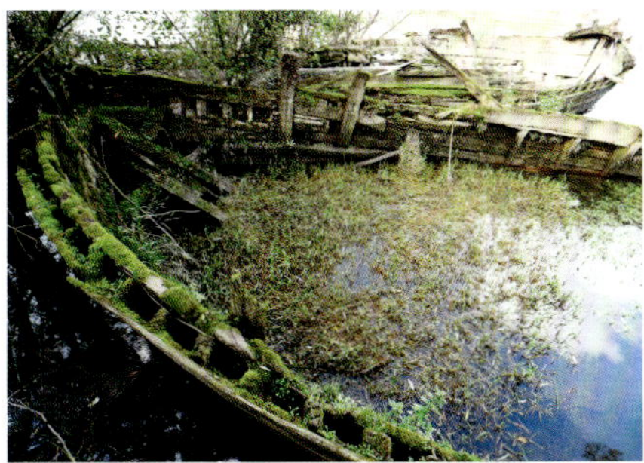

Barges on the River Sile / Burchi sul Sile, Treviso, Italia, 2015 (p. 50)

A large, strong, flat-bottomed cargo barge with two masts and lugsails, used in the Veneto region between the Middle Ages and the 1970s. Length 35 metres, width 6 metres, loaded draught 1.70 metres, variable capacity from 35 to 180 tonnes. The outside of the hull was painted black, and the sides were sometimes decorated with bright colours. For the three-man crew, the barge was both home and place of work. The barge cemetery in Casier is the largest archaeological site hosting this type of vessel: about twenty are found here.

Grossa e solida barca da trasporto a fondo piatto e due alberi con vele al terzo, utilizzata in Veneto tra il Medioevo e gli anni Settanta del Novecento. Le sue dimensioni erano: lunghezza 35 metri, larghezza 6 metri, immersione a pieno carico 1,70 metri, portata variabile dalle 35 alle 180 tonnellate. La parte esterna dello scafo era di colore nero e i fianchi a volte decorati con colori vivaci. L'equipaggio era composto da tre uomini: il burchio era per loro casa e strumento di lavoro. Il cimitero dei burchi a Casier è il sito archeologico più vasto che ospita questa tipologia di imbarcazioni: ne sono presenti circa una ventina.

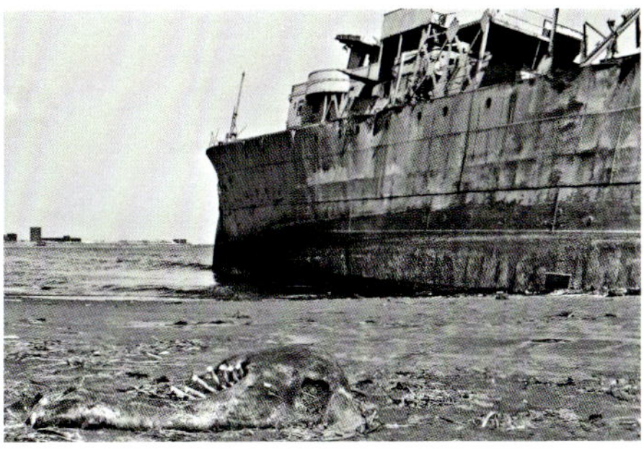

Lima, Perú, 1969 (p. 53)

Unidentified ship. In 1969, Stefano Benazzo, then twenty years old, made a series of trips to South America, Easter Island, the Galapagos Islands and Patagonia. On that occasion, he photographed some wrecks, forerunners of his most recent images. From that time on, it has remained a subject that exerts enormous appeal for him.

Nave non identificata. Nel 1969, l'Autore, allora ventenne, compì una serie di viaggi in Sud America, all'Isola di Pasqua, alle Isole Galapagos, in Patagonia. In quell'occasione fotografò alcuni relitti, precursori delle immagini più recenti. Si trattava fin da allora di un soggetto che esercitava su di lui un forte richiamo.

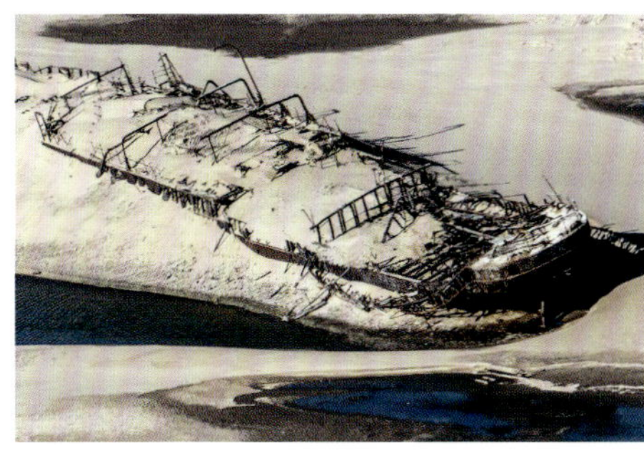

***Eduard Bohlen**, Skeleton Coast, Namibia, 2013 (p. 54)*

Passenger and cargo steamship built in Germany in 1891. Length: 94 metres, 2,272 tonnes. In 1909, en route from Swakopmund (Namibia) to Table Bay (South Africa), the ship ran aground in fog. There were no casualties. The ship is partially covered with sand. It is the only photo taken from a plane.

Nave passeggeri/cargo a vapore costruita in Germania nel 1891. Lunga 94 metri, 2272 tonnellate. La nave, in viaggio da Swakopmund (Namibia) a Table Bay (Sudafrica), si arenò nel 1909, senza perdite umane, a causa della nebbia. La nave è parzialmente ricoperta dalla sabbia. È l'unica fotografata dall'aereo.

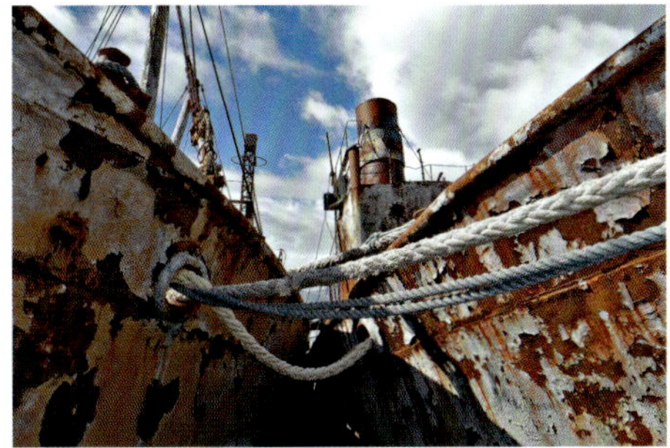

***Albatros** and/e **Dias**, Grytviken, South Georgia, 2016 (p. 55)*

Albatros: this whaler, built in 1921 for the Cia Argentina de Pesca SA, in 1965 was abandoned at Grytviken, and in 1975 sank at her moorings due to the weight of snow on her deck. She was recovered later and beached at Grytviken, chained to the *Dias*. *Dias:* this seal-hunting ship was built in Hull (UK) in 1906 and named *Viola*. Initially, she worked as a fishing steamboat. Requisitioned in 1914 by the Royal Navy as a minelayer, she was renamed *Viola III*, and was one of the first ships to carry depth charges. In 1918 she was returned to her owners. As a whaler, she worked off the coast of Gabon. Refitted as a seal-hunting vessel, she was also used between 1941 and 1942 to carry cargo to the Argentine meteorological station at Laurie Island in the South Orkneys, and for expeditions along the coast of South Georgia. Abandoned in 1965, she sank at her moorings at Grytviken in 1974 due to the weight of snow on deck, and in 2004 was beached at Grytviken, tied forever to the *Albatros*.

Albatros: questa baleniera, costruita nel 1921 per la Cia Argentina de Pesca SA, nel 1965 fu abbandonata a Grytviken e nel 1975 affondò all'ormeggio a causa della neve depositata in coperta; venne quindi recuperata e spiaggiata a Grytviken, legata alla *Dias*. *Dias:* questa nave per la caccia alle foche fu costruita nel 1906 a Hull (UK), con il nome *Viola*. Operò inizialmente come peschereccio a vapore. Requisita nel 1914 dalla Royal Navy come posamine, ribattezzata *Viola III*, fu uno dei primi vascelli a portare cariche di profondità. Nel 1918 fu restituita ai proprietari. Come baleniera, pratica la pesca alla balena al largo del Gabon. Trasformata in nave per la caccia alle foche, viene anche utilizzata per portare del carico nel 1941-1942 alla stazione meteorologica argentina a Laurie Island, Orcadi del Sud, e in occasione di spedizioni sulla costa della Georgia del Sud. Abbandonata nel 1965, affonda nel 1974 all'ormeggio a Grytviken a causa della neve in coperta e nel 2004 viene spiaggiata a Grytviken, legata per sempre alla *Albatros*.

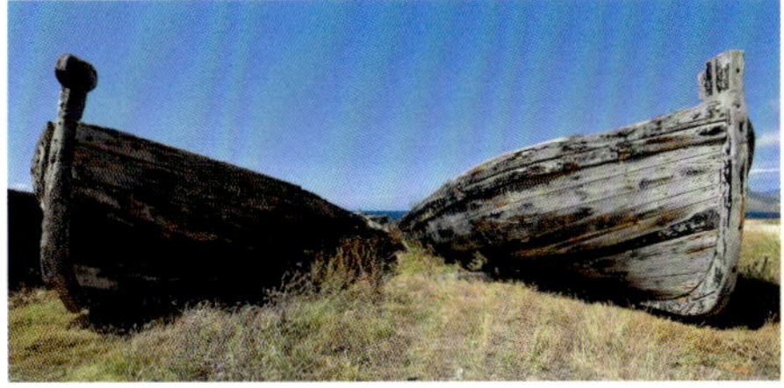

Tuna-fishing Boats of Bonagia / Tonnara di Bonagia, Trapani, Italia, 2016 (pp. 56-57)

Tonnara refers to the set of boats and gear used for fishing bluefin tuna and also, by extension, the fisheries where these were used in the *mattanza* or slaughter of the tuna – an old, traditional fishing method, now not used anymore. The boats constitute the indispensable element: their black colour is due to the use of pitch, which not only has the practical function of caulking but also gives them a similar appearance to the tuna. Each boat has a specific form and function according to her use during the *mattanza*.

La tonnara è l'insieme di imbarcazioni e attrezzature usate per la pesca del tonno rosso e, per estensione, il luogo in cui le si usa nella mattanza, antico e tradizionale metodo di pesca, ormai non più praticato. Le imbarcazioni costituiscono l'elemento indispensabile: il loro colore nero è dovuto alla pece, che oltre a rispondere alla funzione pratica del calafataggio, fa loro assumere un aspetto simile a quello dei tonni. Ogni barca ha una forma e una funzione ben precise a seconda del suo utilizzo durante la mattanza.

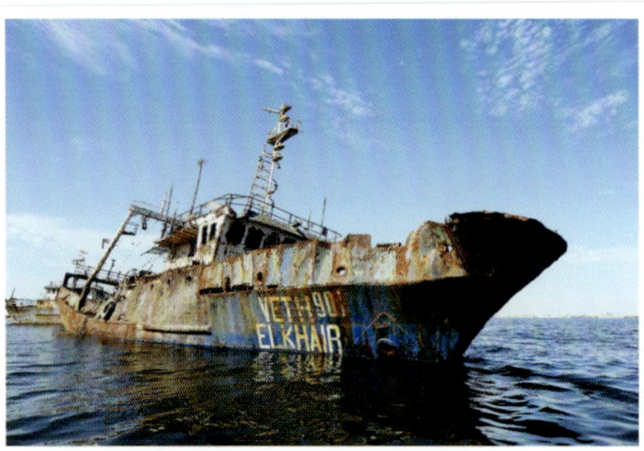

Elkhair, Nouadhibou, Mauritania, 2016 (p. 58)

Over the decades, hundreds of ships and fishing boats have been abandoned in Nouadhibou Bay, Mauritania, separated from the Atlantic Ocean by a strip of land. A few years ago, however, on receipt of an EU contribution, the local Authorities decided to remove them, as they upset the work of the port, as well as being a considerable hazard from an environmental point of view. Now few boats remain. This mournful fishing boat helps us to imagine the lives of the local fishermen.

Nel corso dei decenni, centinaia di navi e pescherecci furono abbandonati nella Baia di Nouadhibou, in Mauritania, divisa dall'Oceano Atlantico da una lingua di terra. Pochi anni fa, tuttavia, le Autorità locali decisero, beneficiando di un contributo dell'Unione Europea, di eliminarli. Essi nuocevano all'attività del porto, oltre a costituire un rischio sensibile dal punto di vista ambientale. Poche imbarcazioni sono rimaste. Questo peschereccio dall'aspetto desolato fa peraltro immaginare la vita dei pescatori locali.

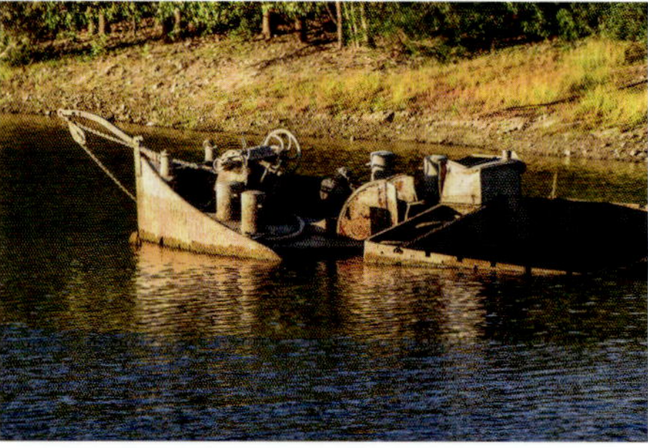

Cargo barge / Bettolina *Ostiglia*, Isola degli Internati, Fiume Po, Italia, 2016 (p. 59)

After World War II, a strip of land along the River Po was granted to former prisoners of war to help them to resettle. Some boats moored in the area, including the *Ostiglia*, were strafed and bombed by the American Air Force in the spring of 1945.

Nel secondo dopoguerra un lembo di terra lungo il Po fu concesso in uso a ex-prigionieri di guerra per aiutarli a reinserirsi. Alcune imbarcazioni ormeggiate nell'area, fra cui la *Ostiglia*, furono mitragliate e bombardate dall'aviazione americana nella primavera del 1945.

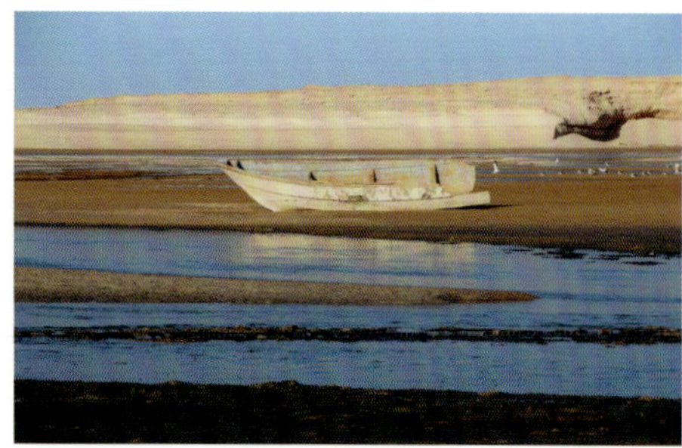

Nouadhibou, Mauritania, 2016 (p. 60)

A series of planes of light drew the Author's attention to a boat cut in half by the sea. It lies under the careful gaze of what appears to be the outline of a bird of prey, with a sand dune as a backdrop.

Una serie di piani di luce ha portato l'Autore a notare una scialuppa tagliata a metà dal mare, sotto lo sguardo di quella che sembra essere la sagoma di un uccello da preda che la osserva attentamente, sullo sfondo della duna di sabbia.

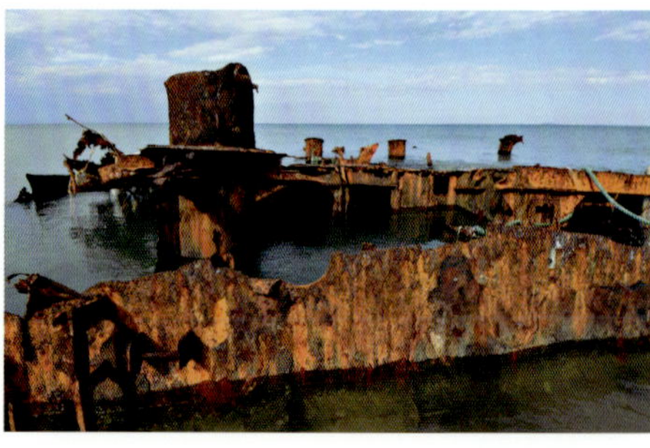

Eden V, Marina di Lesina, Gargano, Italia, 2015 (p. 61)

A cargo boat built in 1968 at the Shikoku Dockyard in Takamatsu (Japan). Length: 95 metres, 3,119 tonnes. She has had a series of names: *Etsuyo Maru*, *Pollux*, *Mania*, *Haris*, *Hara*, *Happiness*, *Fame*, *Leskas Sky*, *Kiriaki*, *Ocanido* and *Sea Wolf*. She ran aground in 1988.

Cargo costruito nel 1968 presso il cantiere Shikoku Dockyard a Takamatsu (Giappone). Lungo 95 metri, 3119 tonnellate. Ha cambiato diversi nomi: *Etsuyo Maru*, *Pollux*, *Mania*, *Haris*, *Hara*, *Happiness*, *Fame*, *Leskas Sky*, *Kiriaki*, *Ocanido*, *Sea Wolf*. Arenato nel 1988.

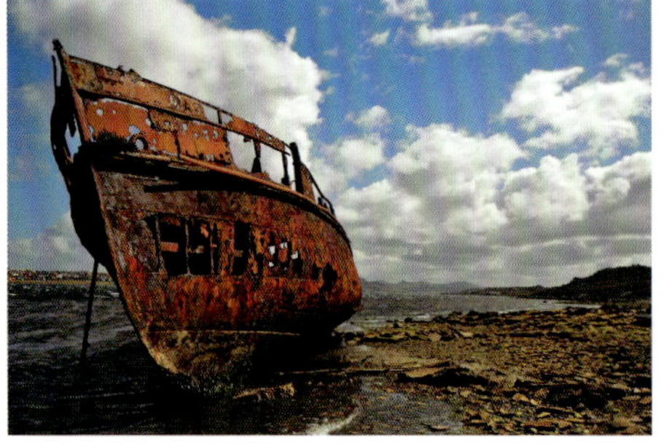

Samson, Falkland Islands, 2016 (p. 62)

Thirty-metre steam-powered tugboat built in Hull (UK) in 1888. She worked in the Falkland Islands from July 1900. In 1945 she broke her moorings and ran aground in Stanley Harbour bay, close to the *Lady Elizabeth*, and was abandoned. Like the *Plym*, her work was instrumental in assisting numerous ships and saving their crews.

Rimorchiatore a vapore, costruito nel 1888 a Hull (UK). Lungo 30 metri. Opera alle Isole Falkland dal luglio del 1900; nel 1945 ruppe gli ormeggi, si arenò nella baia di Stanley Harbour, vicino alla *Lady Elizabeth*, e venne abbandonato. Come il *Plym* la sua opera è stata determinante per assistere numerose navi e salvarne gli equipaggi.

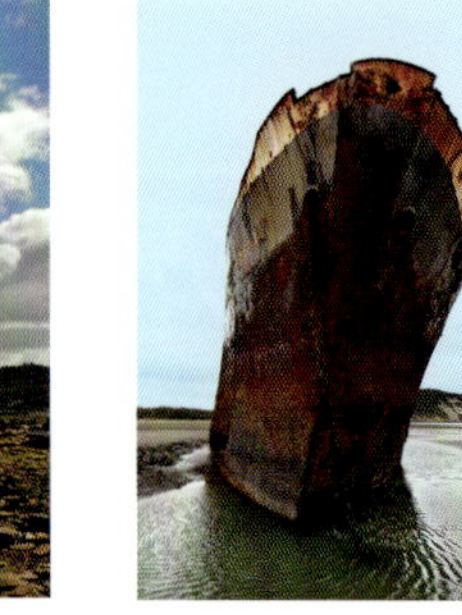

Desdemona, Cabo San Pablo, Argentina, 2015 (p. 63)

Steel-hulled cargo boat built in Hamburg in 1952. Length: 77 metres, 2,122 tonnes. In 1983 she had two accidents: first she ran aground and later suffered major engine failure. Despite her precarious state, she sailed in September 1985 from Ushuaia, bound for Rio Grande, but was caught in bad weather. She was deliberately beached in order to prevent a total loss.

Cargo con scafo in acciaio costruito nel 1952 ad Amburgo. Lungo 77 metri, 2122 tonnellate. Nel 1983 ebbe due incidenti, inizialmente arenandosi, e subendo quindi una grave avaria ai motori. Nonostante le sue condizioni precarie, salpò nel settembre 1985 da Ushuaia con destinazione Rio Grande, ma venne sorpreso dal maltempo. Venne portato in terra intenzionalmente, allo scopo di evitarne la perdita totale.

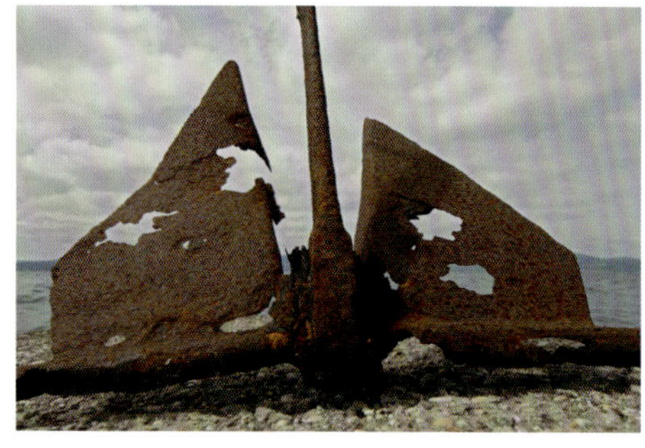

Anguillara Sabazia, Lago di Bracciano, Italia, 2014 (p. 64)

Anchor used for decades by a local fisherman, and by the Circolo Velico Tiberino sailing club for mooring buoys during regattas.

Ancora utilizzata per decenni da un pescatore locale e dal Circolo Velico Tiberino per ormeggiare le boe in occasione delle regate.

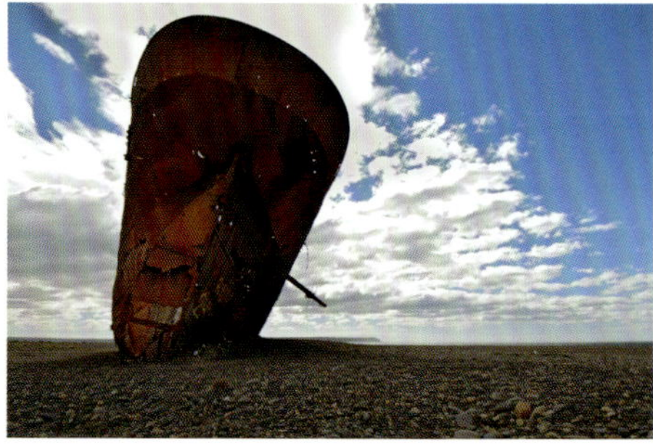

Marjorie Glen, Punta Loyola, Río Gallegos, Argentina, 2015 (p. 65)

Steel cargo ship built at Grangemouth, in Scotland, in 1892. Length: 64 metres, 1,113 tonnes. While sailing from Newcastle with a cargo of coal bound for Río Gallegos, she ran aground on 9 September 1911. In 1982 she was used as a target during Argentinian air and naval exercises carried out during the Falklands War against United Kingdom. She is one of Argentine's three wrecks with historical value.

Nave da carico in acciaio, costruita nel 1892 a Grangemouth in Scozia. Lunga 64 metri, 1113 tonnellate. In navigazione da Newcastle con un carico di carbone destinato a Río Gallegos, si arenò il 9 settembre 1911. Nel 1982 fu utilizzata come bersaglio aeronavale nel contesto delle esercitazioni svolte durante la guerra contro il Regno Unito. È uno dei tre relitti con valore storico della Repubblica Argentina.

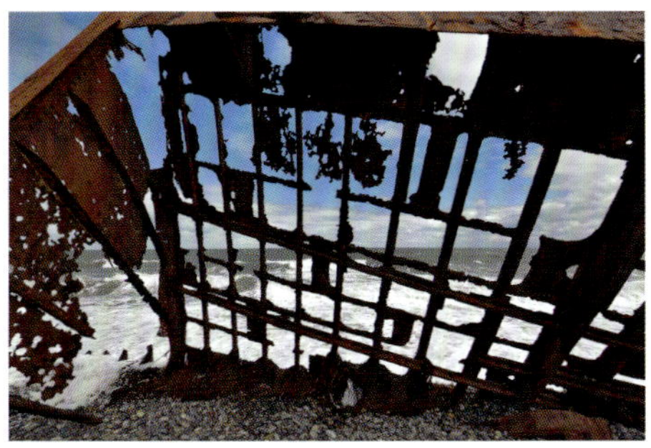

Olympian, Punta Dungeness, Chile, 2015 (p. 66)

Passenger service paddle steamship with metal hull, built in 1883 at Wilmington, Delaware, USA. Length: 85 metres, 1,420 tonnes. On 31 January 1906, she set sail from San Francisco to New York, towed by the steamship *Zelandia*. On 13 March 1906, the towing cable broke and the ship ran aground at Bahía Posesión. Located at the foot of a cliff and away from roads running beside the ocean, after 110 years this remaining upright flank looks like a prison grating, beyond which freedom reigns.

Nave passeggeri a ruote con scafo in metallo, costruita nel 1883 a Wilmington, Delaware, USA. Lunga 85 metri, 1420 tonnellate. Salpò da San Francisco per New York il 31 gennaio 1906, a rimorchio del vapore *Zelandia*. Il 13 marzo 1906, a seguito della rottura del cavo di rimorchio, la nave si arenò a Bahía Posesión. Dopo 110 anni, al piede di una falesia, lontana dalle strade che scendono lungo l'Oceano, questa fiancata verticale sembra costituire la grata di una prigione, al di là della quale regna la libertà.

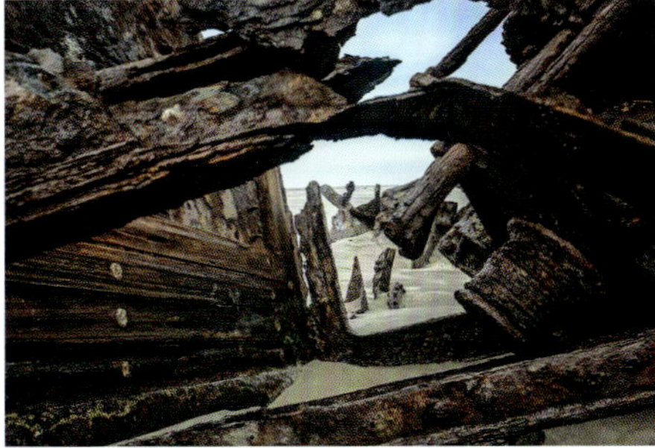

Skeleton Coast, Namibia, 2013 (p. 67)

For centuries, the Skeleton Coast has been a graveyard for ships, due to currents, wind from the open sea and fog. The shoreline is littered with countless unattributed remains of vessels abandoned from time immemorial. The metal remains are evidence of the violence of the storms that have torn the ships apart. Daring to penetrate into the bowels of the wreck, parts are still recognisable, even though covered with rust: winches, side panels and equipment.

Da secoli, la Costa degli Scheletri è un cimitero di navi, a causa delle correnti, del vento dal largo, della nebbia. Si trovano dunque lungo la battigia innumerevoli resti di imbarcazioni abbandonate da tempo immemorabile, che non possono essere attribuite. I resti metallici testimoniano della violenza delle mareggiate che hanno smantellato le navi. Addentrandosi senza pudore nelle viscere del relitto, appaiono parti riconoscibili anche se coperte di ruggine: verricelli, fiancate, attrezzature.

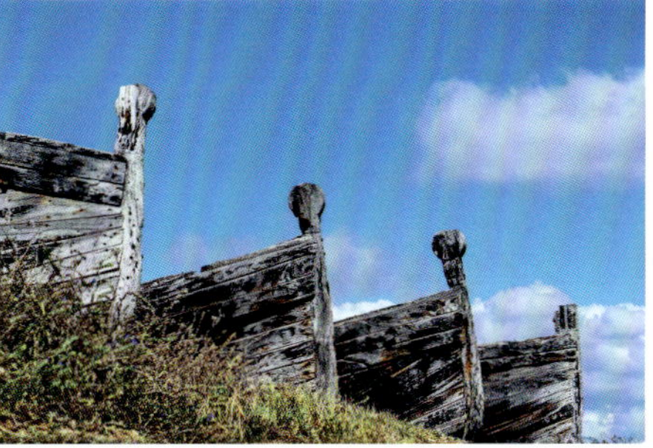

Tuna-fishing Boats of Bonagia / Tonnara di Bonagia, Trapani, Italia, 2016 (p. 68)

The boats used for bluefin tuna fishing have had precise shapes and functions for centuries, just as each man involved in the catch has a well-defined role in the *mattanza,* the traditional method of tuna fishing, now not practised anymore. The prows of these four boats pointing towards the horizon show the same determination as the men who used them, catch after catch. The have the same pride as the prows of Viking ships. They remain alive.

Le imbarcazioni utilizzate dalle tonnare hanno da secoli forme e funzioni precise, così come ciascuno degli uomini che partecipano alla mattanza – tradizionale metodo di pesca al tonno rosso, ormai non più praticato – ha un ruolo ben definito. Le prue di queste quattro barche, proiettate verso l'orizzonte, mostrano la stessa determinazione degli uomini che le hanno usate, campagna dopo campagna, e lo stesso orgoglio delle prue delle navi vichinghe. Rimangono vive.

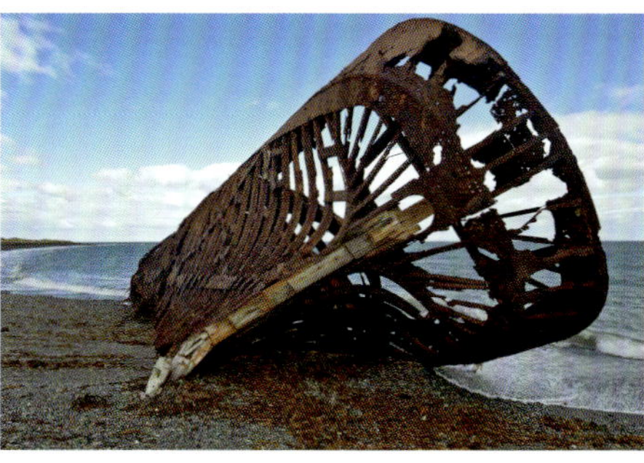

Ambassador, Estancia San Gregorio, Estrecho de Magallanes, Chile, 2015 (p. 69)

Another serene image of one of the Author's favourite hulls (you've noticed, right?) Despite the passage of 148 years since her launch, and 80 since the year she was grounded, the *Ambassador* still has all the grace typical of tea clippers as she rests on her side, watching the sea. Luckily her figurehead was rescued and is housed in a museum. And we have to thank those who have protected and rescued her hull.

Un'altra immagine serena di uno degli scafi preferiti dall'Autore (lo avevate capito, vero?). Nonostante siano trascorsi 148 anni dal suo varo e 80 dall'anno in cui venne spiaggiato, *Ambassador* conserva intatta la grazia tipica dei *tea clippers*, adagiato sul fianco e guardando il mare. Per fortuna la sua polena è stata salvata ed è custodita in un museo. E dobbiamo ringraziare coloro che hanno protetto e messo in salvo lo scafo.

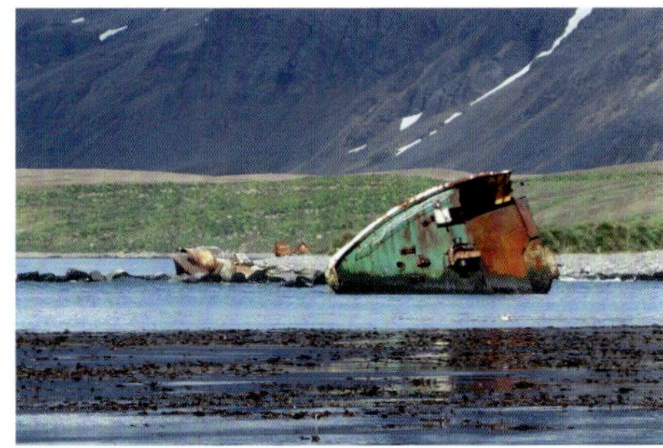

Lyn, Moraine Fjord, Cumberland Bay, South Georgia, 2016 (p. 70)

A deep-sea fishing vessel built in 1973 at Ostend, in Belgium. Like the fishing boat *Moresko 1*, she broke her moorings in front of King Edward Cove during a force 10-12 gale on 30 April 2003, and was damaged by the rocks at the entrance to Moraine Fjord. The crew was rescued, as well as much of the fuel and fishing equipment.

Peschereccio d'altura costruito nel 1973 a Ostenda, in Belgio. Ruppe gli ormeggi durante una tempesta di forza 10-12 il 30 aprile 2003 davanti a King Edward Cove, come il peschereccio *Moresko 1*, e fu danneggiato dagli scogli all'ingresso di Moraine Fjord. L'equipaggio fu salvato, così come buona parte del combustibile e del materiale da pesca.

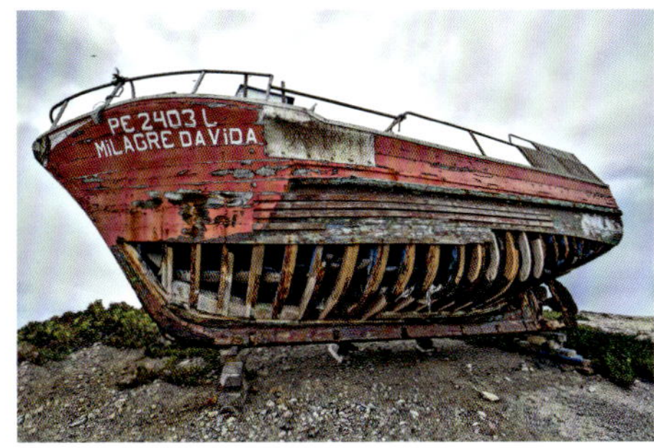

Milagre da Vida, Peniche, Portugal 2016 (p. 71)

While in the port of Peniche looking for the wreck of a beached fishing boat, the Author came across this boat with a dismantled hull in clear contradiction of the boat's name "Miracle of Life".

Nel porto di Peniche, cercando il relitto di un peschereccio spiaggiato, l'Autore si imbatté in una barca da pesca dallo scafo smantellato, in evidente contraddizione con il nome della barca medesima ("Miracolo di vita").

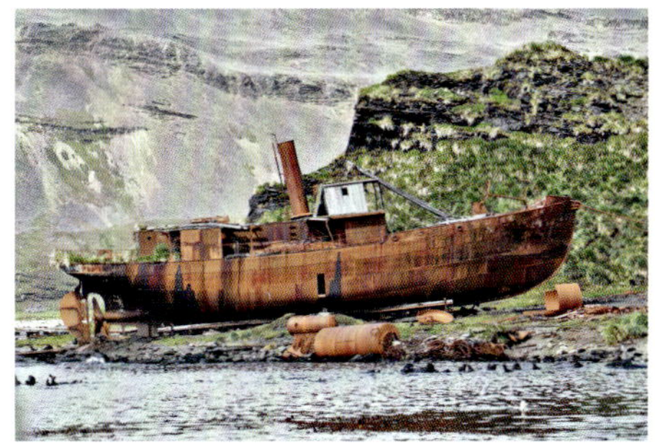

Karrakatta, Husvik Harbour, South Georgia, 2016 (p. 72)

A whaling boat built in Christiania (now Oslo) in 1912. Length: 32 metres, 179 tonnes. She arrived at South Georgia in 1916. Renamed *Star III* and *Polar 4*. Hoisted on a slide, she is practically intact. She was last used as a boiler: a pipe emerged from the hull and the steam produced was used in the adjacent shipyard. An opening in the hull allowed access to the boiler.

Baleniera costruita nel 1912 a Christiania (ora Oslo). Lunga 32 metri, 179 tonnellate. Giunse in Georgia del Sud nel 1916. Ribattezzata *Star III*, *Polar 4*. Issata su uno scivolo, è praticamente intatta: venne usata da ultimo come caldaia: un tubo usciva dallo scafo, e il vapore veniva utilizzato nel vicino cantiere navale. Un'apertura nello scafo permetteva l'accesso alla caldaia.

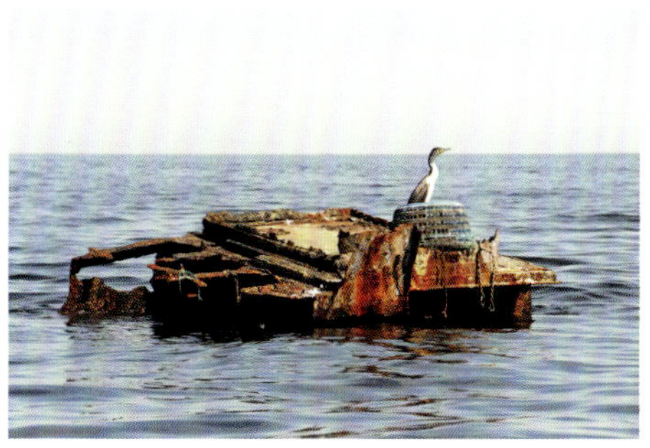

Nouadhibou, Mauritania, 2016 (p. 73)

In the bay that has hosted hundreds of end-of-life ships, the remains of the deckhouse of an unidentified fishing boat and an overturned plastic basket make a perfect launch pad for local wildlife.

Nella baia che ha ospitato in passato centinaia di navi in disarmo, i resti della tuga di un peschereccio non identificato sono una base di lancio ideale, da un cesto in plastica rovesciato, per la fauna locale.

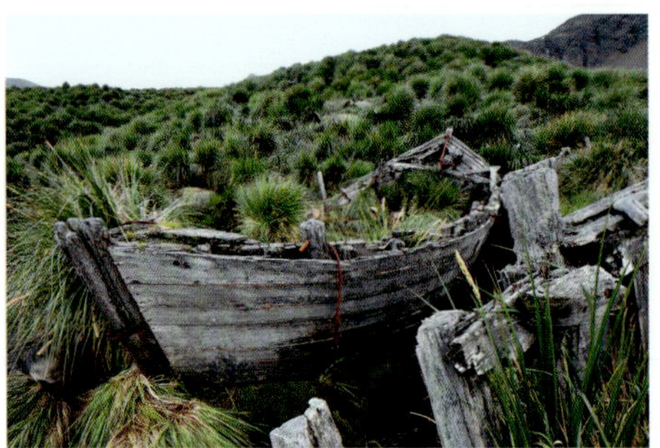

Water boats, Godthul, South Georgia, 2016 (p. 74)

Remains of approximately 8-metre-long boats used in the coastal depot set up at Godthul to assist the whaler *Thor 1* and other vessels moored in the bay from 1908 to 1929. They took fresh water on board for whale meat processing and were used as working platforms. They are gradually disappearing as they lie on the tussock, the seal and elephant seal place of shelter.

Resti di imbarcazioni utilizzate nel deposito costiero creato a Godthul per l'assistenza alla nave baleniera *Thor 1* e ad altre navi ormeggiate in quella baia dal 1908 al 1929, portando a bordo acqua dolce destinata alla lavorazione delle balene, e quali piattaforme da lavoro. Lunghe circa 8 metri, stanno scomparendo, adagiate nel *tussock*, riparo di foche ed elefanti di mare.

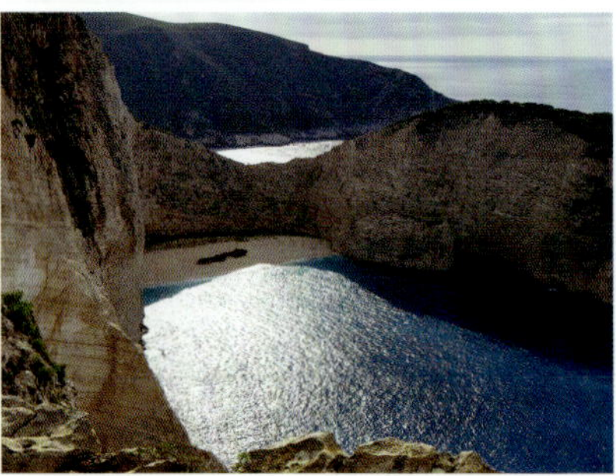

Panagiotis, Navagio Bay, Zákynthos, Ellinikí Dimokratía, 2016 (p. 75)

In 1980, a smugglers' ship sailing from Turkey with a cargo of cigarettes, hoping to escape the Greek coast guard, stopped in St. George's Bay and was quickly stranded. The location was renamed Shipwreck Bay, and the undertow caused by the wreck created a pure white beach, which rapidly became a tourist attraction accessible only by sea.

Nel 1980, una nave di contrabbandieri salpata dalla Turchia con un carico di sigarette, sperando di sfuggire alla Guardia Costiera greca, si fermò nella baia di San Giorgio, arenandosi rapidamente. La baia prese il nome di Baia del Naufragio, e la risacca causata dal relitto creò una spiaggia bianchissima, diventata in breve un'attrazione turistica e raggiungibile solo dal mare.

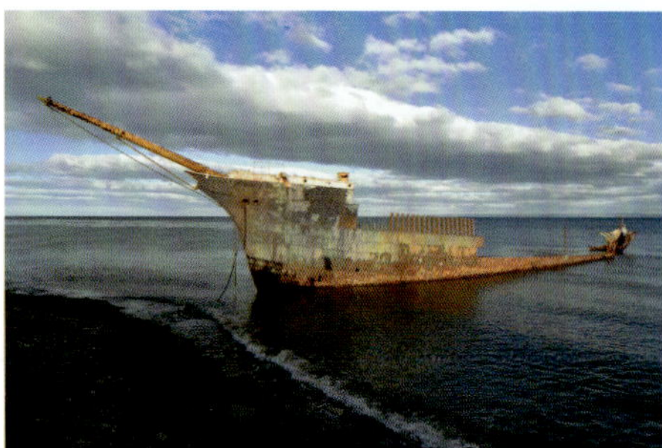

Lord Lonsdale, Punta Arenas, Chile, 2015 (p. 76)

A three-masted steel ship built in 1889 in Londonderry, Ireland. Length: 69 metres, 1,756 tonnes. With her ribs now almost inexistent (visible forty years ago), the ship seems to be part of a natural geometric design of horizon and clouds.

Nave a tre alberi in acciaio costruita nel 1889 a Londonderry, Irlanda. Lunga 69 metri, 1756 tonnellate. Ormai scomparse le ordinate – visibili quarant'anni fa – la nave sembra inserirsi in uno schema geometrico naturale composto dall'orizzonte e dalle nuvole.

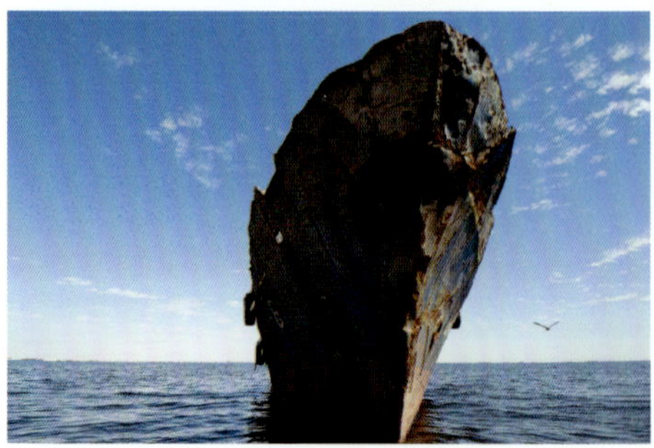

Elkhair, Nouadhibou, Mauritania, 2016 (p. 78)

The menacing bow of this fishing boat makes her seem still active, despite being abandoned at anchor for some time facing land. One wonders how a hull can bear so many knocks and damage... She is one of the last remnants of the gigantic ship cemetery that accumulated over decades in the bay. A sole gull keeps her company.

La prua minacciosa di questo peschereccio lo fa sembrare ancora attivo, nonostante sia abbandonato all'ancora da tempo e punti in direzione di terra. Ci si chiede come sia possibile che uno scafo sopporti tali e tanti urti e danni... È uno degli ultimi rappresentanti del gigantesco cimitero di navi accumulatosi nel corso di decenni nella baia. Gli tiene compagnia un unico gabbiano.

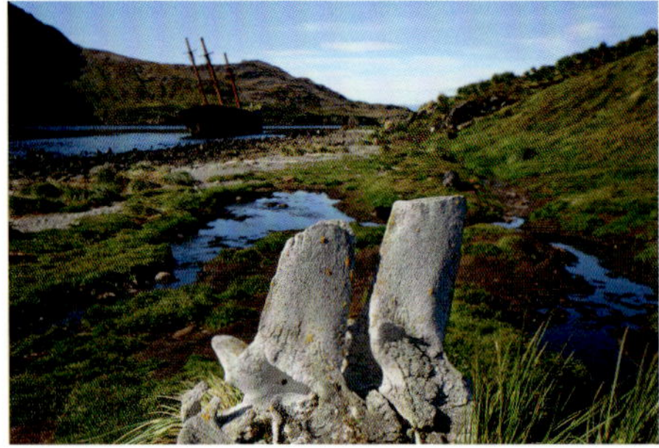

Bayard, Ocean Harbour, South Georgia, 2016 (p. 77)

A three-masted ship with a riveted metal hull, built in Liverpool (UK) in 1864. Length: 67 metres, 1,335 tonnes. She was used to transport Indian emigrants to the West Indies. In 1909 she took part in setting up the whaling station in New Fortuna Bay, now called Ocean Harbour. On 6 June 1911, a severe storm ripped her from her mooring and carried her across the bay, where the hull was damaged. Attempts to tow her were not successful. She still has the lower parts of her three masts and her bowsprit.

Nave a tre alberi a scafo metallico rivettato, costruita nel 1864 a Liverpool (UK). Lunga 67 metri, 1335 tonnellate. Fu utilizzata per trasportare emigranti indiani verso le Indie Occidentali. Nel 1909 partecipò alla messa in opera della stazione baleniera di New Fortuna Bay, ora chiamata Ocean Harbour. Il 6 giugno 1911, una forte tempesta la strappò dall'ormeggio e la portò attraverso la rada, dove lo scafo fu danneggiato. Tentativi di trainarla non furono coronati da successo. Conserva i tronchi maggiori dei tre alberi e il bompresso.

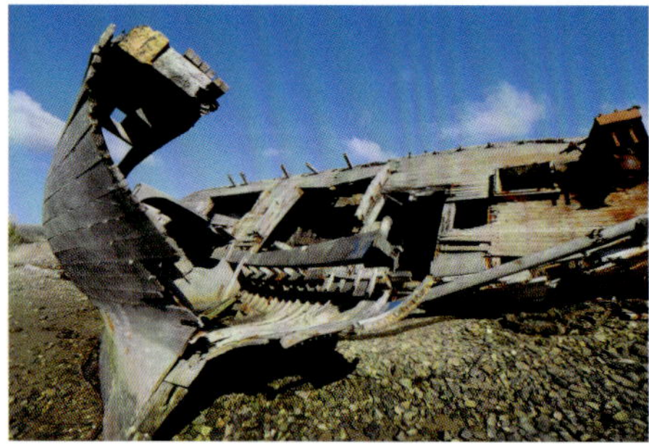

Canache, Falkland Islands, 2016 (p. 79)

Two abandoned sailboats in the Eastern part of Stanley Harbour bay are a reminder that even pleasure boat wrecks bear witness. In this case they testify to the Falkland islanders' passion for sailing in a sea that is hard to associate with sailing for pleasure.

Due barche a vela abbandonate, nella parte orientale della baia di Stanley Harbour, ricordano che anche la navigazione a diporto, con i suoi relitti, è una testimonianza. In questo caso testimonia della passione per la vela nutrita dagli isolani delle Falkland, in un mare che difficilmente viene associato al piacere di navigare.

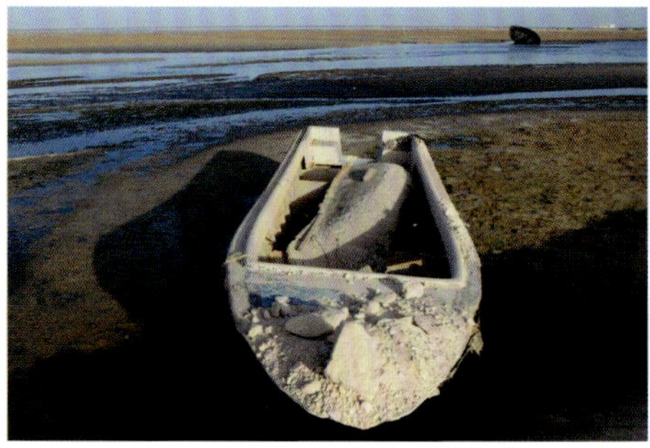

Nouadhibou, Mauritania, 2016 (p. 81)

Lying too close to an industrial landfill, this boat has been partially covered with concrete and stones. What a sad end...

Troppo vicina a una discarica industriale, questa scialuppa è stata parzialmente ricoperta di cemento e di pietre. Che brutta fine...

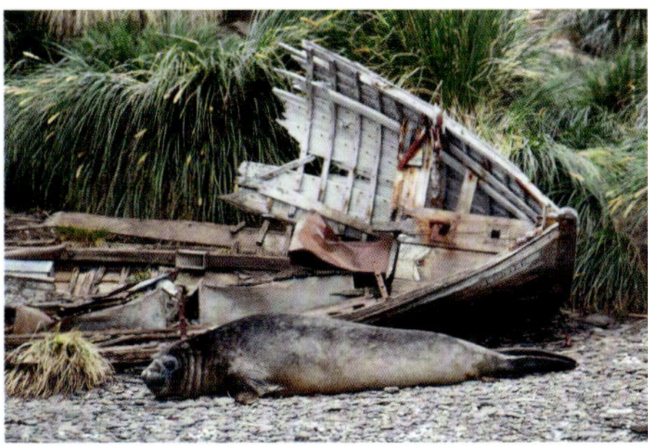

Lifeboat from *Southern Foster*/ Scialuppa di salvataggio di *Southern Foster*, Jumbo Cove, Stromness Bay, Jason Island, South Georgia, 2016 (p. 80)

A number of deep-sea whaling ships of the same class: *Southern Harvester, Southern Guider, Southern Opal, Southern Sky, Southern Wave, Southern Peter, Southern Paul, Southern Shore, Southern Star, Southern Chief, Southern Flyer, Southern Hunter, Southern Queen, Southern Spray* and *Southern Venture* were used in waters around South Georgia. The *Southern Foster*, built in 1948, sank in 1964 in Stromness Bay. The lifeboat came ashore at Jason Island, and remained at Jumbo Cove.

Diverse baleniere d'altura della medesima classe, *Southern Harvester, Southern Guider, Southern Opal, Southern Sky, Southern Wave, Southern Peter, Southern Paul, Southern Shore, Southern Star, Southern Chief, Southern Flyer, Southern Hunter, Southern Queen, Southern Spray* e *Southern Venture* furono utilizzate nelle acque circostanti la Georgia del Sud. La *Southern Foster*, costruita nel 1948, affondò nel 1964 a Stromness Bay. La scialuppa giunse a terra a Jason Island, e rimase a Jumbo Cove.

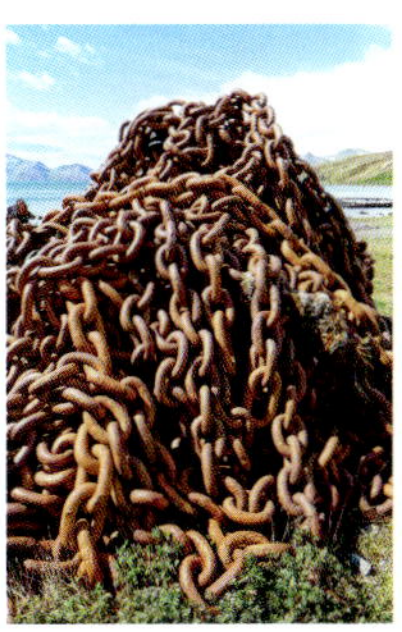

Grytviken, South Georgia, 2016 (p. 82)

Piles of chains can be seen at the whaling stations at Leith Harbour, Grytviken and Stromness. They were used to tow the whales to the ramps where they were butchered. From 1904 to 1966 in South Georgia, there were seven different whaling sites.

Cumuli di catene sono visibili presso le stazioni baleniere di Leith Harbour, Grytviken e Stromness. Erano utilizzate per trainare le balene ai piani inclinati dove venivano squartate. Dal 1904 al 1966 furono in attività in Georgia del Sud sette basi impegnate nella pesca alla balena.

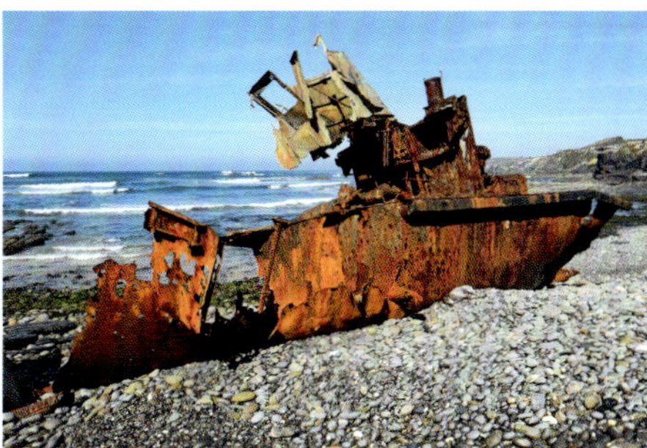

***Klemens*, Vila Nova de Milfontes, Portugal, 2016 (p. 83)**

The 17-metre-long Dutch tugboat *Klemens* ran aground in December 1996, en route from Leeuwarden to Portimão. Apparently, no crewmember had had the necessary sailing experience. The absence of any documentation or insurance makes one wonder about the reason for the voyage.

Il rimorchiatore olandese *Klemens* – lungo 17 metri – si arenò nel dicembre 1996, in viaggio da Leeuwarden a Portimão. Apparentemente, nessun membro dell'equipaggio aveva l'esperienza necessaria alla navigazione. L'assenza di documentazione e di assicurazione induce a chiedersi quale fosse il motivo del viaggio.

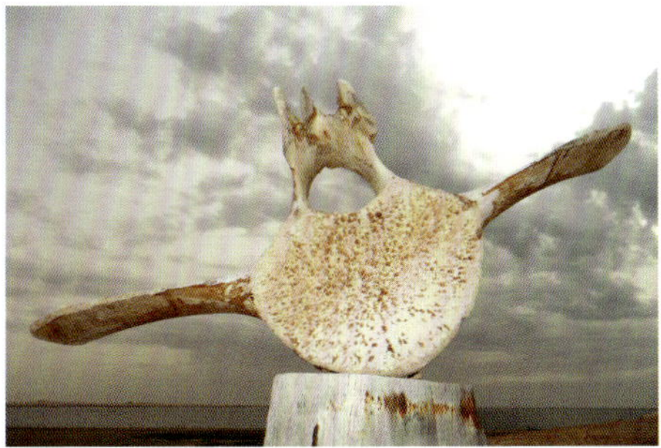

Whale vertebra / Vertebra di balena, Nouadhibou, Mauritania, 2016 (p. 84)

As often happens on coasts where wrecks lie, the shallow waters result in the beaching of whales and dolphins. Nouadhibou Bay is no exception.

Come spesso accade sulle coste dove giacciono relitti, i fondali bassi portano balene e delfini a spiaggiarsi. La Baia di Nouadhibou non fa eccezione.

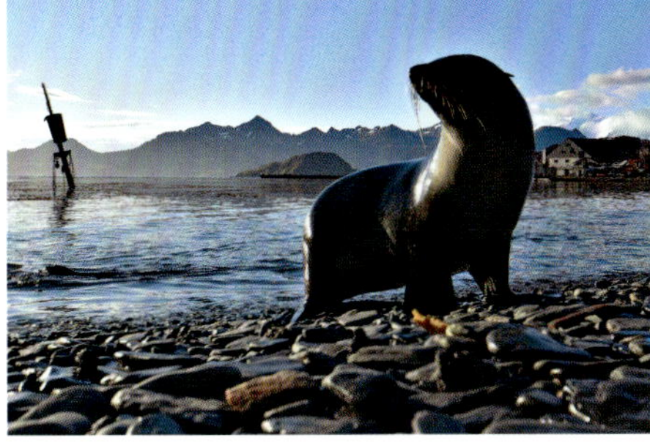

Leith Harbour, South Georgia, 2016 (p. 85)

From Leith Harbour (aka "Jericho") only the crow's nest of a sunken whaling ship can be seen. She was probably part of a group of whalers (*Swona, Semla, Snore, Shoma, Septa, Stina, Stora, Sorsra, Sabra, Simbra, Solvra, Sondra, Sobkra, Sigfra, Sousa, Saima, Bouvet 1, Southern Peter* and *Southern Paul*) that ceased their activity when whaling was banned in 1965. The ships were sunk in situ and the stations abandoned. Which of the ships the crow's nest belongs to is unknown. Here, a seal observes it with an ironic look.

A Leith Harbour (Jericho) è visibile solo la coffa di una baleniera affondata; faceva verosimilmente parte del gruppo di baleniere (*Swona, Semla, Snore, Shoma, Septa, Stina, Stora, Sorsra, Sabra, Simbra, Solvra, Sondra, Sobkra, Sigfra, Sousa, Saima, Bouvet 1, Southern Peter, Southern Paul*) che cessarono la loro attività al momento in cui la caccia alla balena fu proibita nel 1965: furono affondate sul posto, e le stazioni abbandonate. Non è dato sapere a quale di queste appartenga la coffa, osservata con ironia da una foca.

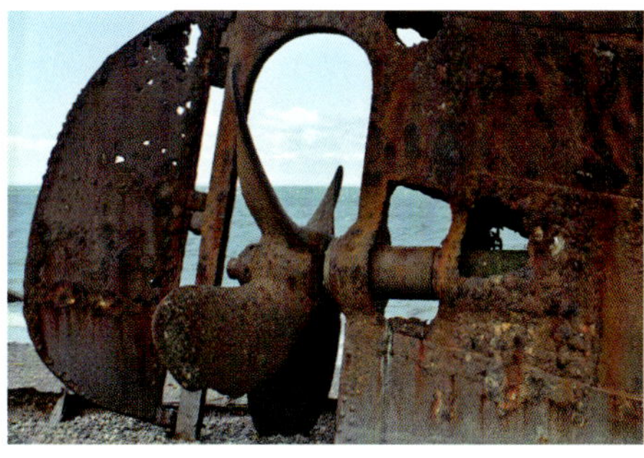

***Amadeo*, Estancia San Gregorio, Estrecho de Magallanes, Chile, 1969 (p. 86)**

An iron cargo boat from 1884; length: 46 metres, 412 tonnes. She was declared a historical monument in 1972. Not far away, keeping her company since 1937, is the three-master *Ambassador*. When this shot was taken, the *Amadeo* still had her propeller and rudder – now they're gone.

Cargo in ferro del 1884, lungo 46 metri, 412 tonnellate. Fu dichiarato monumento storico nel 1972. Non lontano, a tenergli compagnia, il tre alberi *Ambassador*, dal 1937. Quando fu scattata questa immagine, *Amadeo* aveva ancora elica e timone, ormai scomparsi.

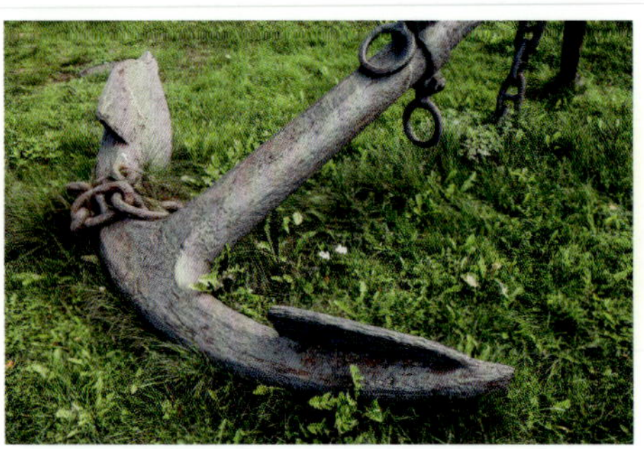

Plus, Mariehamn, Åland, Finland, 2016 (p. 87)

The 90-metre-long steel three-master *Plus*, built in 1885, sank in 1933 off the coast of Mariehamn, incurring loss of life. The wreck is still in good condition. The masts were cut down to avoid obstructing navigation, and are laid along the hull. The anchor was recovered and is on show near the ship *Pommern*, in front of the magnificent Maritime Museum in Mariehamn.

La nave in acciaio a tre alberi *Plus*, costruita nel 1885, lunga 90 metri, affondò nel 1933 al largo di Mariehamn con perdite umane. Il relitto è ancora in buono stato. Gli alberi furono segati al fine di non intralciare la navigazione, e giacciono lungo lo scafo. L'ancora venne recuperata, ed è esposta vicino alla nave *Pommern*, di fronte al magnifico Museo della Marineria di Mariehamn.

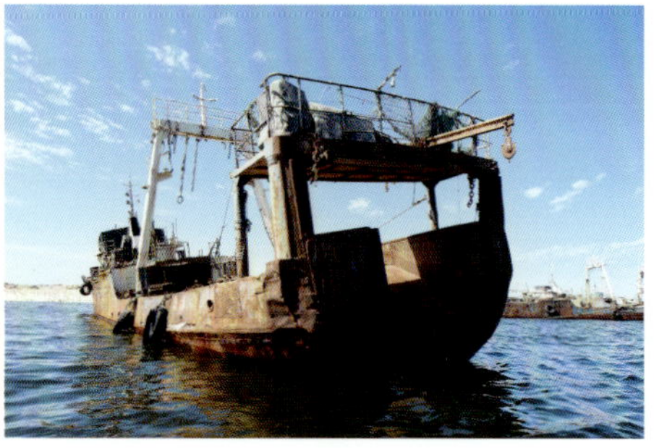

Nouadhibou, Mauritania, 2016 (p. 88)

The portal of this ramshackle fishing boat conveys a sense of permanent abandonment. But once, day and night, dozens of men worked on her in all weathers, and in conditions one can easily imagine were very strenuous and dangerous. This photo is made to remember them.

Il portale di questo peschereccio sgangherato esprime un senso di abbandono definitivo. Ma un tempo, giorno e notte, decine di uomini vi lavoravano, con qualunque tempo, in condizioni di vita che è facile immaginare molto faticose e pericolose. Questa immagine li vuole ricordare.

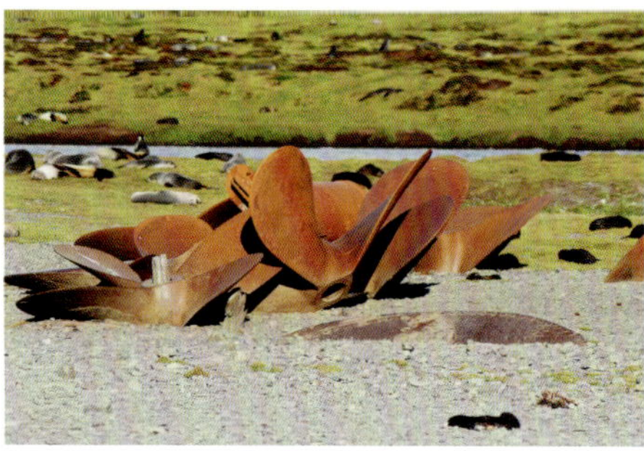

Stromness Bay, South Georgia, 2016 (p. 89)

A number of propellers remain at the shipyard that used to carry out maintenance work on whaling ships. All repairs had to be made locally: a ship could not sail to South America to replace a propeller.

Nel cantiere navale che svolgeva manutenzione sulle baleniere, sono rimaste numerose eliche. Le riparazioni dovevano essere effettuate sul posto: una nave non poteva recarsi in Sud America per sostituire un'elica.

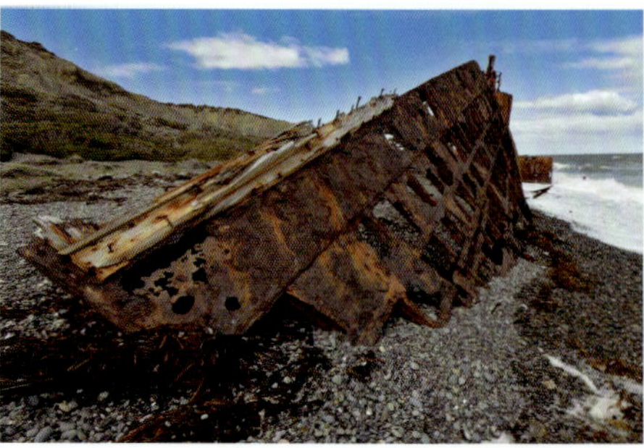

Olympian, Punta Dungeness, Chile, 2015 (p. 91)

Abandoned for 110 years at the foot of a steep cliff, away from the roads leading down towards Patagonia, the bow of this ship built in Delaware in 1883 is showing her fatigue, but also her heroic will to continue to bear witness.

Abbandonata da 110 anni ai piedi di una falesia scoscesa, lontana dalle strade che scendono verso la Patagonia, la prua di questa nave costruita nel 1883 nel Delaware mostra la sua stanchezza, ma anche la sua volontà eroica di continuare a testimoniare.

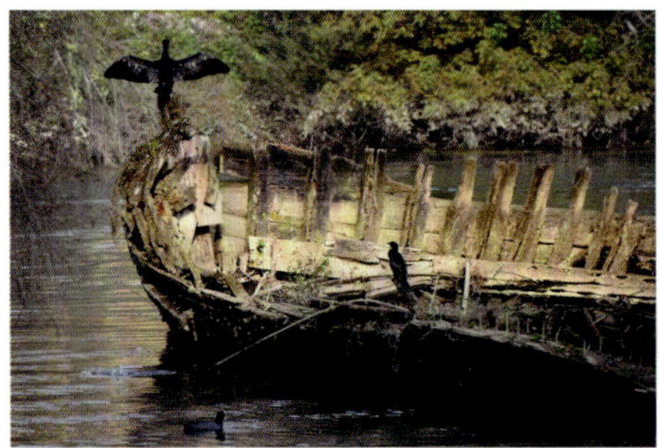

Barges on the River Sile / Burchi sul Sile, Treviso, Italia, 2015 (p. 92)

The "burchi", solid flat-bottomed transport barges, mainly used on Venetian canals between the Middle Ages and the 1970s, were also capable of navigating stretches of sea. They were constructed from hardwoods to ensure long life and resistance to collisions. They included bunk accommodation for the crew in the bow, and near the stern for the *parón* (captain). The deck waterproofing, however, was not ideal... A brazier in the bow sleeping quarters made it possible to spend long periods on board without interruption. Now the only signs of life are cormorants. One of them is drying its wings in front of two females.

I burchi, solide barche da trasporto a fondo piatto utilizzate principalmente sui canali veneti tra il Medioevo e gli anni Settanta del Novecento, potevano anche percorrere tratti di mare. Erano costruiti con legni duri in grado di garantire lunga vita e resistenza agli urti. Comprendevano alloggi – per l'equipaggio, a prua, e per il *paròn*, a poppa – dotati di cuccette. Ma l'impermeabilità della coperta lasciava a desiderare... Un braciere nell'alloggio di prua consentiva di trascorrere lunghi periodi a bordo senza interruzioni. Gli unici segni di vita sono ormai i cormorani. Uno di loro si asciuga le ali di fronte a due femmine.

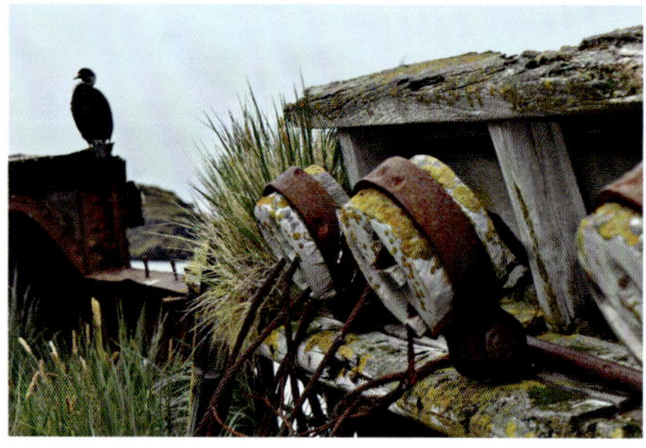

Bayard, Ocean Harbour, South Georgia, 2016 (p. 93)

It is impossible to describe the emotion of entering Ocean Harbour at dawn and seeing a three-master from 1864, grounded there since 1911. It is similar to how it feels on board the *Amerigo Vespucci*, the *Pommern,* the *Cutty Sark* and other similar vessels, but the magic is derived from the fact that the *Bayard* has not been protected, cared for or polished. Touching the masts, walking on deck, resting a hand on the deadeyes and listening to the undertow in the holds are unforgettable moments for anyone who knows how to listen to the whispers of the succession of crews who have worked on board, and of the immigrants who have entrusted themselves and their families to them. The cormorants mount guard and are possessive of their kingdom.

L'emozione di vedere apparire all'alba, entrando nella baia di Ocean Harbour, un tre alberi del 1864 arenato dal 1911, è impossibile da descrivere. È simile a quella che si prova su *Nave Vespucci*, sul *Pommern*, sul *Cutty Sark* e su altri bastimenti simili, ma con la magia derivante dalla circostanza che il *Bayard* non è stato protetto, accudito, lustrato. Toccare gli alberi, calcare la coperta, accarezzare le bigotte e ascoltare la risacca nelle stive: momenti indimenticabili, per chi sa ascoltare le confidenze degli uomini di equipaggio che si sono succeduti a bordo, e degli emigranti che le hanno affidato se stessi e le loro famiglie. I cormorani montano la guardia e sono gelosi del loro regno.

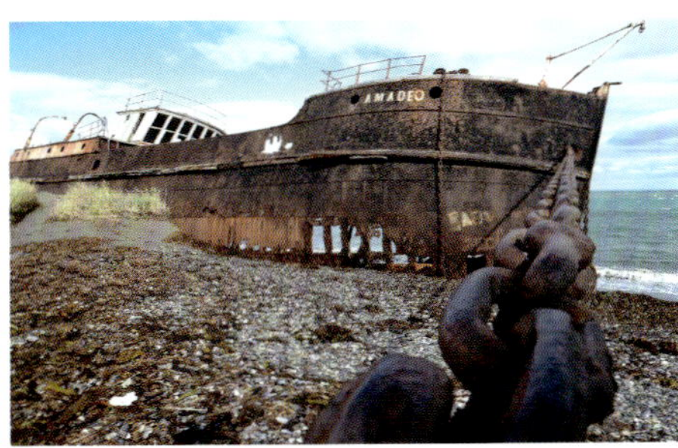

Amadeo, Estancia San Gregorio, Estrecho de Magallanes, Chile, 2015 (p. 94)

An iron cargo boat from 1884; length: 46 metres, 412 tonnes. She worked the Strait of Magellan area for more than four decades and is one of the oldest existing steamboats, and the first registered in Punta Arenas, in 1892. In 1932 she was withdrawn from service and towed to Estancia San Gregorio. The three-master *Ambassador* was stranded not far away in 1937. If it weren't for her damaged side, the *Amadeo* might seem ready to go to sea and save sailors, but the chain prevents her from any dreams of continuing her work.

Cargo in ferro del 1884, lungo 46 metri, 412 tonnellate. Operò nella zona dello Stretto di Magellano per più di quarant'anni ed è uno dei vapori più antichi tuttora esistenti, e il primo registrato a Punta Arenas, nel 1892. Nel 1932 fu ritirato dal servizio e rimorchiato all'Estancia San Gregorio. Arenato non lontano, dal 1937, il tre alberi *Ambassador*. Se non fosse per la fiancata danneggiata, *Amadeo* potrebbe sembrare pronto a riprendere il mare e a salvare marinai: ma la catena gli impedisce di sognare di continuare il proprio lavoro.

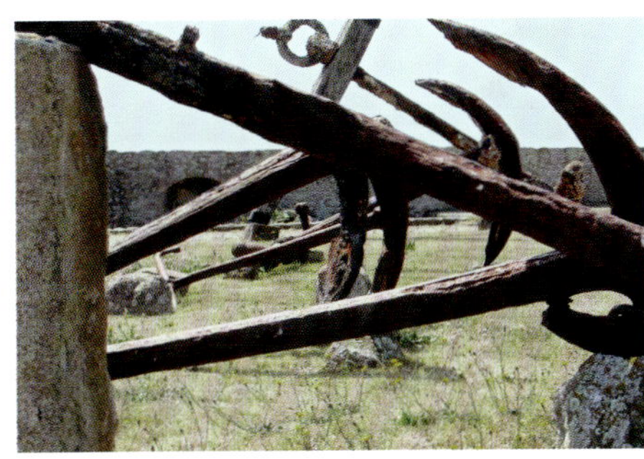

Musée des Cap-Horniers, Saint Malo, France, 2005 (p. 95)

A collection of anchors at the Musée International du Long-Cours Cap-Hornier, Saint Malo, France. The museum houses documents, objects and testimonies concerning the history of long-distance navigation and, more specifically, the captains and crew of ships which rounded Cape Horn. The anchors belonged to vessels operating on the routes rounding Cape Horn.

Ancore raccolte presso il Musée International du Long-Cours Cap-Hornier, a Saint Malo (Francia), che riunisce documenti, oggetti e testimonianze della storia della navigazione di lungo corso e più precisamente dei capitani di lungo corso e dei marinai che avevano doppiato Capo Horn. Le ancore appartenevano alle navi che operavano sulle rotte transoceaniche, passando dal Capo Horn.

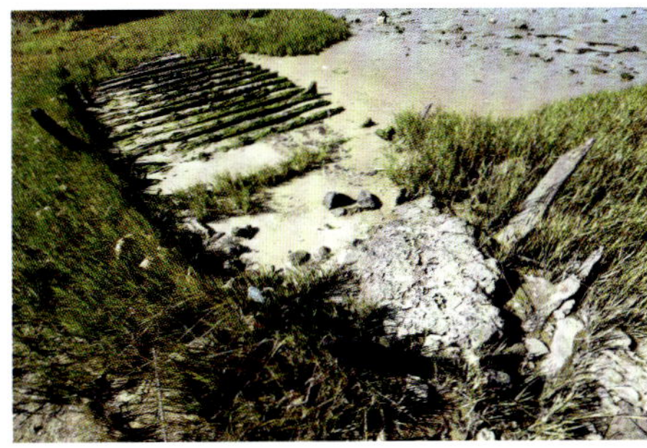

Amora, Portugal, 2016 (p. 96)

Here again, the Tagus estuary conserves the remains of boats buried by water (but for how much longer?). Any attempt to identify the individual components of this boat's structure has little success: the sand hides almost everything. But it is exciting to still be able to see the means that supported the area's fishing and economy.

Anche in questo caso, l'estuario del Tago conserva – ma per quanto tempo ancora? – i resti di barconi sepolti dall'acqua. Il tentativo di identificare i singoli componenti della struttura dell'imbarcazione ha poco successo: la sabbia nasconde quasi tutto. Ma è emozionante poter ancora vedere i mezzi sui quali si reggevano l'economia e la pesca dell'area.

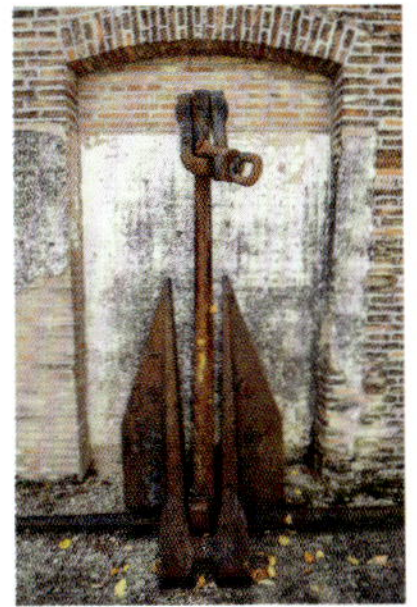

Anchor/Ancora, Museo del Po, Boretto, Italia, 2016 (p. 97)

In the Museum-Shipyard for Navigation and Governance of the River Po (a wonderful example of industrial archaeology that documents the history of river navigation in Emilia Romagna, shipbuilding, land reclamation and water governance) the Author came across this giant anchor, used by dredgers on the River Po, perfectly framed in a doorway.

All'interno del Museo-Cantiere della Navigazione e del Governo del fiume Po – bellissimo esempio di archeologia industriale che documenta la storia della navigazione fluviale in Emilia Romagna, della cantieristica, delle bonifiche e del governo delle acque – l'Autore ha scoperto questa ancora gigantesca, utilizzata dalle draghe sul Po, inquadrata perfettamente in una porta.

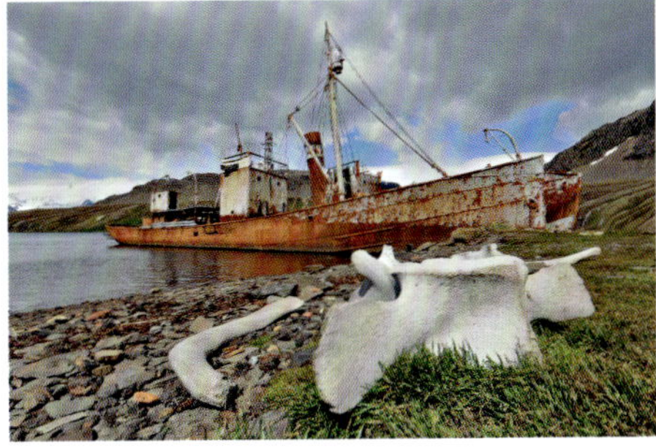

Albatros and/e *Dias*, Grytviken, South Georgia, 2016 (p. 98)

Embellished by the bones of whales that were beached nearby, these two whaling ships are now forced to endure passing tourists, who fortunately cannot climb on board. No one knows if there was rivalry or friendship between their respective crews, but now the ships are bound together forever, not because of the strength of the hawsers that hold them, but because the hulls are now immoveable, and actually provide a good tourist attraction...

Abbellite dalle ossa delle balene che si arenano nei loro pressi, le due baleniere sono ora costrette a sopportare i turisti di passaggio, che per fortuna non possono salire a bordo. Non sappiamo se vi fosse rivalità o amicizia fra i rispettivi equipaggi, ma le due navi convivono per sempre, non tanto per la forza delle gomene che le uniscono quanto perché gli scafi sono di fatto inamovibili, e costituiscono d'altronde un buon richiamo turistico...

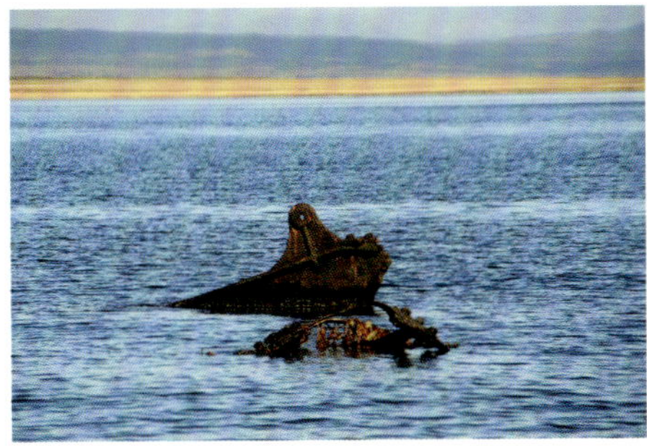

Los Amigos, Rio Verde, Chile, 2015 (p. 99)

Chilean coal-ore steamship; construction date and site unknown. Former property of shipowner Zamora y Miró of Punta Arenas. The ship transported coal from the Marta mine to Punta Arenas. She sank on 27 April 1881. The few remains photographed (at low tide) are the only visible evidence of the ship.

Nave carboniera cilena a vapore, costruita in data e da cantiere ignoti, di proprietà dell'armatore Zamora y Mirò di Punta Arenas. Trasportava carbone dalla miniera Marta a Punta Arenas. Fece naufragio il 27 aprile 1881. I pochi resti fotografati (in bassa marea) sono l'unica testimonianza visibile della nave.

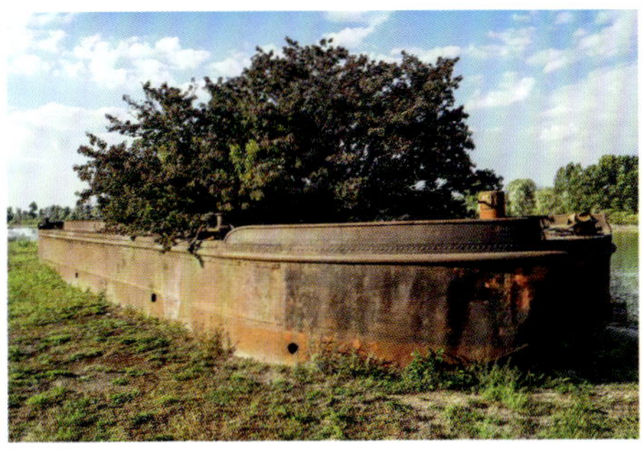

Museo del Po, Boretto, Italia, 2016 (p. 100)

Not far from the Museum-Shipyard for Navigation and Governance of the River Po (which documents the history of river navigation), a recent flood raised this barge. She now looks like a giant planter, which will decorate this area forever.

Sulla riva del Po, non lontano dal Museo-Cantiere della Navigazione e del Governo del fiume Po, che documenta la storia della navigazione fluviale, una piena recente ha innalzato questa chiatta, ormai diventata simile a una gigantesca fioriera e destinata a rimanere per sempre parte del decoro dell'area.

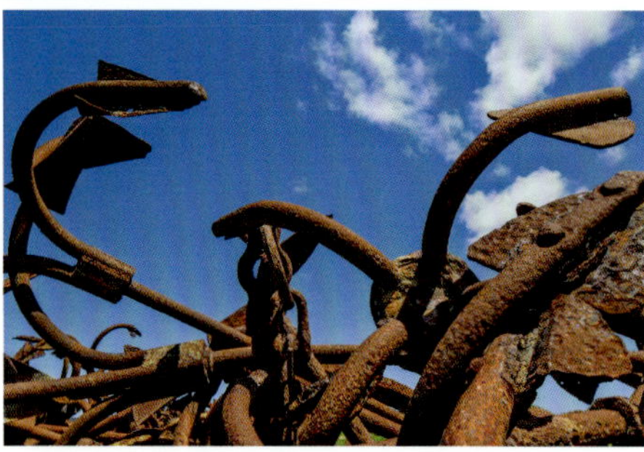

Tuna-fishing Boats of San Cusumano / Tonnara di San Cusumano, Trapani, Italia, 2016 (p. 101)

The *tonnara* refers to the combination of boats and equipment used for fishing bluefin tuna and, by extension, the place where they are used to carry out the *mattanza* or tuna slaughter, the traditional fishing method, now not practised anymore. The anchors are an integral part of the fishing process since they have to secure and stabilise the boats and nets. The Tonnara di San Cusumano is among the very few to still have men, boats and equipment for the period of the catch. The anchors have been left on the beach, waiting for the next season. The Author expresses his gratitude to Stabilimento Nino Castiglione, owner of the Tonnara di San Cusumano, for allowing him access and permission to take photographs.

La tonnara è l'insieme di imbarcazioni e attrezzature usate per la pesca del tonno rosso e, per estensione, il luogo in cui le si usa nella mattanza, tradizionale metodo di pesca, ormai non più praticata. Le ancore costituiscono parte integrante della pesca, in quanto devono fissare e stabilizzare imbarcazioni e reti. La Tonnara di San Cusumano è fra le pochissime a disporre ancora di uomini, imbarcazioni e attrezzature, che vengono utilizzate nei periodi di mattanza. Queste ancore sono depositate sulla spiaggia, in attesa della prossima stagione. L'Autore esprime la sua gratitudine allo Stabilimento Nino Castiglione, proprietario della Tonnara di San Cusumano, per avergli consentito l'accesso e lo scatto delle immagini.

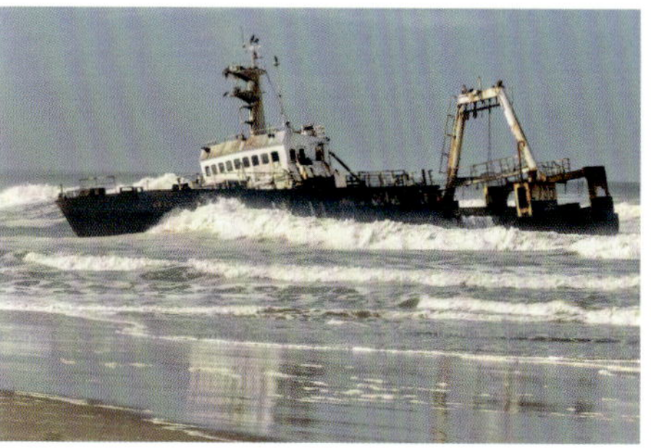

***Zeila*, Skeleton Coast, Namibia, 2013 (p. 102)**

South African steel trawler built in Kristiansand (Norway) in 1975. Length: 47 metres, 672 tonnes. After breaking her towline en route to Bombay, she ran aground on 26 August 2008 in Henties Bay.

Nave da pesca al traino sudafricana in acciaio costruita nel 1975 a Kristiansand (Norvegia). Lunga 47 metri, 672 tonnellate. Si è arenata il 26 agosto 2008 a Henties Bay, dopo la rottura del cavo di traino, mentre era diretta a Bombay.

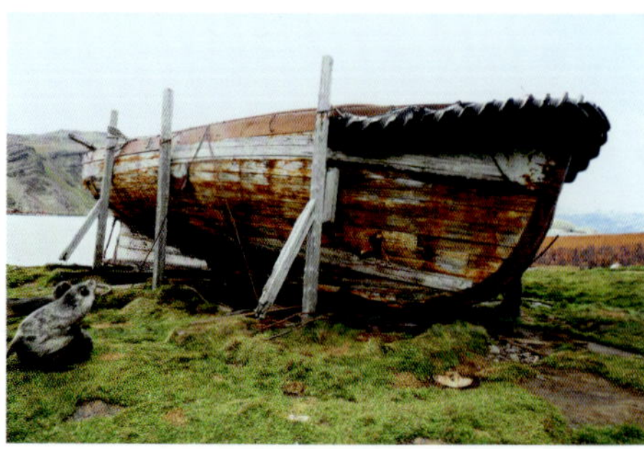

Grytviken, South Georgia, 2016 (p. 103)

The bases at Leith Harbour, Grytviken and Stromness of the companies involved in whaling from 1894 to 1966 utilised small boats to haul the whale carcasses to the ramps where they were butchered, and for transport between the bases. When whaling ended, they were left where they had been hoisted.

Le basi – a Leith Harbour, Grytviken e Stromness – delle compagnie impegnate dal 1894 al 1966 nella pesca alla balena si avvalevano di naviglio minore per trainare le carcasse delle balene ai piani inclinati dove venivano squartate e per i collegamenti fra le basi. Alla fine del periodo di pesca furono abbandonate lì dove erano state issate.

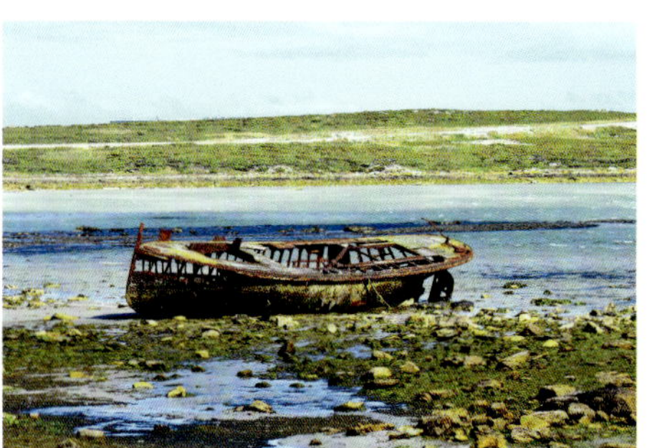

***Plym*, Falkland Islands, 2016 (p. 104)**

A 15-metre-long iron tugboat built in 1903 in Plymouth (UK). In 1930 she ran aground in Stanley Harbour bay, close to the *Lady Elizabeth*. Like the *Samson*, her work was instrumental in assisting numerous ships and saving their crews.

Rimorchiatore in ferro costruito nel 1903 a Plymouth (UK), lungo 15 metri. Nel 1930 si arenò nella baia di Stanley Harbour, vicino alla *Lady Elizabeth*. Come il *Samson*, la sua opera è stata determinante per assistere numerose navi e salvarne gli equipaggi.

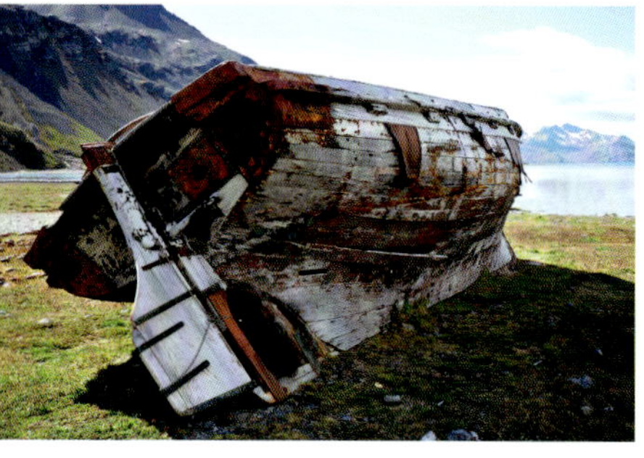

Grytviken, South Georgia, 2016 (p. 105)

Another wreck ready to set sail and to do its duty: on the level ground at Grytviken, near the chains, the ramps, and the equipment for extracting oil from the whale meat, lies this little tug, patched and covered with wounds. She awaits her orders, ignoring passing tourists.

Un altro relitto pronto a riprendere il mare e a fare il suo dovere: sulla spianata di Grytviken, vicino alle catene, ai piani inclinati e alle attrezzature destinate a estrarre l'olio dalla carne di balena, questo piccolo rimorchiatore – rattoppato e pieno di ferite – attende ordini, ignorando i turisti di passaggio.

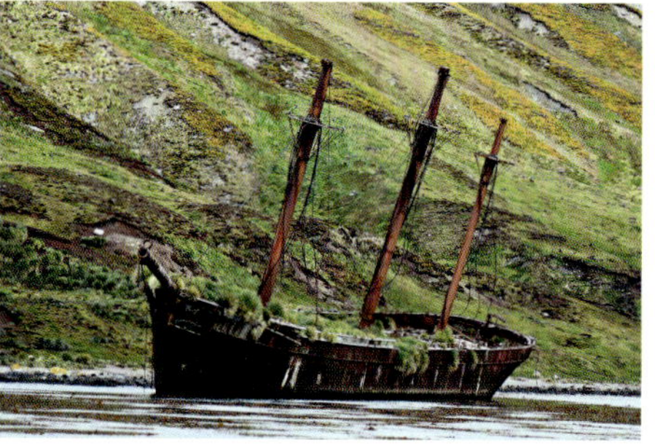

***Bayard*, Ocean Harbour, South Georgia, 2016 (p. 106)**

Leaning slightly, as if about to catch a gust of wind and leave her mooring, the three-master from 1864, grounded here since 1911, seems ready to take to the sea awaiting her for over a hundred years. Her broken masts and bowsprit give her a spectral appearance, as does the thick tussock growing on deck, the typical grass of South Georgia. Sailors and emigrants have populated her and made her alive. She still is.

Leggermente inclinato, come se stesse per prendere un refolo e lasciare l'ormeggio, il tre alberi del 1864 arenato dal 1911 sembra pronto a riprendere il mare che lo attende da più di cento anni. Gli alberi e il bompresso troncati gli conferiscono sembianze spettrali, così come la coperta densa di *tussock*, l'erba tipica della Georgia del Sud. Marinai ed emigranti lo hanno popolato e reso vivo. Lo è rimasto.

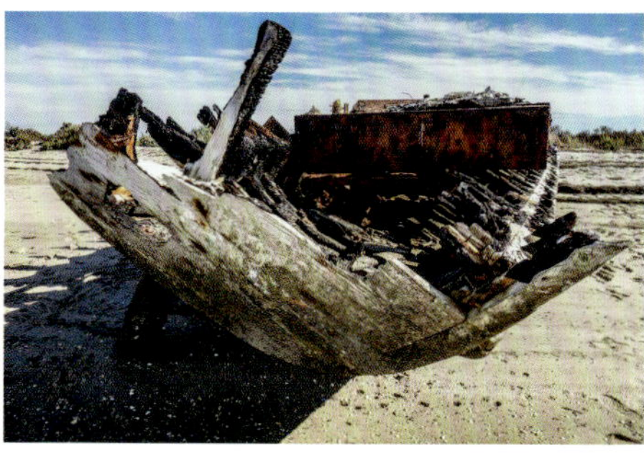

***Donax*, Armona, Algarve, Portugal, 2016 (p. 107)**

An abandoned, burned out fishing boat on a beach, waiting to disappear.

Un peschereccio abbandonato e bruciato su una spiaggia, in attesa di scomparire.

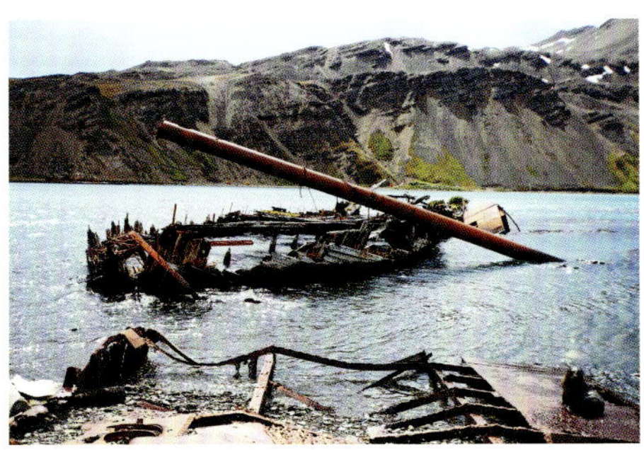

Louise, Grytviken, South Georgia, 2016 (p. 109)

Three-masted wooden ship built in Freeport, Maryland (USA) in 1869. Length: 52 metres, 1,065 tonnes. She was part of the so-called "Down Easter" fleet – vessels used to transport migrants to California. In 1904 she was one of the first ships to be sailed to South Georgia by captain Larsen, the founder of fishing on the island. The *Louise* arrived in King Edward Cove on 16 November 1904. Luisa Bay was named after her. In 1987 she caught fire during an exercise by British troops and was destroyed.

Nave a tre alberi in legno, costruita nel 1869 a Freeport, Maryland (USA). Lunga 52 metri, 1065 tonnellate. Fece parte della flotta delle cosiddette "Down Easter", imbarcazioni utilizzate per portare gli emigranti in California. Fu una delle prime navi condotte in Georgia del Sud, nel 1904, dal capitano Larsen, il fondatore della pesca nell'isola. Giunse a King Edward Cove il 16 novembre 1904. Luisa Bay prese il nome dalla nave. Nel 1987 andò a fuoco nel corso di un'esercitazione condotta dalle truppe inglesi e fu distrutta.

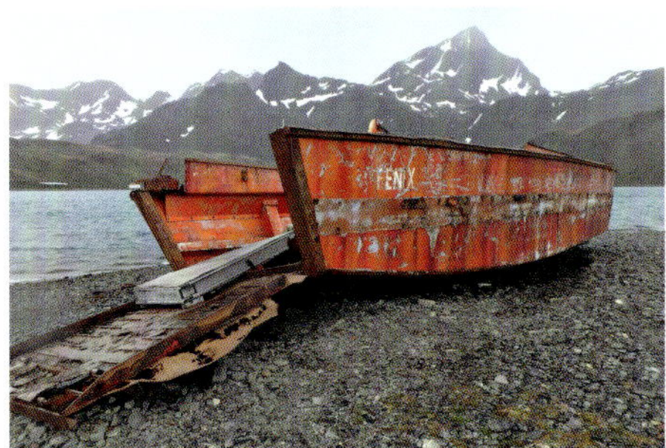

Fenix, King Edward Cove, Grytviken, South Georgia, 2016 (p. 110)

A 16-metre Argentine landing craft at King Edward Cove (Grytviken), next to the British Antarctic Survey Research Station. The boat belonged to the Argentine ship *Bahía Buen Suceso*. She is perhaps the only visibly remaining vessel from the 1982 Falklands War.

Mezzo da sbarco argentino a King Edward Cove (Grytviken), accanto alla Centro di Ricerca del British Antarctic Survey. Lungo 16 metri. Apparteneva alla nave argentina *Bahía Buen Suceso*. Forse l'unico mezzo navale rimasto visibile a testimonianza della Guerra del 1982.

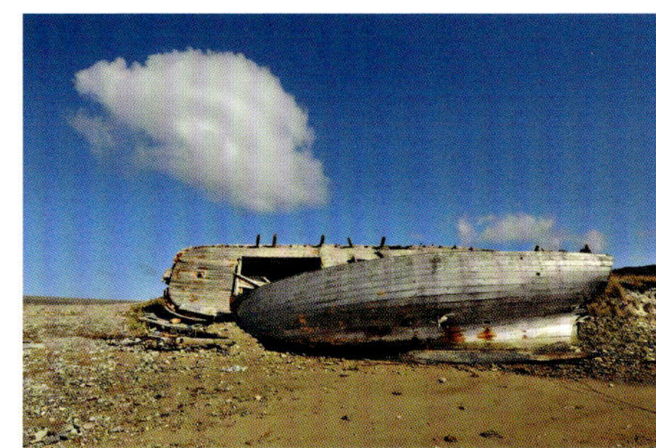

Canache, Falkland Islands, 2016 (p. 111)

Like two beached whales, with all the signs of a long and faithful service, these two yachts show that recreational sailing, even in the Falklands, also leaves wrecks. Indeed, many decades-old boats found in terrible condition have nonetheless been restored to their former glory and used for vintage boat racing...

Simili a due cetacei spiaggiati, con tutti i segni di un lungo e fedele servizio, questi due yacht mostrano che anche la navigazione a diporto – perfino alle Falkland – fornisce relitti. Del resto, quante barche vecchie di decenni sono state trovate in condizioni desolate e riportate al loro antico splendore per le regate di barche d'epoca...

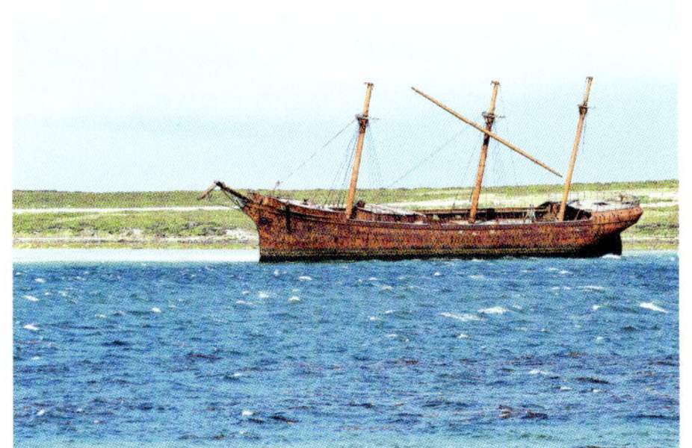

Lady Elizabeth, Falkland Islands, 2016 (p. 112)

A three-masted iron ship, built in 1879 in Sunderland (UK). Length: 68 metres, 1,208 tonnes. In 1884, en route to Sydney, a hurricane damaged the stern and tore several sails, causing the death of one crewmember. Six crewmembers deserted on arrival. Between 1906 and 1916, again sailing to Australia, two men got sick and threw themselves overboard. En route from Vancouver to Mozambique in 1913, she was seriously damaged while rounding Cape Horn, losing four crewmembers, the lifeboats, and part of the cargo stored on deck. She hit a reef 15 miles from Stanley Harbour and was towed to port by the *Samson*. She was used as a floating coal storage until 1936, when she ran aground near the *Plym*. She still has the main trunks of her three masts, part of her bowsprit, her winch, davits for the lifeboats, and part of the crosstrees. The ship is still afloat and rolls in strong winds.

Nave a tre alberi in ferro costruita nel 1879 a Sunderland (UK). Lunga 68 metri, 1208 tonnellate. Nel 1884, mentre era diretta a Sidney, un uragano ne danneggiò la poppa e strappò diverse vele, causando la morte di un membro dell'equipaggio; sei membri dell'equipaggio disertarono all'arrivo. Fra il 1906 e il 1916, diretta ancora una volta in Australia, due uomini si ammalarono e si buttarono in mare. In navigazione nel 1913 da Vancouver al Mozambico, riportò seri danni mentre doppiava Capo Horn, perdendo quattro uomini di equipaggio, le scialuppe di salvataggio e parte del carico rizzato in coperta. Urtò uno scoglio a 15 miglia da Stanley Harbour, dove giunse rimorchiata dal *Samson*. Fu utilizzata come deposito galleggiante di carbone fino al 1936, quando si arenò vicino al *Plym*. Conserva ancora i tronchi maggiori dei tre alberi, parte del bompresso, l'argano, le gruette delle scialuppe, parte delle crocette. La nave è ancora a galla e rolla con vento forte.

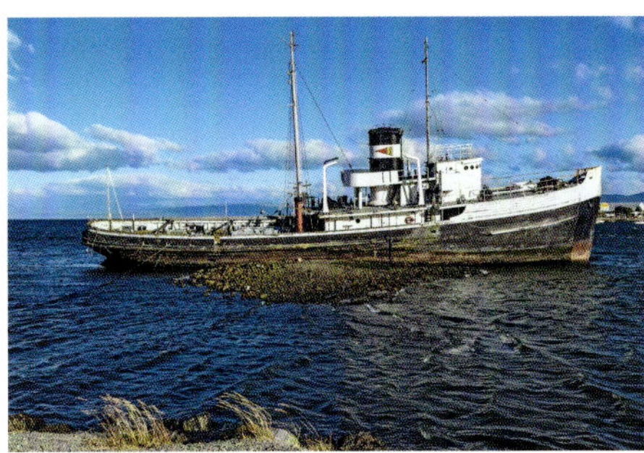

Saint Christopher, Ushuaia, Argentina, 2015 (p. 113)

Wooden-hulled salvage tug built in 1943 in Maine (USA). Length: 50 metres, 1,360 tonnes. She was ceded to Britain in 1944 under the name *H.M.S. Justice*. She took part in the Normandy landings on 6 June 1944. She was returned to the US Armed Forces in 1946, sold to an Argentinian shipowner in 1947, registered in Costa Rica as the *Saint Christopher*, and used as a support vessel for the rescue of the German ship *Monte Cervantes* in the Beagle Channel. She was abandoned in 1957.

Rimorchiatore di salvataggio con scafo in legno costruito nel 1943 nel Maine (USA). Lungo 50 metri, 1360 tonnellate. Ceduto alla Gran Bretagna nel 1944 con il nome *H.M.S. Justice*. Partecipa allo sbarco in Normandia il 6 giugno 1944. Restituito alle Forze Armate statunitensi nel 1946, venduto a un armatore argentino nel 1947, registrato in Costa Rica come *Saint Christopher*, utilizzato come mezzo di appoggio per il salvataggio della nave tedesca *Monte Cervantes* nel Canale di Beagle. Abbandonato nel 1957.

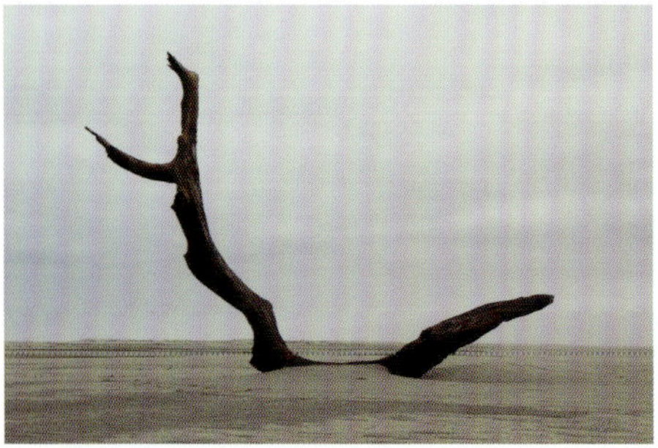

Skeleton Coast, Namibia, 2013 (p. 114)

A tree trunk found on the beach, brought in by the sea: the inland area is actually a barren desert. Without food or water, castaways had no chance of survival if their vessels ran aground on the Coast. A vegetal wreck...

Un tronco incontrato sulla spiaggia, portato dal mare: l'entroterra è infatti un deserto arido. I naufraghi non avevano alcuna possibilità di sopravvivere, senza acqua né cibo, se le loro navi si arenavano sulla Costa. Un relitto vegetale...

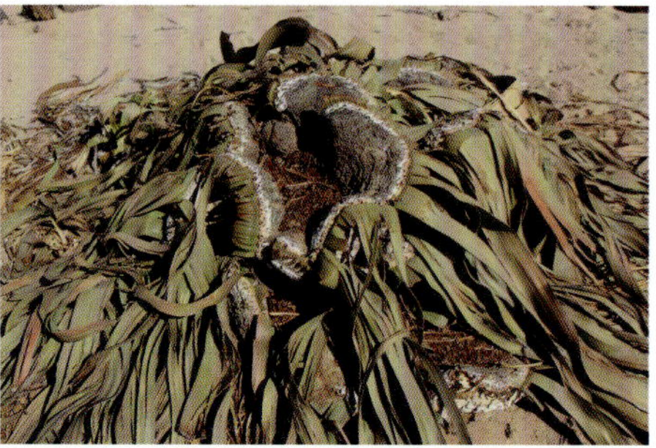

Welwitschia, Skeleton Coast, Namibia, 2015 (p. 115)

A true living fossil (it can reach 1,500 years of age) and not a wreck, the *Welwitschia mirabilis* is a tree that grows only in Namibia. It is composed of a root and perennial leaves that resemble twisted ribbons. Both a male and female plant are required to produce seeds. Phylogenetically speaking, it belongs to the Gnetophyte species. The Welwitschia has adapted to the extreme conditions of the desert. It does not suffer from a lack of rainfall: fog and moisture from the ocean are sufficient.

Vero fossile vivente (raggiunge 1500 anni di età) e non relitto, la *Welwitschia mirabilis* è un albero che cresce soltanto in Namibia, ed è composto da una radice e da foglie perennemente ricrescenti simili a nastri contorti. Sono necessarie due piante per produrre dei semi: la pianta maschile e quella femminile. Filogeneticamente appartiene al gruppo delle Gnetofite. La Welwitschia si è adattata alle condizioni estreme del deserto. Non soffre la mancanza delle precipitazioni, le bastano la nebbia e l'umidità provenienti dall'oceano.

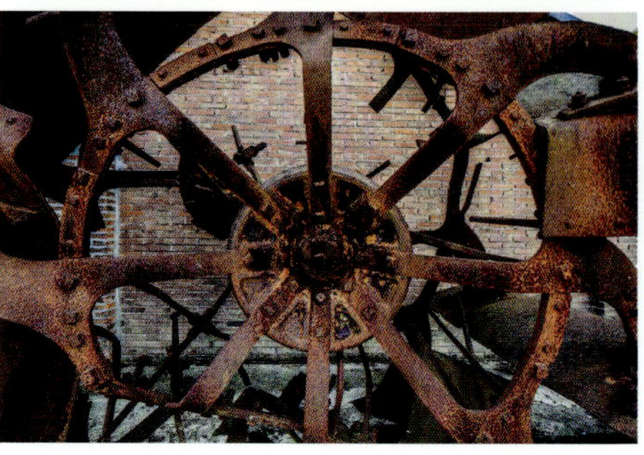

Bucket wheel dredger / Draga a ruota, Museo del Po, Boretto, Italia, 2016 (p. 116)

The Museum-Shipyard for Navigation and Governance of the River Po contains countless examples of the way work was carried out on the river. This wheel leaning against a wall is all that remains of an old steam dredger, now twisted and rusty but miraculously fished out from the current.

Il Museo-Cantiere della Navigazione e del Governo del fiume Po contiene innumerevoli esempi di come si svolgeva il lavoro sul fiume. Questa ruota appoggiata a un muro è tutto ciò che resta di un'antica draga a suo tempo in servizio, contorta e arrugginita, ma miracolosamente ripescata dalla corrente.

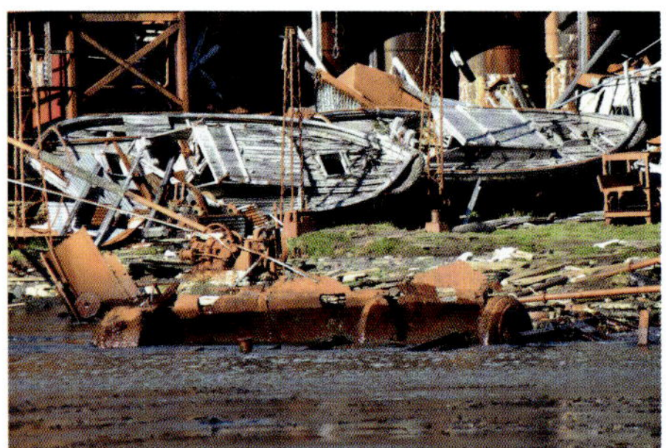

Leith Harbour, South Georgia, 2016 (p. 117)

Also the Leith Harbour base stored its smaller boats during the austral winter, when the men returned to Europe due to weather conditions that made fishing impracticable. The passage of time has destroyed the cradles for these small tugs, leaving them lying on the ground. The sheds have collapsed and the work equipment has been cannibalised by ships passing through South Georgia after 1966. And the seals have found a virtually ideal habitat.

Anche nella base di Leith Harbour le imbarcazioni minori venivano riposte durante l'inverno australe, quando gli uomini tornavano in Europa a causa delle condizioni ambientali che rendevano impraticabile la pesca. Il passare del tempo ha distrutto le invasature di questi piccoli rimorchiatori, lasciandoli adagiarsi a terra. I capannoni sono crollati, le attrezzature da lavoro sono state cannibalizzate dalle imbarcazioni di passaggio in Georgia del Sud dopo il 1966. E le foche hanno trovato un habitat quasi ideale.

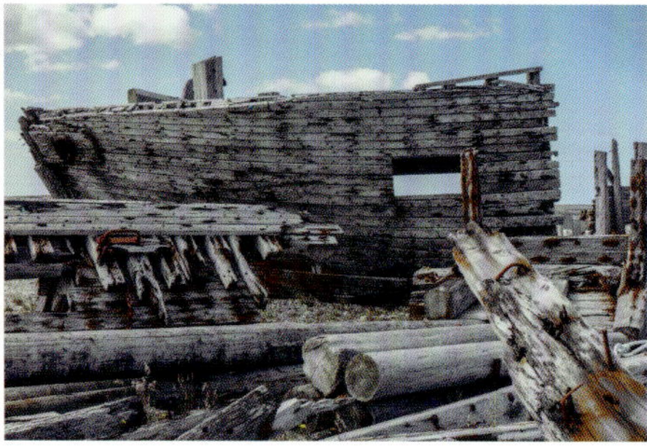

***Charles Cooper*, Falkland Islands, 2016 (p. 118)**

Three-masted wooden frigate, the only remaining example of this category of ship designed specifically for transporting emigrants (packet ship), built in 1856 at Black Rock, Bridgeport, Connecticut, USA. Length: 50 metres, 977 tonnes. She could carry 260 passengers. In 1866, while transporting a cargo of coal, she suffered severe damage and began taking in water. She found refuge in the Falklands. Deemed irreparable, she was sold and used as floating storage until 1960. In 1968, she was purchased by the South Street Seaport Museum in New York, to be included in the group of ships moored at Pier 16. The bow was then cut off and deposited on the ground, where it has however remained.

Fregata in legno a tre alberi, unico esempio rimasto di nave destinata specificamente al trasporto di emigranti (*packet ship*), costruita nel 1856 a Black Rock (Bridgeport, Connecticut, USA). Lunga 50 metri, 977 tonnellate, aveva una capacità di 260 passeggeri. Nel 1866, nel corso di un viaggio con un carico di carbone, subì gravi danni, imbarcando acqua, e dovette riparare alle Falkland. Ritenuta irreparabile, fu venduta e utilizzata come deposito galleggiante fino al 1960. Nel 1968 venne acquistata dal South Street Seaport Museum di New York per essere inserita nel gruppo di navi ormeggiato al Pier 16. La prua venne quindi tagliata e depositata a terra, ma lì è rimasta.

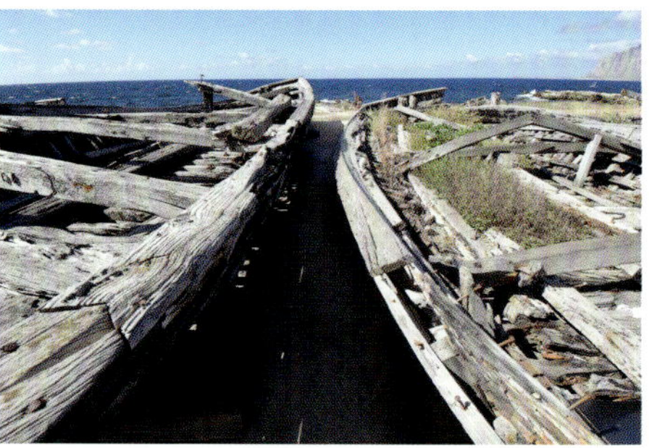

Tuna-fishing Boats of Bonagia / Tonnara di Bonagia, Trapani, Italia, 2016 (p. 119)

Also these boats of the Tonnara di Bonagia, abandoned and unknown to most, have remained where they were hauled the last time they returned from the tuna catch. When sun and atmospheric agents are not destroying them, people are dismantling them. They emanate the nobility of a centuries-old tradition practised in much of the Mediterranean.

Anche queste imbarcazioni della Tonnara di Bonagia, abbandonate e sconosciute ai più, sono rimaste dove le trainarono l'ultima volta che tornarono dalla mattanza. Il sole e gli agenti atmosferici le stanno distruggendo, quando non sono gli uomini a smantellarle. Da esse emerge la nobiltà di una tradizione secolare, praticata in gran parte del Mediterraneo.

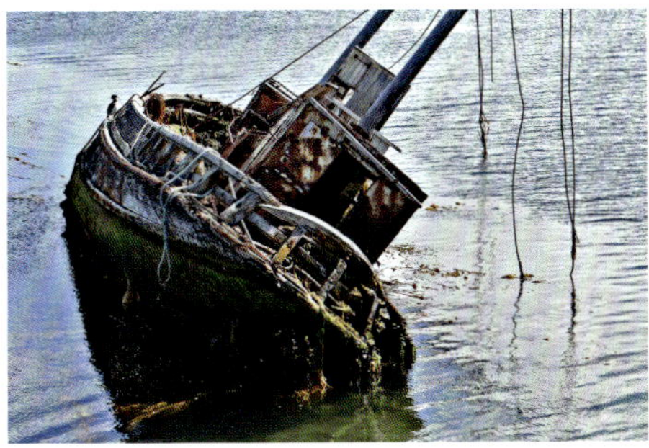

Golden Chance, Falkland Islands, 2016 (p. 120)

Twenty-five-metre steam trawler built in 1904 in Lowestoft (UK). In 1949, she arrived in the Falklands to operate for the South Atlantic Sealing Company. The company closed in 1952. She became stranded in Stanley Harbour bay, near Canache.

Peschereccio a vapore costruito nel 1904 a Lowestoft (UK). Lungo 25 metri. Nel 1949 giunse alle Falkland, per operare presso la South Atlantic Sealing Company. La compagnia cessò di esistere nel 1952. Arenato nella baia di Stanley Harbour, nei pressi di Canache.

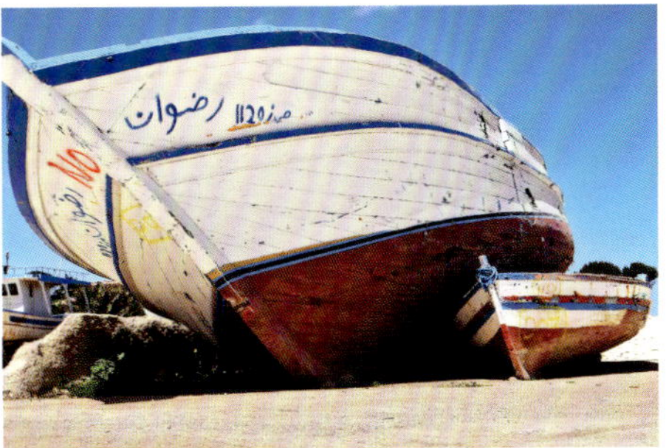

Radhouan, Lampedusa, Italia, 2015 (p. 121)

In the cemetery of the boats which, in 2016 alone, carried at least 180,000 immigrants to Italy, the only note of tenderness seems to emanate from this chance combination of a large hull towering over a dinghy, protecting her from events.

Nel cimitero dei barconi che hanno portato in Italia, nel corso del 2016, almeno 180.000 migranti, l'unica nota di tenerezza sembra emanare da questo casuale accostamento tra uno scafo di grandi dimensioni che sovrasta una scialuppa, proteggendola dagli eventi.

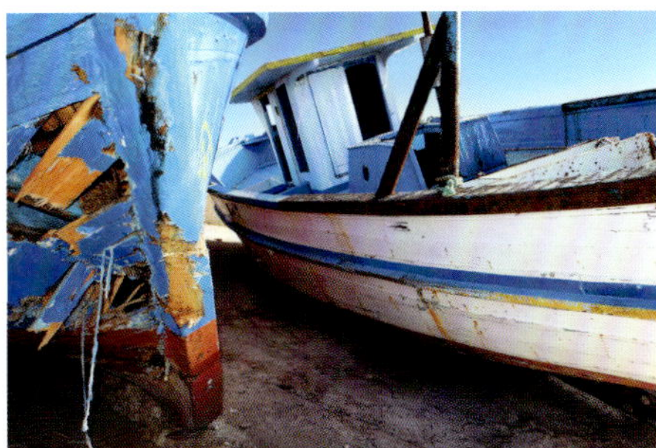

Lampedusa, Italia, 2015 (p. 122)

The bow of a boat destroyed by a blow as she reached land, at the cemetery of the boats that, in 2016 alone, carried at least 180,000 immigrants to Italy. Hundreds of boats have arrived at Lampedusa, where the Italian Authorities, local people and volunteers have rescued the immigrants.

La prua di un barcone distrutto da un urto giungendo a terra, nel cimitero che contiene i resti delle imbarcazioni che hanno portato in Italia, nel corso del 2016, almeno 180.000 migranti. Centinaia di barconi sono giunti a Lampedusa, e le Autorità italiane, insieme alla popolazione locale e ai volontari, hanno salvato i migranti.

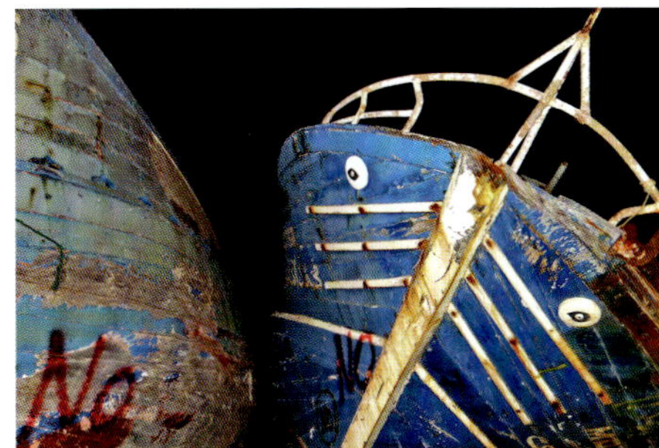

Lampedusa, Italia, 2015 (p. 123)

The procession of boats carrying immigrants knows no end, and relief efforts continue round the clock. At least the apotropaic eyes on this boat, painted to ward off evil, have kept away danger: the immigrants on this boat were lucky enough to reach land.

La processione di barche di migranti non si ferma, e le attività di soccorso proseguono giorno e notte. Per lo meno gli occhi apotropaici di questa imbarcazione hanno tenuto lontano il pericolo, e i migranti hanno avuto la fortuna di arrivare a terra.

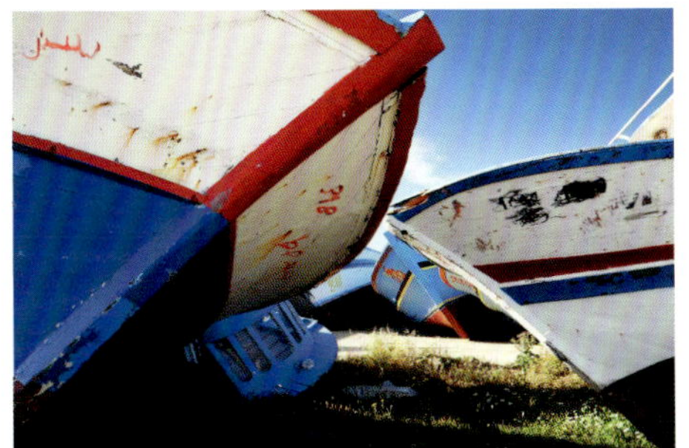

Lampedusa, Italia, 2015 (p. 124)

The simple and seemingly elegant lines of stacked hulls fail to dispel the sense of horror at a sequence of events involving tens of thousands of fleeing people, thousands of victims, not to mention the wounded, the psychologically disabled, and all the social consequences. Picturing people in the photos is not essential; they are indeed there.

Le linee semplici e apparentemente eleganti degli scafi accatastati non riescono a fugare il senso di orrore di fronte a una sequenza che coinvolge decine di migliaia di persone in fuga, con migliaia di vittime, senza contare i feriti e i disagi psicologici, oltre alle conseguenze sociali. La presenza degli individui negli scatti non è essenziale: essi sono comunque presenti.

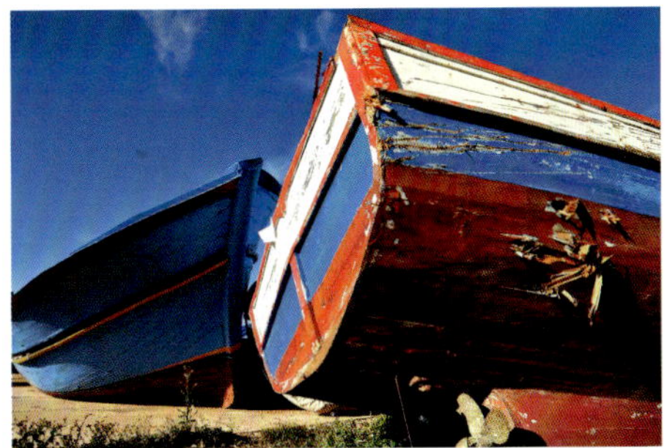

Lampedusa, Italia, 2015 (p. 125)

Against the clear blue Mediterranean sky, the wounds inflicted by rocks to a hull are violently conspicuous. But this boat has done her duty, saving many immigrants from drowning.

Nel blu terso del cielo del Mediterraneo, le ferite inferte dagli scogli a uno scafo risaltano con violenza. Ma questo barcone ha fatto il suo dovere, evitando a molti migranti di annegare.

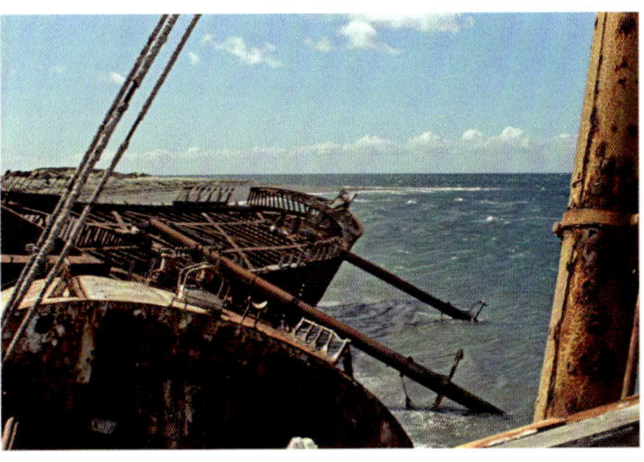

Ambassador and/e *Amadeo*
Estancia San Gregorio, Estrecho de Magallanes, Chile, 1969 (p. 126)

Ambassador: A three-masted ship built in 1869 in Rotherhithe (UK). Length: 53 metres, 692 tonnes. *Amadeo*: an iron cargo boat from 1884; length: 46 metres, 412 tonnes. She is one of the oldest existing steamboats.

Ambassador: nave a tre alberi costruita nel 1869 a Rotherhithe (UK). Lunga 53 metri, 692 tonnellate. *Amadeo*: cargo in ferro del 1884, lungo 46 metri, 412 tonnellate. È uno dei vapori più antichi tuttora esistenti.

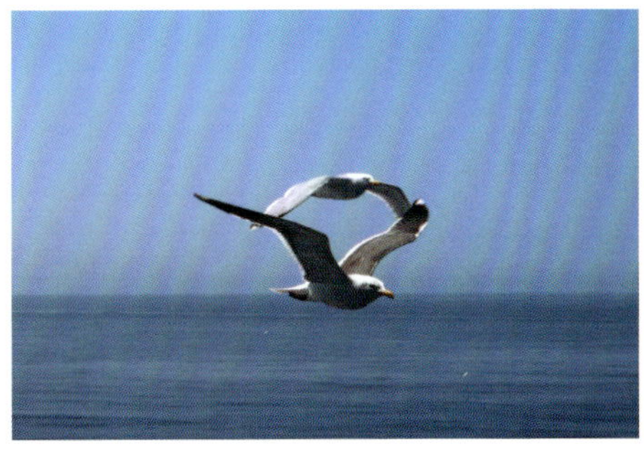

Irish Sea, 1979 (p. 127)

From his position on the upper deck of a ferryboat during a voyage, the Author had the good fortune to take a shot with his Hasselblad at just the right moment…

Nel corso di una navigazione, dal ponte superiore di un traghetto, con la sua Hasselblad, l'Autore ebbe la fortuna di scattare al momento opportuno…

Biography

Stefano Benazzo (1949) graduated in political science from La Sapienza University in Rome. His first employment was at CBS News and the weekly newspaper *Martedì Sport*. In 1974, he passed the Ministry of Foreign Affairs examination and thereafter was appointed to some of the most important Italian embassies (Bonn, 1976–1980; Moscow, 1980–1983 and 1989–1993; Washington, 1986–1989 and 1996–2001). He subsequently held the roles of Deputy Diplomatic Advisor to the President of the Republic, Inspector of the Ministry and Overseas Offices, and Italian Ambassador to Belarus and Bulgaria. He left the diplomatic career in 2012. From his youth on, his multi-faceted personality, enhanced by his knowledge of five languages (Italian, English, French, German and Spanish) led him to pursue a wide variety of interests. He is a sculptor of both figurative and abstract forms, model maker of ships, cars, motorcycles, trains and architecture, a member of the Italian Federation of Tourist Railways, and vice president of a worldwide association active in preserving heritage trains. In addition, he is an experienced sailor and president of a sailing club on Lake Bracciano. Benazzo's passion for photography, practised from an early age, has inspired him to accomplish several projects, which he has exhibited since 2012 in solo and group exhibitions in Italy, Bulgaria and Finland, and has had published in the form of portfolios in *Arte Navale* magazine. His photos have also been entered in competitions and events such as the Venice Art Biennale and the MIA (Milan Image Art Fair). He lives and works in Todi, in Umbria.

Major solo exhibitions

Dei mari e dei destini [About Sea and Fate] (on the three-mast sailing ship Suomen Joutsen, Forum Marinum Museum, Turku, Finland, 2016; Circolo della Vela ERIX Lerici, 2016; Galata Museo del Mare, Genoa, 2016; Museo del Mare, Naples, 2017).

Luoghi di abbandono [Abandoned Places] (Galleria Arianna Sartori, Mantua, 2015; Museo Civico Rocca Flea, Gualdo Tadino, 2015; Museo della Marineria, Cesenatico, 2015).

La naturalezza dell'istante [The Naturalness of the Moment] (Casa dei Carraresi, Treviso, 2015; catalogue).

In itinere [Underway] (Web Art Gallery, Treviso, 2014; catalogue).

Omaggio alla Nave scuola Amerigo Vespucci [Tribute to the Amerigo Vespucci Training Ship] (Madonna della Vittoria church, Mantua; 2014, catalogue).

45 anni di arte: Ricerca di materie e forme [Forty-Five Years of Art: Research into Materials and Forms] (Galleria La Pigna, Rome, 2013. Later toured to Sorrento, Todi and Bologna; catalogue).

Biografia

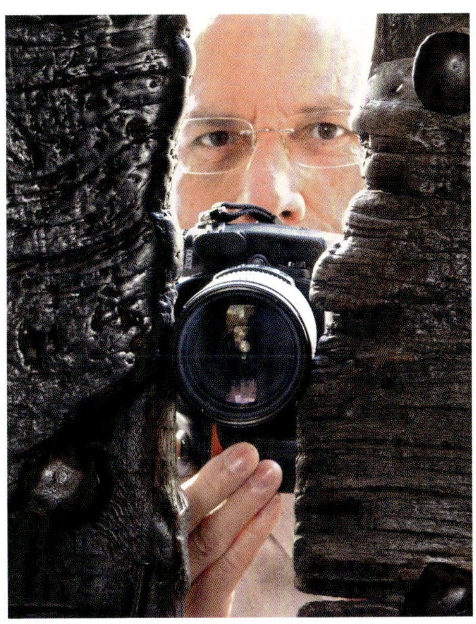

Stefano Benazzo, photo by / foto di Beatrice M. Serpieri

Stefano Benazzo (1949), dopo la laurea in Scienze Politiche all'Università La Sapienza di Roma, i primi lavori presso la CBS News e il settimanale "Martedì Sport", vince nel 1974 il concorso al Ministero degli Affari Esteri e viene destinato ad alcune fra le più importanti ambasciate italiane (Bonn 1976-1980, Mosca 1980-1983 e 1989-1993, Washington 1986-1989 e 1996-2001), successivamente Consigliere Diplomatico Aggiunto del Presidente della Repubblica, Ispettore del Ministero e degli Uffici all'Estero, Ambasciatore d'Italia in Bielorussia e in Bulgaria. Lascia la carriera diplomatica nel 2012. Fin da giovane è attratto da molte passioni che caratterizzano una personalità poliedrica, anche grazie alla conoscenza di quattro lingue oltre all'italiano: francese, inglese, tedesco e spagnolo. È scultore figurativo e non, modellista in campo navale, automobilistico, motociclistico, architettonico e ferroviario (è anche membro della Federazione Italiana delle Ferrovie Turistiche e vicepresidente di una associazione mondiale attiva nella conservazione dei treni antichi), provetto velista e presidente di un circolo velico sul Lago di Bracciano. La passione per la fotografia, praticata fin da giovane, lo ha spinto a realizzare diversi progetti, esposti dal 2012 in mostre personali e collettive in Italia, Bulgaria e Finlandia, pubblicati in forma di portfolio sulla rivista "Arte Navale", presentati in concorsi e manifestazioni come la Biennale d'Arte di Venezia e MIA, Milan Image Art Fair. Vive e lavora a Todi (PG).

Principali mostre personali

"Dei mari e dei destini" (sul tre alberi Suomen Joutsen presso il Museo Forum Marinum, Turku, Finlandia, 2016; poi al Circolo della Vela ERIX di Lerici, 2016; al Galata Museo del Mare a Genova, 2016; al Museo del Mare a Napoli, 2017).

"Luoghi di abbandono" (Galleria Arianna Sartori, Mantova, 2015, poi itinerante: Museo Civico Rocca Flea, Gualdo Tadino, 2015; Museo della Marineria, Cesenatico, 2015).

"La naturalezza dell'istante" (Casa dei Carraresi, Treviso, 2015; catalogo).

"In Itinere" (Galleria Web Art, Treviso, 2014; catalogo).

"Omaggio alla Nave scuola Amerigo Vespucci" (Chiesa della Madonna della Vittoria, Mantova, 2014; catalogo).

"45 anni di arte: Ricerca di materie e forme" (Galleria La Pigna, Roma, 2013, poi itinerante: Sorrento, Todi, Bologna; catalogo).

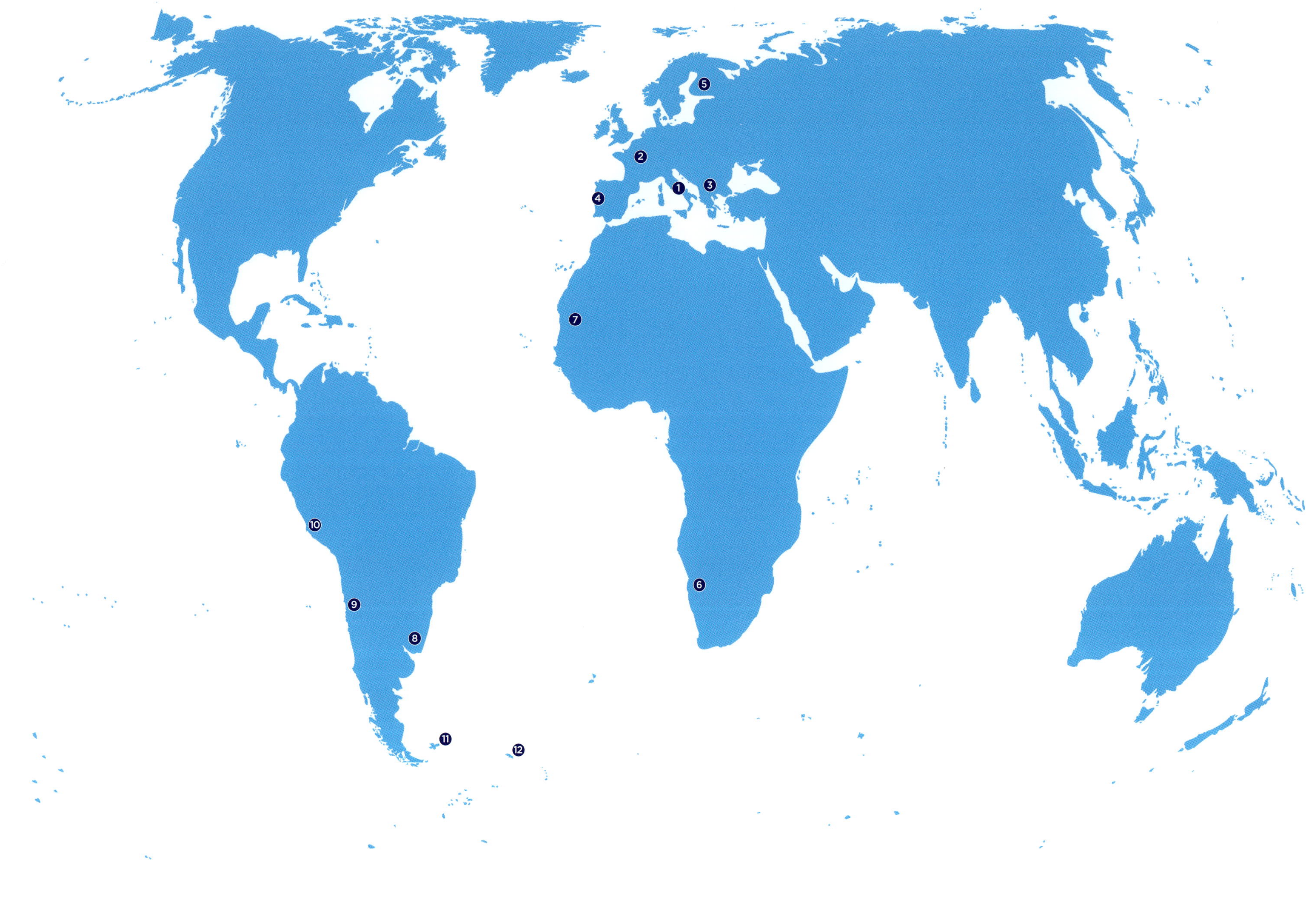

1. Italia

2. France

3. Ellinikí Dimokratía

4. Portugal

5. Finland

6. Namibia

7. Mauritania

8. Argentina

9. Chile

10. Perú

11. Falkland Islands

12. South Georgia